福建省科技创新战略研究联合项目“工业互联网赋能福建制造业数字化转型的机理与对策研究”（项目编号：2023R0139）

DIGITAL TRADE

ESEARCH ON THE EXPANSION OF
HINA'S FOREIGN TRADE MOMENTUM THROUGH DIGITAL TRADE IN
HE NEW DEVELOPMENT STAGE

新发展阶段数字贸易对我国外贸动能的拓展研究

陈岚 著

经济管理出版社
ECONOMY & MANAGEMENT PUBLISHING HOUSE

图书在版编目（CIP）数据

新发展阶段数字贸易对我国外贸动能的拓展研究 / 陈岚著. -- 北京 ：经济管理出版社，2025. 7. -- ISBN 978-7-5243-0439-5

Ⅰ. F724.6

中国国家版本馆 CIP 数据核字第 2025AG8849 号

组稿编辑：张馨予
责任编辑：张馨予
责任印制：许 艳
责任校对：蔡晓臻

出版发行：经济管理出版社
（北京市海淀区北蜂窝 8 号中雅大厦 A 座 11 层 100038）
网 址：www. E-mp. com. cn
电 话：（010）51915602
印 刷：北京晨旭印刷厂
经 销：新华书店
开 本：720mm×1000mm/16
印 张：14
字 数：237 千字
版 次：2025 年 9 月第 1 版 2025 年 9 月第 1 次印刷
书 号：ISBN 978-7-5243-0439-5
定 价：98.00 元

前 言

近年来，全球化遭遇逆流，贸易保护主义盛行，地缘政治分歧日益加深，贸易体系承受的压力与日俱增。1995~2014 年，全球贸易增速是全球经济增速的两倍多。而 2014 年至今，全球贸易增速却低于全球经济增速。以大数据、云计算、人工智能、区块链等为代表的新一代信息技术快速发展，不仅推动了产业结构的优化升级，也深刻改变了传统贸易方式和商业模式。数字贸易作为一种全新的贸易形态，以其全球性、数据驱动性、高效性和创新性等特点，正成为推动全球经济贸易发展的重要力量。大力发展数字贸易，已成为世界各国把握数字时代机遇和应对经济形势不确定性的“金钥匙”。中国作为世界第二大经济体和全球贸易大国，正积极把握数字贸易发展机遇，推动外贸转型升级，构建以国内大循环为主体、国内国际双循环相互促进的新发展格局。在此背景下，本书深入探讨了数字贸易在新发展阶段对我国外贸动能的拓展作用，为构建我国外贸竞争新优势、推动贸易高质量发展提供理论支持和实践指导。

本书在充分借鉴国内外相关研究成果的基础上，结合我国外贸发展实际，从数字贸易的核心概念、理论基础、特点模式、发展现状等多个维度进行深入剖析。具体内容包括以下六个方面：

一是数字贸易核心概念界定。厘清数字贸易与数字经济、传统贸易、数字产品、电子商务等概念之间的关系，为后续研究明确对象范围、奠定理论基础。

二是国内外研究态势分析。总结并梳理国内外关于数字贸易和外贸动能的研究进展，指出当前研究的聚焦点以及可拓展的研究领域，指引未来的研究方向。

三是数字贸易的理论探索和特征。深入剖析数字贸易的核心理论命题、国际贸易理论在数字贸易中的适用性、数字贸易的特点和交易模式等，揭示数字贸易的独特魅力。

四是我国外贸发展现状和贸易强国建设。通过翔实的数据和丰富的案例，分析我国外贸发展的现状和不足，明确贸易强国建设的目标和路径。

五是数字贸易拓展外贸动能的机理与现实需要。探讨数字贸易如何拓展我国外贸动能，包括数据要素、劳动要素、资本要素、技术要素等关键要素的作用机制，以及我国在新发展阶段，在不同战略背景下对数字贸易的现实需求。

六是区域数字贸易发展前景分析。结合部分省份数字贸易发展的现实情况，挖掘存在的问题，并提出各省份数字贸易发展的对策。

本书的研究不仅具有重要的理论价值，还具有广泛的应用前景。一方面，本书的研究成果将丰富和完善数字贸易和外贸动能的理论体系，为相关学科领域的研究提供新的视角和方法；另一方面，本书提出的政策建议和实践路径将为我国外贸高质量发展提供有力支持，助力我国在全球贸易竞争中占据有利地位。期待本书的出版能够引起更多学者和实务工作者的关注和思考，共同推动我国外贸事业迈向更加辉煌的明天。

陈　岚

2025 年

目　录

第一章　绪论

第一节　研究背景与研究意义

一、研究背景

（一）我国外贸面临国际环境的挑战

改革开放以来，我国发挥比较优势开展对外贸易，主动融入经济全球化。2023年，尽管面临外部需求低迷等多重风险挑战，我国货物贸易进出口总值仍达41.76万亿元，同比增长0.2%，保持稳中有增的态势。由此可见，我国已经成为全球市场上重要的贸易大国。然而，当前世界正处于百年未有之大变局，我国外贸面临着新的挑战。

首先，全球制造业格局面临重大调整。为巩固全球制造价值链的主导地位，抢占制造业发展先机，世界主要发达国家提出"重振制造业"战略部署，将发展智能制造、先进制造作为重要抓手。一些发展中国家积极参与国际分工，承接上游产业转移，加快融入全球产业布局。因此，随着全球产业链和供应链的重新布局，制造业活动更加分散，各国和地区之间的合作与竞争关系也在发生变化。

其次，全球贸易环境发生变化。贸易保护主义、单边主义盛行，地缘政治风险上升，再加上全球气候多变、能源竞争加剧等各种因素的影响，经济全球化遭遇一定逆流，产业链和供应链布局趋于区域化、本土化、短链化，全球经济贸易持续稳定和复苏面临挑战。

因此，我国外贸需要在愈发不稳定和不确定的国际环境中谋求高质量发展，重点解决根本性的技术“卡脖子”问题，促进经贸结构的转型升级，加快中国外贸发展的新旧动能转换，构建国内国际双循环相互促进的新发展格局。

（二）我国外贸迎接数字贸易的机遇

随着互联网、大数据等新一代信息技术的发展与应用，数字经济成为创新驱动的力量源泉。它不仅改变了全球的生产和生活方式，也促进了全球数字贸易的迅速发展。数字贸易作为国际贸易发展的最新趋势，在提升贸易效率、拓展贸易对象、降低贸易成本、丰富贸易业态等方面发挥着重要作用。数字贸易还促进了全球资源的优化配置，提高了资源利用效率，推动了全球经济的可持续发展，为全球经济增长注入了新的动力。

长期以来，美国以及部分有经济实力的欧洲国家占据着数字贸易网络的中心地位。但同时，数字贸易能够化解发展中国家在传统贸易中的竞争和区位劣势。发展中国家凭借巨大的市场容量和潜在的消费需求，以及不断赶超的后发优势，在发展数字贸易方面具备巨大潜力。尤其是在跨境电商行业，中国已经跃居世界前列，有望通过全球数字贸易实现跨越式发展。

我国是全球最大的电子商务市场之一，拥有庞大的消费群体和丰富的消费需求，为数字贸易的发展提供了广阔的市场空间。近年来，我国推进实施的发展战略也为区域数字贸易合作与发展指引了方向，为我国外贸提质升级带来巨大的动力。

因此，发挥数字贸易在经济增长与可持续发展中的作用，加快产业数字化和数字产业化发展，是新发展格局下我国贸易高质量发展的重要动能。

二、研究意义

（一）理论意义

1. 丰富和发展国际贸易理论

当前，数字贸易的研究文献资料日益丰富，然而数字贸易的理论研究尚处于探索阶段。传统的国际贸易理论能否完全解释数字贸易现象，这值得深入思考。因此，有必要根据数字贸易的模式与特点，探究国际贸易理论对其解释的适用性。这对于国际贸易理论而言，是一种创新、拓展和补充。

2. 推动国际经济学的创新发展

数字贸易作为数字经济的重要组成部分，对其开展研究有助于推动国际经济学的创新发展。对数字贸易的研究能够促进国际经济学的数字化转型，使其能更好地解释数字贸易背景下的经济现象和规律，为国际经济学的发展注入新的动力。

3. 深化对数字经济的认识

数字贸易的发展带来了许多新的经济现象和问题，如数据要素跨境流动、数字基础设施、国际数字治理等。对这些问题开展研究，有助于深化对数字经济的认识和理解，为制定数字经济政策和发展战略提供理论支持。

4. 提供战略发展的理论支持

通过深入研究数字贸易的发展趋势和规律，可以更好地了解和掌握国际经济治理的主导权和话语权，为我国参与国际经济治理提供理论支持。本书还从理论层面对数字贸易和外贸动能的拓展进行系统研究和阐释，这是基于新发展阶段我国外贸高质量发展目标要求所展开的理论思考。

（二）现实意义

1. 增强发展中国家的国际竞争力

数字贸易是全球贸易增长的重要引擎，受到世界各国的普遍关注。发达国家力求维持在数字贸易领域的领先地位，通过多边协议输出本国模式，占据数字贸易规则制定的主导地位。虽然中国、印度等发展中国家的数字贸易凸显了发展潜力，但如何实现跨越式发展和提升国际竞争力，仍值得深入研究。

2. 推动贸易强国建设战略的实施

经过数十年的发展，中国外贸进入从贸易大国向贸易强国转变的新发展阶段，数字贸易已成为打造贸易强国的重要抓手。习近平总书记在党的二十大报告中指出："推动货物贸易优化升级，创新服务贸易发展机制，发展数字贸易，加快建设贸易强国。"这是以习近平同志为核心的党中央站在新的历史起点上，统筹中华民族伟大复兴战略全局和世界百年未有之大变局作出的重大战略安排。本书分析数字贸易拓展我国外贸动能的积极效应，研究如何通过发展数字贸易推动我国贸易高质量发展，加快建设贸易强国战略实施，这对解决我国外贸困境具有重要的现实意义。

3. 指导区域贸易高质量发展的实践

目前，我国数字贸易在跨境电商、数字服务贸易等方面的发展既面临机遇，也面临挑战，各省市数字贸易产业发展各有优势与不足。本书通过从整体到区域对数字贸易开展问题剖析，并提出解决问题的政策建议，对我国数字贸易战略的整体实施、各区域数字贸易的均衡发展以及实现贸易高质量发展，具有一定的现实指导意义。

第二节　研究方案

一、研究思路

本书遵循“问题提出、核心概念界定—文献综述—理论探索—条件分析—提炼机理—现实分析”的研究思路，具体内容如下：

第一章，绪论。本章确定了研究对象，进而对数字贸易、外贸动能等核心概念进行界定和区别。通过分析数字经济、传统贸易、数字产品、电子商务等与数字贸易关系密切的概念内涵，梳理它们与数字贸易之间的联系和区别。通过剖析传统贸易理论、新国际贸易理论和新新国际贸易理论对外贸动能的内涵理解，总结本书对外贸动能概念的界定。

第二章，国内外研究态势。本章分别从数字贸易、我国外贸动能两部分梳理国内外研究现状。数字贸易的研究综述包括数字贸易发展态势、数字贸易规则、数字贸易壁垒三部分。对我国外贸动能的研究综述则聚焦于总结促进我国外贸发展的动能变化特征。

第三章，数字贸易的理论探索和特征。本章梳理的数字贸易核心理论命题包括贸易数字化、数字化贸易、数据要素、数字贸易技术、数字贸易平台、数字营商环境等。从这些命题的内涵、特点、经济效应以及与数字贸易的关系等方面理解数字贸易所处的时代特征。从理论层面研究国际贸易理论对数字贸易解释的适用性，依据传统贸易理论、新国际贸易理论和新新国际贸易理论三个阶段的国际贸易理论观点，对数字贸易现象进行解释。进一步分析数字贸易的特点、交易模式和衍生发展。

第四章，我国外贸发展现状和贸易强国建设。本章研究了数字贸易发展的背景条件，主要分析我国外贸发展的现状和不足，以及贸易强国战略与建设。

第五章，数字贸易拓展外贸动能的机理与我国现实需要。数字贸易推动外贸发展的关键在于构建生产、需求、模式、效率的动能体系，通过形成动能机理，产生相应的贸易效应。研究表明，数字贸易拓展外贸动能的关键在于形成数字贸易比较优势。因此，本书采用数字贸易竞争优势指数和显示性比较优势指数对世界主要国家的数字贸易比较优势进行测度。此外，还分析了数字贸易拓展我国外贸动能所产生的积极效应。

在机理研究的基础上，本章分析了与我国外贸密切相关的贸易高质量发展战略、双循环发展格局、培育新质生产力、“一带一路”倡议以及《区域全面经济伙伴关系协定》（RCEP）框架下，数字贸易面临的挑战和对策，以期对我国外贸发展的现实环境和数字贸易发展机遇形成更为清晰的认识。

第六章，数字贸易与我国外贸发展路径。本章先总体分析我国数字贸易发展现状、瓶颈及对策；再根据数字贸易标的的不同，分别开展跨境电商与我国外贸转型升级、数字服务贸易推动我国贸易高质量发展路径的研究。

第七章，区域数字贸易与外贸动能拓展。本章从省际层面，对福建、广东、浙江、江苏四省的数字贸易发展现状以及赋能贸易高质量发展过程中遇到的瓶颈进行分析，进而提出促进贸易强省建设的对策。

二、研究方法

（一）文献调研法

本书通过对各高校馆藏、数据库资源以及互联网资源等进行文献整理和归类，梳理国内外学者对数字贸易与外贸动能的研究状况，总结已有研究的主要观点、研究发现、存在的争议和空白点。

（二）理论分析法

学者对外贸动因和效应的国际贸易理论研究从未间断。他们普遍认为，国际贸易理论的发展基本分为两大主线，即保护贸易理论和自由贸易理论。另外，还有一种分类方式是按理论发展阶段，将其划分为传统贸易理论、新国际贸易理论、新新贸易理论。目前，数字贸易引发了新一轮贸易理论研究热潮。本书力图通过剖析不同发展阶段的国际贸易理论在数字贸易领域中的适用性问题，拓展并深化现有理论的应用范畴。

（三）比较分析法

本书采用比较分析法，针对数字贸易内涵、相关概念、国内外数字贸易规则等进行分析。同时，在国家层面，对世界主要数字贸易国或区域开展比较优势的分析；在省际层面，对福建、广东、浙江、江苏四省数字贸易的发展现状、瓶颈以及相关政策进行比较分析，进而提出各省贸易高质量发展的政策建议。

（四）实地调研和网络调查结合法

本书对福建、广东、浙江、江苏四省数字贸易产业相关部门开展实地调查，获取一手资料。同时，通过网络收集数字贸易相关行业数据和典型案例并进行分析，进而较为全面客观地反映省际层面数字贸易的发展现状和问题，并提出有针对性的对策及建议。

（五）定性与定量分析相结合的方法

本书采用定性分析法对数字贸易拓展外贸动能的机理、跨境电商拓展外贸动能的作用机制等开展研究。同时，通过大量的经济数据统计和相关指标，来衡量全球各国数字贸易、中国外贸、中国数字贸易、中国跨境电商等方面的发展现状及问题，以揭示数字贸易推动我国外贸动能拓展的原理和实践。

三、研究创新

数字贸易是贸易模式的一种革命性变化，催生了新业态和新模式。正是由于这种“新”，当前数字贸易的理论研究尚处于探索阶段。本书选择这一课题展开研究，期望能为数字贸易领域的后续理论探索与实践研究带来一定的启发，具体创新点如下：

一是理论研究上的创新。基于原有的国际贸易理论框架探究各时期贸易理论对数字贸易解释的适用性，这是一种理论上的尝试和创新拓展。

二是现实分析上的创新。本书开展数字贸易拓展外贸动能的机制研究，结合全球各国实际情况和我国现实进行论证，把握全球贸易发展新格局与我国面临的国内外经济形势，结合我国制定的贸易相关发展战略，探索数字贸易的影响机制、效应和发展路径；同时，从国家和省际层面分析我国及个别省份的数字贸易现状、存在的问题，并提出建设贸易强国、贸易强省的政策建议，这能够丰富以数字贸易为动因的产业发展路径，实现数字贸易理论到贸易强国建设实践的创新过程。

第三节 核心概念界定

一、数字贸易

（一）数字贸易的定义

目前，业界和学界对数字贸易还未达成统一且权威的界定。从数字贸易的定义和标的范围来看，数字贸易存在狭义和广义之分。

狭义的数字贸易，其标的仅为数字产品和服务，因此可将数字贸易视为服务贸易的范畴。2013 年 7 月，美国国际贸易委员会（USITC）在《美国和全球经济中的数字贸易 Ⅰ》报告中明确定义了数字贸易的内涵，具体涵盖以下四个方面：一是以数字形式交付的产品和服务，如电影、电视剧、游戏、音乐、电子书籍等；二是社交网络、用户点评等社交媒体；三是万用搜索引擎、垂直搜索引擎等搜索引擎服务；四是软件服务、通信服务、在云端交付的计算服务和数据服务等其他数字化产品和服务。该定义明确将商业活动中的物理产品排除在外，即使是具有数字特性的物理商品（李忠民等，2014）。美国其他机构基本上也是采取狭义的数字贸易定义方式。例如，2017 年，美国贸易代表办公室发布的《数字贸易关键壁垒》认为，数字贸易不仅涵盖了消费品在互联网上的销售和在线服务的供应，而且还涵盖了实现全球价值链的数据流、实现智能制造的服务以及无数其他平台和应用程序。2012 年，美国经济分析局提出“数字化服务贸易”（Digitally-Enabled Trade in Services）概念，即由于信息通信技术进步而实现的跨境服务贸易。可见，美国除了 USITC 2014 年对数字贸易的定义范围更广，基本上都认为数字贸易归属服务贸易的范畴，而将可数字化的服务贸易（李玉昊，2021）中的物理产品排除在外，即使是具有数字特性的物理商品（李忠民等，2014）。

广义的数字贸易横跨货物贸易和服务贸易（王晓红、夏友仁，2022），从数据信息流动交换拓展到数字产品服务贸易，再到货物贸易的数字化。贸易标的不仅包括数字产品和服务，还包括通过互联网技术实现的跨境货物贸易活动。2014 年 8 月，USITC 在《美国与全球经济中的数字贸易Ⅱ》中对“数字贸易”概念进行了修改和扩展，将其描述为互联网和互联网技术在订购、生产以及递送产品和服务中发挥关键作用的国内商务或国际贸易活动。2017 年，经济合作与发展组织（OECD）列举了 16 种数字贸易的类型。从数字贸易的标的来看，以服务为载体（11 种）发生的数字贸易多于以货物为载体（5 种）发生的数字贸易。尽管信息流未作为数字贸易发生的直接标的物，但却是支撑并贯穿 16 种数字贸易发生的重要元素（盛斌、高疆，2020）。2020 年，OECD、世界贸易组织（WTO）、国际货币基金组织（IMF）发布《数字贸易测度手册》（*Handbook on Measuring Digital Trade*），将数字贸易定义为“所有以数字方式订购和以数字方式交付的国际贸易”，并按照交易性质将数字贸易分成三个部分：数字订购贸易，指以计算机网络专门为接收或下单的方法而进行的一种货物或服务的国际交易；数字交付贸易，指使用专门的计算机网络以电子格式远程交付的国际交易；数字中介平台赋能贸易，指为买卖双方提供交易平台和中介服务的行为。中华人民共和国商务部服务贸易和商贸服务公司将数字贸易定义为“以数据为生产要素、数字服务为核心、数字交付为特征”的贸易形式，并初步将其划分为数字技术贸易、数字产品贸易、数字服务贸易、数据贸易四大类。其中，数字服务贸易包括了跨境电商平台服务。中国信息通信研究院（以下简称中国信通院）发布的《数字贸易发展白皮书（2020 年）》中，对数字贸易的定义为：数字贸易是指数字技术发挥重要作用的贸易形式。其中，明确了数字贸易与传统贸易的最大区别在于贸易数字化和贸易对象数字化。因此，数字贸易涵盖两个方面的内容：一是贸易数字化，即推动贸易与数字技术的深度融合，促进贸易数字化；二是数字化贸易（数字贸易），以数字产品、数字服务、数字技术和数据为主要对象的贸易（曹宗平、黄海阳，2022）。

无论是狭义的数字贸易，还是广义的数字贸易，其共识是：数字贸易重新划分了贸易的形式。如图 1-1 所示，展示了货物贸易、服务贸易和数字贸易的关系（余淼杰、郭兰滨，2022）。通过梳理目前有关数字贸易的定义，结合中国电子商务尤其是跨境电商的实践，本书拟采用马述忠等（2018）提出的数字贸易的定义：以现代信息网络为载体，通过信息通信技术的有效使用实现传统实体货物、数字产品与服务、数字化知识与信息的高效交换，进而推动消费互联网向产业互联网转型并最终实现制造业智能化的新型贸易活动，是传统贸易在数字经济时代的拓展与延伸。本书将广义的数字贸易作为“数字贸易”的定义范围。

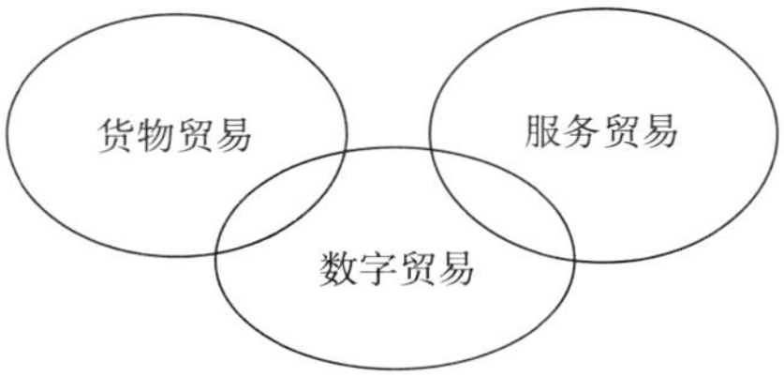

图 1-1 货物贸易、服务贸易和数字贸易的关系

（二）数字贸易与相关概念的内涵与联系

1. 数字贸易与数字经济

随着数字互联网技术的发展与应用，数字经济逐渐成为基于数字技术体系日益庞大的新经济形式的总括概念。它以数字化的知识和信息作为关键生产要素，以数字技术为核心驱动力量，通过数字技术与实体经济的深度融合，不断提高经济社会的数字化、网络化、智能化水平。而数字贸易来源于数字经济，是数字经济发展到一定阶段的产物和结果。一方面，数字经济的发展为数字贸易提供了坚实的基础。随着大数据、云计算、物联网、区块链、人工智能等新兴技术的不断发展，数字经济规模不断扩大，为数字贸易提供了广阔的空间和无限的可能性。数字经济的快速崛起，使数字产品和服务的贸易形式日益丰富，数字贸易的规模也在不断扩大。另一方面，数字贸易的发展进一步推动了数字经济的深化。数字贸易既是数字经济发展的重要组成部分，也是数字经济国际化的体现。数字贸易不仅体现为贸易方式的数字化，还能从生产、交换、流动、消费等环节对数字经济上中下游的产业链产生推动作用，促进数字经济产业链的延展。数字贸易还体现在贸易对象的数字化，即以数据形式存在的产品和服务贸易，极大地拓展了现有服务贸易的深度和广度。这种数字化趋势使数字经济的内涵更加丰富，应用领域更加广泛。因此，数字经济与数字贸易存在着协同发展的关系。目前，仅有美国将数字贸易从数字经济中分离出来，并率先在全球发布首部数字贸易调研报告《美国和全球经济中的数字贸易》（李忠民等，2014）。由于各国数字贸易统计口径不一，大多数学者以数字经济相关统计数据作为衡量一国或地区数字贸易实力的依据。

2. 数字贸易与传统贸易

在数字经济时代，数字贸易与传统贸易存在差异。首先，在贸易对象上，传统贸易是货物、服务和生产要素的交换活动。而数字贸易的贸易对象既包括通过信息通信技术实现交换的传统实体货物，又包括通过数字化手段传输的数字产品与服务，以及作为重要生产要素的数字化知识与信息（马述忠等，2018）。可见，相较于传统贸易，数字贸易的贸易对象范围更大。数字贸易中的数字产品与服务、数字化知识与信息还具有无形性、虚拟性、即时性、可复制性等特征。其次，在贸易方式上，传统贸易受到时间和空间的限制，通常需要固定的经营场所。从交易磋商、签订合同、履行合同到货款结算，整个过程都需要纸质或电子文件、单证作为证明和约束条件。而数字贸易降低了地理空间等传统因素的限制，交易流程一般在互联网平台以电子化方式完成。最后，在贸易规则上，传统贸易规则由本国政府及相关部门制定各项规章制度，以及本国参与缔结的国际条约、协定构成。而数字贸易规则不仅涉及传统贸易规则，还更加强调数据流动、隐私保护、知识产权保护等监管规则，这对现有的传统贸易规则体系提出了更高的要求。

3. 数字贸易与数字产品

数字产品是数字贸易的重要组成部分，通常指通过信息通信网络传输的产品，包括数字服务，如云计算服务、在线教育、数字化服务等；也包括数字内容产业相关产品，如电子书、音乐、数字艺术、软件和电子游戏里的虚拟商品等。随着数字技术的应用和发展，数字产品从研发设计到生产销售均由数字构成，呈现数字化特性。数字产品呈现外部性、非竞争性、对个人偏好的依赖性等特征。首先，外部性特征是指数字产品具有可复制性和共享性，因此具有公共物品的特征，显示出正外部性。随着网络用户的增多，数字产品给网络中的用户带来的价值也越来越多，网络外部性也随之增长。其次，数字产品的非竞争性、非排他性特征是由其数字内容决定的，甚至可能出现消费者获取到与企业所销售数字产品类似的免费替代品的情况。不过，可以通过制度性或技术性的设计来改变这一特征。例如，生产经过加密的数字产品。最后，数字产品呈现出对个人偏好的依赖性特征。由于数字产品所携带的内容本质是信息，包括人类思想、知识、智力、资料等，从消费者角度来看，这些思想和信息所起的作用是因人而异的。所以，对数字产品的需求似乎更容易随着消费者个人的偏好不同而发生变化。

数字产品是数字贸易的标的之一，也是其核心内容，两者之间存在着相互促进、相互影响的紧密关系。数字贸易的发展离不开信息技术的支持，而信息技术的进步又推动了数字产品的创新和普及。例如，云计算、大数据、人工智能等技术在数字贸易中的应用，不仅提高了贸易效率，还催生了更多基于这些技术而产生的数字产品，如智能客服、个性化推荐系统等；数字贸易打破了地理界限，使数字产品能够迅速触及全球市场。通过跨境电商平台，数字产品可以轻松进入国际市场，拓宽了销售渠道，增加了市场份额。例如，中国的游戏、音乐、影视作品等数字产品，通过跨境电商平台远销海外，受到了广泛欢迎。数字贸易的竞争促使企业不断创新，以满足市场需求。这种创新不仅体现在贸易模式上，也体现在数字产品本身。企业为了提升竞争力，会不断研发新的数字产品，提高产品质量和服务水平。例如，随着在线教育市场的兴起，各大企业纷纷推出在线课程、虚拟实验室等创新产品，以满足用户多样化的学习需求。

数字产品对数字贸易起着推动作用，其丰富多样的特性为数字贸易提供了更多的贸易内容。从电子书、在线音乐、视频到云计算服务、在线教育等，数字产品涵盖了多个领域，为数字贸易带来了广阔的发展空间。数字产品的应用提高了数字贸易的效率。例如，通过电子支付的方式，交易双方可以实现实时结算，大大降低了交易成本、缩短了交易时间。同时，数字产品还可以实现自动化管理和智能推荐，进一步提高贸易的便捷性和准确性。数字产品的不断创新为数字贸易带来了更多的可能性。例如，基于区块链技术的数字产品可以实现去中心化交易和智能合约，为数字贸易带来了全新的交易模式和信任机制。这种创新不仅提高了贸易的安全性，还促进了贸易的可持续发展。

4. 数字贸易与电子商务

数字贸易起源于“电子商务”。世界贸易组织（WTO）将电子商务定义为：以电子方式生产、分销、营销、销售或交付货物和服务。WTO 在电子商务专题报告中对电子商务进一步解释为：通过电信网络进行的生产、营销、销售和流通活动。它不仅指基于互联网的交易，还指所有利用电子信息技术来解决问题、降低成本、增加价值和创造商机的商务活动。这其中包括通过网络实现从原材料查询、采购、产品展示、订购到出品、储运以及电子支付等一系列的贸易活动。可见，电子商务强调通过电子信息技术和网络平台来实现贸易活动（赵晓斐，2020）。WTO 成员方对有关电子商务议题的谈判从未间断，为数字贸易国际法律规则的形成搭建了初步平台。美国向 WTO 递交了一份探索性文件，正式提出以“数字贸易”的概念取代“电子商务”。文件中，“数字贸易”概念更明确地涵盖了通过电子手段进行的与贸易有关的所有方面，即数字贸易包括了 WTO 定义的“电子商务”的所有要素。目前，WTO 框架下的贸易协定中，与美国提出的数字贸易规则重合的内容很少，未来，WTO 是否会以“数字贸易”替代“电子商务”仍存在不确定性（李玉昊，2021）。

从地域范围来看，电子商务包括国内电子商务和跨境电子商务（以下简称跨境电商）。在我国学界和实践认识中，跨境电商是数字贸易的有机组成部分，是不同国境的交易主体以电子商务的方式进行在线订购、支付结算、跨境物流运输、清关，最终送达商品，完成商品交易的活动。现阶段，跨境电商是数字贸易的初级阶段，未来，跨境电商将不断拓展其商务活动半径，整合传统产业链，推动生产、贸易活动的数字化、智能化转型。数字贸易是跨境电子商务未来发展的高级形态（马述忠等，2018）。

二、外贸动能

（一）传统国际贸易理论的外贸动能

1. 绝对优势

英国古典经济学家亚当·斯密是提出分工概念的第一人。他在其著作

《国富论》中提到：分工既然可以极大地提高劳动生产率，那么每个人都应专门从事他最有优势的产品的生产，然后彼此进行交换，这样的结果对每个人都有益处。在亚当·斯密看来，适用于一国内部的不同个人或家庭之间的分工原则，也适用于各国之间。国际分工应按照绝对优势的原则进行。他认为，国际贸易的根本动因在于不同国家在生产同一商品时存在的绝对成本差异。如果一国在某一商品的生产上所耗费的绝对成本低于其他国家，那么该国就具备该商品的绝对优势，从而可以出口该商品；反之，则进口。这种成本差异可能源于自然资源、技术水平、劳动生产率、生产要素的丰富程度等多种因素。因此，每个国家应专业化生产并出口本国具有绝对优势的产品，进口本国处于绝对劣势的产品。绝对优势理论认为，对外贸易的动能是按照绝对优势原则的国际分工。

2. 比较优势

英国古典经济学家大卫·李嘉图在绝对优势理论的基础上提出了比较优势理论。在两个国家、两种产品、仅投入劳动这一种生产要素的假设条件下，即使一个国家在两种产品的生产上处于绝对优势，另一国家在两种产品的生产上处于绝对劣势，两个国家依然可以按照“两优取其重，两劣取其轻”的原则，专业化生产并出口本国具有比较优势的产品，进口处于相对劣势的产品。比较优势理论认为，国际贸易的动因并不完全依赖于各国生产成本的绝对差异，而是基于生产技术的相对差别以及由此产生的相对成本的差异。

3. 要素禀赋

当代瑞典经济学家赫克歇尔和俄林创立的要素禀赋理论，以及美国经济学家保罗·萨缪尔森提出的要素价格均等化理论，将导致生产成本差异的生产要素扩展至两种以上。他们认为，各国在土地、劳动力、资本等生产要素的拥有量，即所谓的要素禀赋上存在差异。这种差异导致了各国在不同产品生产上的相对成本不同。在各国生产要素存量既定的条件下，一国会专业化生产并出口本国密集使用其丰裕要素的产品，进口本国密集使用其稀缺要素的产品。国际贸易的结果是使贸易各国的生产要素价格趋于均等化。因此，要素禀赋理论认为，各国要素禀赋的不同是产生国际贸易的动因。

（二）新国际贸易理论的外贸动能

1. 产业内贸易

20 世纪 60 年代，国际贸易出现新的现象和特点。经济发展水平相近的发达国家之间的贸易，以及同一产业内的产品贸易在世界贸易中占据重要地位，这给传统国际贸易理论带来了挑战。经济学家对这一现象开展研究，形成产业内贸易理论。学者们认为，产品差异性、需求偏好相似性、规模经济是产业内贸易产生的根本原因。首先，同一产业内的产品可能存在品质、设计、功能等方面的差异，这些差异使不同产品在不同市场上具有不同的竞争力。各国可以充分利用自身的技术和资源优势，生产具有竞争力的差异化产品，进而通过国际贸易满足全球市场的多样化需求。其次，工业制成品的生产通常是优先满足国内需求，一旦国内市场大到可以使工业得到规模经济和逐步降低的单位成本时，厂商就会考虑将产品推向国际市场。由于这些产品是为满足国内市场喜好和收入水平而生产的，因此它们更有可能会被出口到那些喜好相似的国家。如果两国平均收入水平相近，那么其需求结构也必然相似。当两国存在对相同品质的产品有需求的情况时，就被称为存在重叠需求，这是两国开展国际贸易的基础。最后，规模经济是产业内贸易的重要动因。规模经济意味着随着生产规模的扩大，单位产品的生产成本会降低。通过国际贸易，企业可以在全球范围内实现生产和销售规模的扩大，从而降低生产成本，提高经济效益。这种规模经济效应使同一产业内的企业可以更加专注于自身的核心业务和优势产品，通过国际贸易实现资源的优化配置和效率的提升。因此，产品差异性、需求偏好相似性和规模经济是当时发达国家间产业内贸易的动因。

2. 国家竞争优势

20 世纪八九十年代，美国哈佛大学教授迈克尔·波特提出的国家竞争优势理论，归纳了新国际贸易理论的各方观点，被认为是对国际贸易理论一次重要的综合和发展。该理论认为，一国要在激烈的世界市场和国际贸易中获得成功，比较优势只是一部分原因，更为重要的是培养国家竞争优势。

比较优势主要体现在国家的自然资源、土地资源、劳动力、资本、技术创新能力等方面。这些优势可以使一个国家在某种商品或服务的生产上，相较于其他国家拥有更低的机会成本。即使一个国家在两种商品的生产上相较于其他国家存在劣势，只要其在这两种商品上的机会成本存在差异，它仍然有可能参与国际贸易并从中获益。

而一个国家竞争优势的获取取决于四个基本决定因素和两个辅助因素。

四个基本决定因素分别是：生产要素，需求条件，相关与支持产业，以及企业战略、组织结构与竞争。两个辅助因素是机遇和政府。国家竞争优势理论又被称为“钻石模型”或“菱形理论”。其中，生产要素包括自然资源、人力资源、知识资源、资本资源以及基础设施等。这些要素不仅包括传统的初级要素，如自然资源，还涵盖了后天开发和积累的高级要素，如先进的科技、高素质的人才等。这些高级要素通常是难以被模仿和替代的，对一个国家的竞争优势具有决定性的影响。需求条件主要指的是国内市场对产品和服务的需求特性。国内市场的规模、消费者的挑剔程度以及需求的超前性，都可以推动企业不断进行技术创新和产品升级，从而提高国际竞争力。相关与支持产业指的是该国上游产业和相关产业是否具有国际竞争力。一个强大的产业集群可以为企业提供及时、高效的供应链支持，降低生产成本，提高生产效率。企业战略、组织结构与竞争包括企业的组织管理方式、战略选择以及国内市场的竞争状况。这些因素会影响企业的创新能力和市场反应速度，进而影响国家的竞争优势。两个辅助因素中，机遇包括重大技术变革、汇率变化、战争等突发事件。这些事件可能会改变产业的竞争格局，为某些国家提供超越其他国家的机会。政府通过制定和实施相关政策，如贸易政策、产业政策等，可以影响四个基本决定因素，从而对一个国家的竞争优势产生重要影响。

国家竞争优势理论从国家层面和企业层面解释了国际贸易的动因，强调了比较优势和竞争优势在国际贸易中的重要地位，同时考虑了需求条件和政府的作用。这些因素共同推动了国际贸易的发展，使各国能够根据其自身的优势参与国际分工，实现资源的有效配置和产品质量的提升，从而提高国民福祉。

（三）新新国际贸易理论的外贸动能

新新国际贸易理论是以新国际贸易理论为基础，依据微观外贸企业实证研究而形成的独立贸易理论。20 世纪 90 年代后，学者们开展了一系列外贸企业实证研究。实证研究证明，出口企业在规模、效率、员工福利等各方面要优于非出口企业，这也是出口企业能够出口商品的原因（Bernard and Jensen，1995，1999）。Melitz（2003）建立了“异质性企业模型”，从而正式开创了“新新国际贸易理论”（余智，2013）。近年来，基于企业异质性的新新国际贸易理论进一步从企业生产率差异的角度探寻了贸易的成因，证实了生产率优势是企业从事国际贸易活动的基础（张宇、蒋殿春，2021），并通过与企业产品质量相结合、与企业产品多样化相结合、与企业内贸易相结合等方式，进行自我修正与完善，使其研究范围不断扩展、适用性不断增强（余智，2013）。新新贸易理论的核心观点是：随着全球供应链的日益完善和技术创新的不断涌现，国际贸易已经不再局限于传统的比较优势，而是更加注重企业的异质性和市场多元化。此外，新新贸易理论还强调技术创新和知识产权保护的重要性。随着技术创新的不断涌现，企业的核心竞争力不再仅仅依赖于传统的资源和劳动力优势，而是更多地依赖于技术创新和知识产权的积累。因此，加强技术创新和知识产权保护，对于提升企业的国际竞争力具有重要意义。

（四）外贸动能的内涵

本书所述的外贸动能，既指推动对外贸易数量增长的动因，又指促进对外贸易质量提升的动力，是推动外贸增长和发展的各种力量和因素的总和。因此，外贸动能的作用结果，不只是一国对外贸易数量上的持续增长，更体现为一国对外贸易结构和方式的优化，以及在全球价值链所处位置的提升，形成外贸竞争新优势。

第二章　国内外研究态势

第一节　数字贸易的研究

一、数字贸易发展态势

随着全球产业结构的调整，以及大数据、移动互联网等新技术的涌现，数字贸易将加速全球要素流动，不断拓展服务和贸易边界，并扩大规模经济和范围经济效应。同时，数字贸易通过各类数字化平台促进全球产业链、供应链和创新链稳定发展，推动创新效率提升、技术扩散与开放合作，促进科技、医疗、文化、体育、教育等优质服务资源全球共享（王晓红、夏友仁，2022）。当前，以美欧为代表的发达经济体是全球数字贸易的引领者，处于数字贸易网络中心位置（陆菁、傅诺，2018）。尤其是在数字服务贸易领域，以美国为代表的发达经济体凭借其技术优势，能够以更为开放的态度发展数字服务贸易，从而长期主导全球数字服务贸易市场（刘斌、崔楠晨，2022）。但从中长期来看，发展中经济体凭借庞大的市场空间和不断缩小的技术差距，具有发展数字贸易的巨大潜力。个别发展中国家，如印度、墨西哥、巴西等国家的网络影响力有所提升（王彦芳等，2022）。特别是在跨境电商领域，以中国为代表的新兴经济体已经跃居世界前列（陈超凡、刘浩，2018）。

我国拥有数字贸易发展所需的基础设施、技术储备、消费市场以及政策基础（王晶，2016）。近年来，我国数字贸易的规模不断扩大，数字贸易的业态和结构在逐步优化（曹宗平、黄海阳，2022）。数字贸易已经成为减少我国服务贸易逆差的主要贡献者，在提升服务贸易竞争力方面发挥了重要作用。我国数字贸易的国际竞争力日益增强。实证研究表明，我国是“高潜力型数字贸易强国”，贸易潜力指数表现相对良好（马述忠等，2022）。然而，我国数字贸易发展仍存在诸多制约因素。外部因素是数字贸易国际规则和治理挑战严峻，数字贸易保护主义严重危害我国数字贸易领域的发展（邱爱莲、李占，2022）。内部制约因素首先是支持性要素供给不足，包括数字基础设施有待继续完善、关键核心技术自给率低、数字技术人才短缺等问题；其次是相关规制发展滞后，包括尚未建立数字贸易统计制度、数字贸易领域的法律法规体系还不健全、参与国际规则制定的能力有待提高等问题；最后是中国数字企业国际竞争力与美国相比还有较大差距（贺少军，2020；李忠民等，2014；王晓红、夏友仁，2022）。

为了更好地参与全球数字贸易，部分学者提出了中国对策。王晶（2016）认为，我国可借鉴发达国家突破关税和本地化制度瓶颈，促进数字贸易开放，健全法律维护消费和竞争公平，保障数字贸易安全，出台创新政策维持数字贸易可持续发展的先进治理经验，通过健全国内规制和引导国际规则，释放数字贸易潜力。陈超凡和刘浩（2018）从加强顶层设计、强化创新驱动，发挥比较优势、拓展新兴领域，健全法律制度、营造良好环境，参与规则制定、提升国际话语权四方面提出了中国应对策略。李钢和张琦（2020）、陆菁和傅诺（2018）认为，要推进中国数字贸易的崛起，需加强数字基础设施建设，引导传统产业数字化转型，提升技术水平，完善知识产权保护，加快区域服务贸易协定签订，把握数字贸易定规权和强化本土文化输出，借力“一带一路”倡议实践数字贸易规则“中式模板”。王晓红和夏友仁（2022）提出，以数字技术创新为牵引夯实数字经济产业基础，以制度型开放为引领推动数字贸易高水平开放，有机统筹开放发展与安全，以建设“数字丝路”为重心拓展数字贸易国际合作新空间。

二、数字贸易规则

数字贸易的范畴既涉及服务贸易，又涉及货物贸易；既包含信息通信技术产品和服务，又覆盖信息通信技术与其他技术经济部门融合应用的部分（李忠民等，2014）。因此，数字贸易对以传统货物和服务贸易为基础的现行贸易制度框架提出了新的挑战。熊鸿儒等（2021）认为，跨境数据流动、数字税收、数据（设施）本地化、数字贸易市场准入、数字知识产权保护以及跨境电商便利化，是建立全球数字贸易框架的关键议题。目前，数字贸易面临的新挑战是跨境数据流动共识规则缺失，数字产品或服务征税争议较大，数据（设施）本地化立场不同，云计算服务分类和准入存在分歧，保护数字知识产权诉求较多，贸易便利化规则尚不明确。

（一）数字贸易国际规则

目前，国际上尚未形成一套为各国普遍接受的数字贸易规则或制度安排。大国面对日益增长的数字贸易治理需求与多边规则制定缺位之间的矛盾，各自形成了特色鲜明的治理方案（刘斌、崔楠晨，2022）。国内外学者总结出了“美式模板”“欧式模板”“新式模板”等数字贸易规则。白洁等（2021）研究发现，数字贸易规则已形成以美国为主导，1.0、2.0、3.0 版本纵向演进，“美式模板”和“欧式模板”横向并存的多元化体系；中国在数字贸易规则制定中处于边缘地位，尚未达到 1.0 版本水平。

1.“美式模板”

美国已经形成了完备的数据进出境规则体系，拥有全球领先的数字跨国公司和完善的数字生态系统。因此，美国需要寻求一个深度全球一体化的数字市场，以满足各类主体对跨境数据自由流动的诉求（沈玉良等，2022）。美国一直致力于打造数字贸易规则的“美式模板”，并力图将其树立为全球数字贸易谈判的标杆（李玉昊，2021）。美国数字贸易相关产业的比较优势是数字服务贸易。数字贸易“美式模板”无疑会重点引入与数据流动、知识产权等相关的内容，着力推动“跨境数据自由流动”“数据存储设备以及数字技术非强制本地化”“保证网络自由接入”等有助于促进数字服务输出的相关规则（周念利等，2017）。无论是国内战略、立法，还是自由贸易协定（FTA）推广，美国始终坚持数据开放与自由流动的基本原则，并主张尽可能减少对数据跨境流动的限制（张正怡，2022）。尤其是美国作为区域贸易协定（RTA）成员国，是数字贸易自由化规则条款的主要发起者。该国利用其强大的规则制定影响力和规则输出能力，将美式RTA规则文本向其“盟友”推广，并进一步由后者向其他经济体继续传播和扩散（沈玉良等，2022）。刘斌和崔楠晨（2022）认为，“美式模板”在向高标准持续推进的同时兼顾包容性，这在不断演化升级的协定文本中有所体现。

2. “欧式模板”

欧盟是较早对个人数据进行立法的经济体。1995年通过的《欧洲数据保护指令》旨在协调成员国的隐私标准，确保维护欧盟公民的个人数据得到保护，即便这些数据会在欧盟以外传输。2007年颁布的《欧盟基本权利宪章》中的第七条和第八条规定了隐私权和对个人资料的独立保护权。刘斌和崔楠晨（2022）认为，“欧式模板”呈现一种“积极的保护主义”。尽管该模板支持数据跨境流动，但存在严格的监管机制和相对主观的判断标准（张正怡，2022），在贸易协定谈判时更注重对个人数据和隐私的保护。相较于“美式模板”，“欧式模板”扩张性不强，仅适用于欧盟内部，较少存在“二次传播”效应。周念利和陈寰琦（2018）梳理了数字贸易规则“欧式模板”的四个基本特征：规则文本缺乏一个成熟完整且独立的体系规则；在知识产权保护、信息和通信技术（ICT）合作中积极推进规则发展；欧盟在推进ICT合作中“稳中求进”，在关税政策和基础设施上推出促进措施；在“视听例外”和“隐私保护”上坚守立场；根据缔约方比较优势的强弱来改变“出价”。

3. “新式模板”

新加坡是全球数字经济协定的积极推动者。2020年，新加坡与智利、新西兰签署了《数字经济伙伴关系协定》（DEPA）。这是全球第一个涵盖数字经济问题的专项协定，也是一个高标准的数字经贸协定。刘斌和崔楠晨（2022）认为，数字贸易治理的“新式模板”初见轮廓。吴希贤（2022）认为，《数字经济伙伴关系协定》与《新加坡—澳大利亚数字经济协定》（SADEA）是亚太区域数字贸易规则的最新发展成果，在规则模式与议题范围上均有值得关注的创新。与亚太区域主要的其他贸易协定相比，DEPA与SADEA的规则范围更广，并深化扩展了美式数字贸易规则。由此可以预测：

未来，亚太区域数字贸易规则的发展将趋向多元化，并将对诸边和多边层面的规则谈判和规制整合产生重大影响；亚太区域数字贸易规则的发展将进一步追求议题范围扩大化、主题模块化的开放型和包容型规则模式。随着中国加入《数字经济伙伴关系协定》进程的推进，中、新两国在数字贸易规则原则性主张方面的“共同话语”将不断增加。加之《数字经济伙伴关系协定》创新性地采取了更为灵活的“模块化”结构设计，大大提升了协定的包容性、灵活性和开放性（史丹等，2023）。

（二）数字贸易中国规则

在我国，数字贸易治理仍然面临着贸易壁垒较高、制度建设滞后于实践等问题。例如，我国当前 FTA 在仍沿用了电子商务章节，规则仍然较为基础，尚未纳入新兴发展的数据跨境流动、计算机设施本地化、源代码、接入和使用互联网原则等条款。相对而言，中国尚未形成健全的国内数字规则体系。然而，中国通过对标《全面与进步跨太平洋伙伴关系协定》（CPTPP）和《数字经济伙伴关系协定》中高标准的数字贸易规则，正主动融入全球数字贸易治理体系（刘斌、崔楠晨，2022）。由于中国数字贸易相关产业的比较优势是基于互联网从事的货物贸易，因此，支持跨境电商促进数据要素和数据跨境流动在货物贸易增值中的作用，是中国在跨境数据流动规则上的主要诉求；以数据作为载体促进货物贸易发展，也是确立我国数字贸易规制的基本出发点。2022 年正式生效的《区域全面经济伙伴关系协定》（RCEP）中，除了继续深化与货物数字化相关条款外，还纳入了跨境数据流动、数据本地化和网络安全等方面的条款。然而，RCEP 文本在条款中同时纳入了广泛的“合法目标例外”。这说明中国试图在数据安全、服务业保护和数据流动之间寻找利益平衡点（沈玉良等，2022）。从国内规则来看，虽然我国就数据流动的立法仍然以谨慎安全为主要考量目标，但更加注重对个人信息处理的安全保护以及个人信息个体权利的维护（张正怡，2022）。学者们对中国未来数字贸易规则的制定提出各类建议。白洁等（2021）认为，应客观评价中国在国际数字贸易规则制定领域中的地位，尽快把握高标准数字贸易规则的实质内涵。应联合各部门做好对国际高标准数字贸易规则的对接工作，结合数字贸易的发展情况和规则诉求，尽早提出数字贸易规则的“中国模板”。张正怡（2022）提出，中国应更加主动参与数字贸易规则构建，以保障数据安全作为前提，及时提升数字贸易配套，倡导试点区域贸易协定，坚持推动多边贸易谈判，力争深化达成数字贸易全球规则的共识，为数字贸易国际法律规制形成诸边或多边框架。刘斌和崔楠晨（2022）认为，中国通过对标《全面与进步跨太平洋伙伴关系协定》和《数字经济伙伴关系协定》中高标准的数字贸易规则，正主动融入全球数字贸易治理体系。在开放的过程中，中国应正确处理安全与开放、对接性开放与主动性开放、产业开放与数据开放这三种关系。针对接受难度较大的条款，对外要释放明确的政策预期，对内要夯实促进数字贸易发展的制度性安排；针对接受难度较小的条款，主动对接国际高标准数字贸易规则。在先行先试和复制推广中明确开放的范围与程度，形成和输出数字贸易治理的“中式模板”，从而提升中国在国际数字贸易规则制定中的话语权。

（三）数字贸易规则未来的方向

数字贸易引发全球贸易秩序重塑。未来，数字贸易规则体系的建立需要在清晰界定数字贸易相关概念的基础上，实现对全球数字产业链和价值链的有效治理。数字贸易虽对数据自由流动较为依赖，但由于各国法律法规、宗教信仰、历史文化的不同，对数据隐私保护有不同的要求，预计短期内协调各国仍有一定困难。目前，数字服务税收规则，以及数字贸易下的竞争与垄断问题，即如何确定平台责任、规制垄断行为以及建立包容友好性的创新环境，是各国数字贸易规则谈判的重要内容（刘洪愧等，2022）。未来，数字贸易规则将呈现四个趋势：“电子商务”规则向“数字贸易”规则拓展延伸；从“以我为主”的单向度走向更具包容性的双向度（“你我共同”）；由低阶逐步向更高开放水平的高阶对标对接；模式竞争将推动“同盟化”推广和“同盟化”“规锁”（史丹等，2023）。

三、数字贸易壁垒

在数字贸易时代，数字产品订购和交付的数字化在一定程度上缓解了距离、基础设施建设、物流等传统贸易壁垒对贸易的制约程度，但是，数字技术也深刻地改变了创造性产品的获取方式以及收入产生和分配方式。数字技术的资本和知识偏向，使高技能数字密集型产品主要由具有资本密集和教育程度较高的发达经济体出口（世界贸易组织，2017）。受此影响，核心技术或具有核心竞争力的技术资源国家越发倾向于加强知识产权保护、反对或限制例外情况。具有数字技术优势的经济体，将通过政策规制使数字技术中的知识外部性和研发溢出限定于本国范围内，以保持和延续技术先发优势所形成的经济优势和贸易优势（史丹等，2023）。因此，数字产品的市场准入、数据的跨境自由流动、网络安全等数字贸易所特有的新型贸易壁垒对贸易的制约程度在不断凸显。实证研究表明，数字贸易壁垒对服务出口增长产生显著抑制效应。不仅进口国的数字贸易壁垒对出口国的服务出口产生抑制效应，出口国的数字贸易壁垒也有类似的情况（张亚瑛、刘晓辉，2023）。它们已经成为当前制定国际贸易新规则的焦点性议题（盛斌、高疆，2020）。

现有研究大多将数字贸易监管措施等同于数字贸易壁垒。王岚（2021）从目标合法性、手段合理性以及效果合意性三个层面，对数字贸易监管措施与数字贸易壁垒进行了辨析，并将数字贸易壁垒定义为："以保护国内数字产品和服务免受外国竞争、人为刺激国内数字产品和服务出口等贸易保护主义为根本目的，以任意的、不合理的歧视性措施为手段，对贸易造成变相限制效果的数字贸易监管措施。"

按照不同标准，数字贸易壁垒的分类有所不同。按照政策工具的类别来分类：目前，影响数字贸易发展的壁垒主要是关税壁垒、非关税壁垒和数据限制。其中，非关税壁垒包括贸易限制、投资限制、财政限制、自然人流动限制和知识产权等。数据限制包括数据政策、平台责任、内容访问等（赵瑾，2021）。这一分类方法与欧洲国际政治经济学研究中心（ECIPE）发布的数字贸易限制指数（DTRI）中对数字贸易壁垒的衡量方法一致，也是比较全面且被广泛采用的数字贸易壁垒界定和评价标准之一。另一分类方法是美国国会研究服务局（CRS）发布的《数字贸易与美国贸易政策》报告。该报告将数字贸易壁垒分为关税壁垒和非关税壁垒两种类型。后者具体包括本地化要求、知识产权侵犯、政策一致性、审核制度及网络中立、网络安全五个部分（沈洁，2022）。沈洁（2022）的研究表明，由于国家（地区）之间的利益导向之争，不同研究报告在数字贸易壁垒衡量指标选择的范围和侧重点上存在差异，因此得到的研究结论出现了分歧和矛盾。而我国学者对数字贸易壁垒进行测度，得出的结论基本相同：发展中国家数字贸易壁垒高于发达国家（赵瑾，2021；王岚，2021）。中国作为数字经济领域的"后起之秀"，当前已经跻身世界前列，理应在数字贸易规则的制定过程中发挥更积极作用，为发展中国家争取更大的利益空间。中国在数字贸易规则竞争中可采取的应对思路包括：增加数字贸易试点区域，构建数字贸易“中式指数”、深化数字贸易现行标准，以 RCEP 的达成为契机、以数字基础设施为抓手、以自由贸易试验区为载体、以数据跨境流动为突破点，进一步提升数字贸易治理能力和开放水平，加快国内立法与法律修订，构建促进数据自由流动、企业公平竞争和个人信息保护相协调的法律制度（戴龙，2020；赵瑾，2021；王岚，2021）。

第二节　我国外贸动能的研究

2010~2020 年，贸易结构的转型和升级是中国经济成功转型的关键。此时，我国外贸增长方式的转变是要培育出口企业的核心价值体系，构建新型出口导向产业体系。以劳动力、金融等要素市场的进一步开放弥补转变过程中的劳动力、技术缺口，以中性化汇率政策加快外贸发展方式转变的节奏，构建外贸企业社会责任评估体系，消除相关领域的贸易摩擦隐患（魏磊、蔡春林，2011）。有关实证研究表明，中国的出口商品结构正在由初级产品、劳动密集型产品向机电产品、高新技术产品转换。贸易产品的技术含量不断提升，出口商品结构较好地“响应”了包括劳动力要素在内的资源禀赋的蝶化。此时，外贸发展方式转型升级的关键在于资源禀赋结构的提升（杨继军、范从来，2012）。陈曦和卞靖（2017）认为，我国外贸结构调整应以营造有利的外部发展环境、与国内经济转型升级相协调和提升价值链为战略重点。在政策上，应实施积极的进口战略，促进贸易平衡。加强创新能力建设，提升产品附加值，优化外贸商品结构。推动贸易伙伴多元化，优化外贸区位结构。促进产业结构升级，优化外贸方式结构。陈昭（2017）认为，要加快构建开放型经济新体制、建设开放型经济强国，其中一项重要内容就是要建立质量效益导向型的外贸促进新体系，推动我国对外贸易转型升级。

随着我国迈向高质量发展阶段，作为经济高质量发展的有机组成部分，贸易高质量发展成为新时期的重要命题。在加快构建双循环新发展格局的背景下，这一命题明确了“十四五”时期外贸更好服务构建新发展格局的目标要求（马林静，2021）。为实现对外贸易高质量发展，塑造我国外贸新动能，高运胜等（2021）认为：要从深化改革、创新驱动、扩大开放和制度保障等领域塑造新动能，并选择优化对外合作方式、均衡对外贸易结构、改善国内营商环境和培育贸易新业态等发展路径。通过积极应对挑战、加快实现对外贸易高质量发展，构建更高水平开放型经济新体制与双循环相互促进的经济发展新格局。陈亮等（2021）认为：要以创新驱动加快外贸新旧动能转换，以制度创新推进结构性改革，以开放创新拓展外贸发展新空间，以创新全球治理提升中国参与国际经贸规则制定能力和话语权。马林静（2021）认为：加快推动外贸创新发展，需构建以创新为核心的新动能增长体系，在新发展格局中更好发挥联通内外的纽带功能。王三兴和宋然（2021）认为：贸易竞争获得新优势、贸易结构形成新均衡、贸易发展实现可持续、贸易推力产生新动能、贸易格局掌握话语权是外贸高质量发展的内在要求。推动外贸结构转型升级、优化国内外贸易环境并积极参与贸易规则制定，是实现外贸高质量发展的重要途径。李稻葵等（2021）提出：一方面，中国应着力引导相关产业在有序转移中实现升级；另一方面，在做大做强国内大循环的同时，仍应高度重视国外市场，维护贸易基本盘，坚持双赢理念，务实加强与美国等主要国家的经贸合作，持续扩大经贸合作“朋友圈”。可见，在新发展格局下，学者们一致认为以创新为核心培育外贸新动能，以优化内外部环境拓展外贸发展空间，是实现贸易高质量发展的路径。我国外贸动能的研究重心从外贸结构转型升级转变到创新驱动贸易高质量发展。

随着国际贸易领域的数字化转型趋势日益凸显，学者们开始思考数字化对贸易高质量的影响。夏杰长和李銮淏（2023）提出：数字化趋势赋能我国贸易高质量发展的影响机制和作用路径，是推动我国形成更宽领域、更多方位和更深层次的对外开放和贸易格局，加速国际贸易领域供需双侧优化和相互匹配，全方位降低国际贸易的传统成本和扩大国际贸易的效益空间，催生出重塑全球价值链的国际贸易新业态新模式。以数字技术为支撑的数字贸易能够有效促进贸易高质量发展，且这种影响受到市场开放度的调节（杨慧瀛、杨宏举，2023）。

第三节　研究总结与评述

目前，有关数字贸易的研究日益增多。同时，随着国内外形势的变化和我国经济战略的调整，有关外贸动能的研究重点也从外贸结构转型升级转变到创新驱动贸易高质量发展，这些都为本书提供了大量的文献资料。通过梳理，本书将从以下三方面进行研究突破：

首先，虽然数字贸易的定义和范围尚未达成统一标准，但数字贸易发展的重要性已获得广泛共识。目前，有关数字贸易的定性研究已具备一定数量，定量研究也日益增多。本书将在此基础上，对数字贸易的经济特征和理论依据展开研究。

其次，数字贸易重新划分了贸易的形式。目前的研究明确了数字贸易与传统外贸的区别，一致认为数字贸易是推动全球贸易发展的新动力，但尚未系统分析数字贸易与外贸动能拓展的逻辑关系。本书旨在探索数字贸易拓展外贸动能的机理，进而分析数字贸易拓展外贸动能的关键所在。

最后，学者当前对数字贸易的发展态势和中国的对策研究较多，对省际层面的数字贸易发展研究较少。本书将从国家层面研究我国数字贸易发展的现状和对策，并选取广东、浙江、福建、江苏四省，对其数字贸易发展的现状与外贸动能的拓展对策开展研究，期望能为区域数字贸易产业的平衡发展提供一定的对策建议。

第三章　数字贸易的理论探索和特征

第一节　数字贸易的核心理论命题

一、贸易数字化

（一）贸易数字化的内涵

贸易数字化是指：现代信息技术与传统贸易有机融合，实现货物贸易各环节、全流程的数字化渗透和发展。从广义角度来看，贸易数字化不仅涉及货物贸易本身，还包括外贸商品从设计、生产、组装、物流、进出口销售到售后服务的全链条数字化转型，是对贸易主体、贸易对象、贸易方式、贸易服务四大方面的数字化。所有贸易主体，包括外贸企业、服务企业、生产企业、政府监管部门等，都在贸易数字化过程中应用数字技术。随着数字技术的不断发展和应用，贸易数字化将更加注重数据的挖掘和应用，并通过大数据分析、人工智能等技术手段提高贸易的效率和精准度。

（二）贸易数字化的产生与发展

互联网和移动通信技术的快速发展，让信息传输更加迅速、准确，为贸易数字化提供了必要的技术支持。而云计算、大数据、人工智能、区块链等新兴技术的应用，进一步加快了贸易数字化的进程。贸易数字化的发展历程可以分为以下三个阶段：

1. 初期阶段（20世纪90年代至21世纪初）

互联网技术开始普及，跨国企业开始尝试通过网络平台开展跨境贸易。此时，贸易数字化的特点是：以信息技术服务为主要交易对象，贸易规模较小但增长迅速。

2. 快速发展阶段（21世纪初至21世纪10年代中期）

随着全球信息化水平的提高，新兴市场国家逐渐崛起，贸易数字化呈现出多样化、个性化特征。互联网服务、电子商务、信息传输、软件和信息技术服务等领域迅速发展，全球数字服务贸易规模不断扩大，贸易壁垒逐渐降低。

3. 现阶段（21世纪10年代中期至今）

现阶段，数字贸易已经成为全球贸易的重要组成部分。以互联网巨头为代表的新兴企业在全球范围内迅速扩张，数字贸易的竞争格局日益激烈。同时，数字贸易政策也成为各国关注的焦点。当前，众多中小出口企业通过使用数字化产品、工具和服务，覆盖贸易出口的所有环节，包括买卖双方精准匹配、品牌营销、信用担保、支付金融、储运物流和供应链等。国际贸易的数字化呈现已经从贸易信息展示平台、贸易在线交易平台发展到贸易产业链综合服务平台。

总之，现代信息技术的市场化应用推动了外贸数字产业的形成和发展，将数字化的知识和信息转化为生产要素，催生出越来越多的新产业、新业态、新模式。

（三）贸易数字化对贸易活动的影响

贸易数字化使贸易活动更加便捷和高效。贸易数字化打破了地域限制，实现了全球范围内的贸易活动。通过互联网、电子商务平台等数字化工具，企业可以轻松地与全球各地的买家和卖家进行交流和交易；数字化工具和技术的应用使贸易流程更加高效。例如，电子合同、电子支付、电子发票等数字化工具的使用可以大大缩短交易时间，降低交易成本。同时，贸易数字化还使信息传输更加迅速。企业可以实时获取市场动态和客户需求，做出快速响应。贸易数字化推动了贸易领域的创新和发展。通过应用新技术和新模式，企业可以开发新的贸易产品和服务，提高市场竞争力。同时，贸易数字化也促进了不同行业和领域的融合，推动了跨界贸易和跨境电商等新兴业态的发展。在贸易数字化过程中，数据成为关键要素。通过收集、处理和分析各种贸易数据，企业可以更加精准地把握市场需求、优化供应链、制定营销策略等。数据驱动的决策方式也将有助于提高贸易活动的效率和效果。

二、数字化贸易

（一）数字化贸易的内涵

数字化贸易是指通过数字化平台进行的商品和服务交易，包括跨境电子商务、数字技术、数字产品、数据信息和其他数字服务五个类别。它主要关注通过数字技术进行的商品和服务的交易。

（二）贸易数字化和数字化贸易的区别

1. 侧重点不同

贸易数字化侧重于整个贸易流程和环节的数字化改造和升级；而数字化贸易则重点关注通过数字化平台进行的商品和服务的交易。

2. 范围不同

贸易数字化涵盖的范围更广，包括从设计到售后服务的全链条；而数字化贸易主要关注交易本身，主要包括跨境电子商务和数字化的标的，如数字产品、数据信息等的交易活动。

3. 技术应用

贸易数字化强调以现代信息和通信技术为载体，将货物贸易全过程通过数字化的形式实现，是数字技术与传统贸易的深度融合；而数字化贸易更侧重于利用数字化平台进行交易，依赖于数字化平台高效的数据采集和传输系统、发达的算力以及功能强大的数据处理算法实现商品和服务的再分配。

三、数据要素

（一）数据要素的提出

数据要素概念的提出，是我国在理论层面的重大创新与突破。2019 年，党的十九届四中全会提出，要健全劳动、资本、土地、知识、技术、管理、数据等生产要素由市场评价贡献、按贡献决定报酬的机制，并在全球范围内率先正式将数据作为生产要素提出，具有时代特色。之后，中央发布多项政策文件，围绕数据要素发展进行谋篇布局，并将关注点聚焦于数据要素市场建设（见表3-1）。当前，数据要素正成为劳动力、土地、资本、技术之外最先进、最活跃的新生产要素。

表3-1　我国发布的数据要素相关政策文件

时间	政策文件	相关内容
2020年4月	《关于构建更加完善的要素市场化配置体制机制的意见》	首次提出培育数据要素市场
2021年3月	《中华人民共和国国民经济和社会发展第十四个五年规划和2035年远景目标纲要》	提出发展数据要素市场、激活数据要素潜能、建立健全数据要素市场规则
2022年1月	《要素市场化配置综合改革试点总体方案》	以“探索建立数据要素流通规则”为主题进行数据要素市场化配置改革的布局，聚焦数据采集、开放、交易、使用、保护等全生命周期的制度建设。具体从完善公共数据开放共享机制、建立健全数据流通交易规则、拓展规范化数据开发利用场景和加强数据安全保护四个方面展开
2022年1月	《“十四五”数字经济发展规划》	指出数据要素是数字经济深化发展的核心引擎。进一步提出到2025年初步建立数据要素市场体系，并对充分发挥数据要素价值作出重要部署
2022年3月	《中共中央　国务院关于加快建设全国统一大市场的意见》	提出加快培育统一的技术和数据市场。数据要素市场作为技术和数据市场中的一部分，也需打破地域间、市场间的壁垒，加强数据要素的协同
2022年12月	《中共中央　国务院关于构建数据基础制度更好发挥数据要素作用的意见》	为最大化释放数据要素价值、推动数据要素市场化配置提出了最新指引。建立包含数据产权制度、数据要素流通和交易制度、数据要素收益分配制度、数据要素治理制度的数据基础制度体系
2023年2月	《数字中国建设整体布局规划》	数字中国建设按照“2522”的整体框架进行布局。其中一个基础就是建设数据资源体系，以畅通数据资源大循环。构建国家数据管理体制机制，健全各级数据统筹管理机构。推动公共数据汇聚利用，建设公共卫生、科技、教育等重要领域的国家数据资源库。释放商业数据价值潜能，加快建立数据产权制度，开展数据资产计价研究，建立数据要素按价值贡献参与分配机制
2023年3月	《党和国家机构改革方案》	提出组建国家数据局，负责协调推进数据基础制度建设，统筹数据资源整合共享和开发利用，统筹推进数字中国、数字经济、数字社会规划和建设等工作

续表

时间	政策文件	相关内容
2023 年 12 月	《“数据要素×”三年行动计划（2024—2026 年）》	以推动数据要素高水平应用为主线，促进多场景应用，先行聚焦工业制造、现代农业、商贸流通等 12 个领域，推动在行业中发挥数据要素的乘数效应，释放数据要素价值，实现经济规模和效率的倍增

（二）数据要素的界定和分类

目前，对于数据要素的界定仍处在探索阶段。中国信息通信研究院在《数据价值化与数据要素市场发展报告（2021 年）》中提出：数据要素是参与社会生产经营活动、为使用者或所有者带来经济效益、以电子方式记录的数据资源；在《数据要素白皮书（2022 年）》中提出：“数据要素”一词是面向数字经济，在讨论生产力和生产关系的语境中对“数据”的指代，是对数据生产价值的强调，即数据要素指的是根据特定生产需求汇聚、整理、加工而成的计算机数据及其衍生形态，投入于生产的原始数据集、标准化数据集、各类数据产品及数据为基础产生的系统、信息和知识等，它们均可纳入数据要素讨论的范畴。国家工业信息安全发展研究中心在《中国数据要素市场发展报告（2020～2021）》中提出：数据资源权属明晰后即为数据资产，实际参与社会经营活动的数据资产即为数据要素。总之，主流机构将数据要素定义为参与社会生产经营活动，为所有者或使用者带来经济效益的数据资源。它强调的是数据在生产过程中的价值创造和经济效益。学术界大多把数据要素看作新型的生产要素，与传统的生产要素（如劳动力、资本和土地）相互融合，投入生产、分配、流通、消费等各个环节，是数字经济时代的核心要素。

数据要素可以从多个维度来进行分类。按照数据的生命周期，可分为零次数据（收集生成）、一次数据（清洗比对）、二次数据（统计分析）、三次数据（研判预测）等类别，具有无限衍生的可能；按照数据的来源，可分为公共数据、企业数据、个人数据；按照数据价值，可分为高价值数据、中价值数据和低价值数据；按照数据的性质，可分为结构化数据、半结构化数据和非结构化数据。

（三）数据要素的基本属性

1. 非稀缺性

传统的生产要素，如土地、资本等，一般是有限的，甚至会达到稀缺的程度，而数据要素却通常并非稀缺。并且，随着技术的发展和普及，数据的生成速度越来越快，数据量呈指数级增长。当前，无论是工业设备还是消费终端设备，都开始具备采集和处理数据的能力。近年来，多国政府还免费开放了大量公共数据，这些数据可被各方下载和开发利用。据统计，全球的数据量每年约增长 27%①，每 4 年新增加的数据量，都会超过人类有史以来积累的数据量的总和。因此，数据在共享过程中可以实现指数级增长。

2. 虚拟性

数据要素是无形的，以电子形式存在，没有物理形态。它们可以在计算机系统中生成、存储、传输和处理，这使得数据的存储和传输成本相对较低，且易于复制和传播。

3. 流动性

在传统生产要素中，资本要素的流动性最强，技术要素次之、土地和劳动力流动性较弱。资本在流动的同时常常和其他要素关联在一起发生裂变，因此，它对经济社会的推动作用更加显著。而在数字经济时代，数据要素则表现出强劲的流动性特征，它的流动速度更快、程度更深、领域更广。如果数据没有流动，意味着数据无从应用，数据也就没有价值。因此，数据要素是建立在流动基础上的数据。

4. 非均质性

数据要素的质量和价值因来源、类型、结构和处理方法的不同而有所差异。即便是相同类型的数据，对于不同的使用对象、不同的应用场景、不同的专业化数据质量标准来说，也可能具有不同的价值。

5. 衍生性

数据可以通过加工、分析和挖掘产生新的数据，进而产生新的价值。所以数据要素具备衍生性。由这种方式而产生新价值的数据，又被称为“衍生数据”。政府持有的衍生数据，不仅是反映政府运行、社情民意的重要指标，

① 资料来源：国际数据公司（IDC）2018 年的统计。

也是政府优化治理体系、提升治理能力、完善服务能力的重要依据。企业持有的衍生数据是针对商品制造、销售、购买而形成的市场行情报告，对于优化市场资源配置、提升资源配置效率具有重要参考价值。

（四）数据要素的经济效应

1. 乘数效应

在生产制造环节，不同主体、不同行业的数据与其他要素协同，能够提高投入产出效率，优化资源配置，进而提升全要素生产率。同时，数据的重复使用，能提升数据质量和数据效能，突破传统资源要素约束下的产出极限。此外，汇集不同品类和不同来源的数据，能创造出新的信息和知识，催生出新技术、新产业、新业态、新模式。因此，数据能通过协同、复用、汇集发挥乘数效应，实现对“互联网+”应用深度和广度的拓展。

2. 规模报酬递增效应

尽管数据要素初始投入较高，但是一旦形成参与价值创造的数据资源，其边际使用成本近乎为零。并且，由于数据体量呈指数级增长，会不断摊薄投入成本，平均成本将持续下降。数据具有易储存和可复制性强的特征，能被多个用户同时使用且几乎不受影响，因而能够突破传统生产要素的稀缺性限制，为经济持续生产提供保障。数据要素具有互补性，不同来源的数据相互融合有助于增加单一数据源的边际价值。也就是说，数据规模越大、种类越多，对生产力的推动作用越强。因此，数据要素投入越多、使用越多，效益就越好，平均成本会逐渐降低。再加上网络效应和学习效应的助推，数据要素便具备了规模报酬递增的经济效应。

四、数字贸易技术

数字贸易是数字技术在贸易领域的应用而产生的结果。这种数字技术，既包括基础性的网络通信技术，还包括日新月异的数字应用技术。

（一）网络通信技术

网络通信技术是指利用计算机和网络通信设备，对图形、文字等形式的资料进行采集、存储、处理和传输，以实现信息资源充分共享的技术。它的核心在于通过网络将各个孤立的设备连接起来，实现人与人、人与计算机、计算机与计算机之间的信息交流与传递。网络通信技术，特别是现代信息网络，为数字贸易提供了高效、便捷的交流平台，使得传统实体货物、数字产品与服务、数字化知识与信息得以高效交换。此外，网络通信技术的发展还推动了消费互联网向产业互联网的转型，并最终实现制造业智能化，从而进一步促进了数字贸易的发展。因此，网络通信技术是数字贸易的基础技术，为数字贸易的发展奠定了坚实的基础，提供了强大的动力。

从通信对象的角度来进行划分，网络通信技术包括互联网技术、移动互联网技术和物联网技术等。一是互联网技术。它是指在计算机技术的基础上开发建立的一种信息技术。通过计算机网络的广域网，不同设备得以相互连接，信息传输速度加快，信息获取渠道加宽，进而改变了人们的生活和学习方式。互联网技术一般分为三类：基础技术、通用技术和非对称技术。基础技术和通用技术是具有基础性和通用性的网络信息技术，决定着互联网的发展水平和普及程度。非对称技术则是在关键环节或关键时刻出奇制胜的网络信息技术，具有竞争优势。此外，互联网核心技术包括芯片、操作系统等。随着 5G 和移动互联网的发展，5G 技术也成为未来互联网的核心技术之一。二是移动互联网技术。它是移动通信技术与互联网技术的结合体。它允许用户使用手机、平板电脑等移动设备随时随地访问互联网，享受各种网络服务。因此，移动互联网不仅有随时、随地、随身的特征，还能进行分享和互动。三是物联网技术。它通过将物理设备连接到互联网，实现了设备和服务的智能化。在数字贸易中，物联网技术使得商品能够被实时监控和管理，提高了物流效率和商品的可追溯性，为消费者提供了更好的购物体验。

（二）大数据技术

随着信息技术的发展，数据的产生和积累速度日益加快，大数据技术应运而生，解决了传统数据处理方法难以应对的问题。大数据技术就是从各种类型的海量数据中快速获得有价值信息的技术。首先，大数据技术能够处理庞大的数据量。在传统数据处理方法中，处理大规模数据往往面临诸多困难，难以承受。而大数据技术则能够借助分布式存储和计算技术，将大规模数据进行拆分和并行处理，进而提高数据处理的速度和效率。其次，大数据技术能够处理多样化的数据类型。除了传统的结构化数据，如数字、文字等，大数据技术还能够处理非结构化数据，如图像、声音、视频等。这使得数据分析和挖掘的领域变得更加广泛。再次，大数据技术的处理速度快。通过数据挖掘和机器学习等技术，大数据技术能够在短时间内从海量数据中提取出有价值的信息，并为决策提供支持。在实时数据分析、预测等领域，大数据技术的快速处理能力显得尤为重要。最后，大数据技术能够从大数据中挖掘出有价值的信息。虽然数据规模越大，价值密度越低，但大数据技术仍能从大量低价值密度的数据中挖掘出对分析和预测有价值的信息。例如，通过关联分析、聚类分析等技术，大数据技术能够从大量数据中找出数据间的关联关系和聚类特征，从而为企业的决策和业务发展提供有力支持。

正是由于大数据技术具有上述特征，在贸易经济活动中，它不仅可以对海量数据进行分析和挖掘，帮助企业根据消费者的需求、偏好、行为等数据，提供个性化和精准化的产品推荐和营销策略，提高转化率和客户满意度；还可以让企业通过数据分析、机器学习、人工智能等技术，优化和创新自身的产品和服务，提升产品和服务的质量与效率。

（三）云技术

云技术是一种将计算任务分布在由大量计算机或服务器构成的资源池上，使各种应用系统能够根据需要获取计算能力、存储空间和信息服务的技术。它具有高可扩展性、弹性伸缩、按需付费、资源共享等特征。云技术包括多个核心组件，如虚拟化技术、分布式存储、自动化管理、负载均衡等。虚拟化技术是实现云技术的基础。它可以将物理资源抽象成虚拟资源，提高资源的利用率。分布式存储则负责将大量数据分散存储在多个节点上，确保数据的安全性和可靠性。自动化管理和负载均衡则负责实现资源的动态调度和分配，确保系统的高效运行。

云技术在各个领域都有广泛的应用，如云计算服务、大数据处理、物联网、人工智能等。对企业而言，通过云技术可以构建弹性可扩展的 IT 基础设施，降低运营成本，加快业务响应速度，进而快速部署和更新自己的产品和服务，提高产品和服务的灵活性和安全性。对个人用户而言，云技术为个人用户提供了便捷的在线存储、共享和协作服务。对数字贸易领域而言，云技术促进了数字贸易平台的构建与实现，打破了服务供给的时空限制，增强了服务的可贸易性，拓展了数字贸易的空间。

（四）AI 技术

人工智能、基因工程和纳米科学被认为是 21 世纪三大尖端技术。近几十年，人工智能在诸多学科领域都得到了广泛应用，取得了丰硕的成果，已逐步发展成为一个独立的分支，无论是在理论方面还是实践方面，都已自成一个系统。学界对人工智能的定义尚未统一。美国斯坦福大学人工智能研究中心的尼尔逊教授将人工智能定义为：关于知识的学科——怎样表示知识以及怎样获得知识并使用知识的科学。美国麻省理工学院的温斯顿教授认为：人工智能就是研究如何使计算机去做过去只有人才能做的智能工作。这些观点反映了人工智能学科的基本思想和基本内容。因此，人工智能研究的是人类智能活动的规律，通过构建具备一定智能的人工系统，探索让计算机完成以往需要人类智力才能胜任的工作方式，也就是研究应用计算机软硬件模拟人类某些智能行为的基本理论、方法和技术。

人工智能模型种类繁多，如神经网络模型，它是一种模仿人脑神经元网络的模型，可应用于图像识别、语音识别、自然语言处理等任务；决策树模型，它是一种基于树形结构的模型，可应用于分类和回归问题；支持向量机模型，它是一种基于最大间隔分类的模型，可应用于分类和回归问题；贝叶斯模型，它是一种基于贝叶斯定理的模型，可应用于分类和文本分类问题；隐马尔可夫模型，它是一种基于状态转移的统计分析模型，可应用于语音识别、自然语言处理等任务；强化学习模型，它是一种基于奖励和惩罚的模型，可应用于游戏、机器人控制等任务。这些模型都有各自的优缺点和适用范围，选择合适的模型需依据具体任务和数据来确定。

目前，围绕数字贸易领域的人工智能技术应用场景迅速发展，如语音识别，自动将语音转换为文字；图像识别，识别图片并将其分类；翻译，将文本或语音内容从一种语言翻译成另一种语言；预测性建模，挖掘数据，以高粒度预测特定结果；数据分析，针对商业智能寻找数据中的模式和关系；网络安全，独立自主扫描网络，以检测是否存在网络攻击和威胁。

五、数字贸易平台

（一）数字贸易平台的定义和发展

数字贸易平台是利用现代信息技术，为全球范围内的商品、服务、知识、技术等要素的跨境交易提供支持与服务的一类综合性平台。

数字贸易平台的发展可追溯到互联网的普及以及电子商务的兴起。它打破了传统贸易的地域限制，实现了全球范围内的贸易合作和交易往来，为企业拓展国际市场提供了便利。它通过整合各类资源、优化交易流程、降低交易成本，为全球范围内的企业与消费者提供更为便捷、高效的交易服务。随着信息技术的发展和应用，当前数字贸易平台还具有智能化、全球化、多样化、开放性的特点。通过人工智能和大数据分析等技术手段，能够为用户提供个性化的服务，实现智能化的交易过程，进一步提升了交易效率和用户体验。

（二）数字贸易平台的运行原理

1. 技术基础

数字贸易平台的技术基础是互联网、大数据和云计算技术。通过互联网技术，数字贸易平台实现了全球范围内的信息交流和商品交易。消费者和卖家可以随时随地访问平台，获取商品和服务的信息，并进行交易。同时，数字贸易平台利用大数据以及云计算技术处理和分析海量的用户数据，以更好地理解消费者的需求和行为，从而提供更加精准的产品和服务。云计算技术还提高了企业处理数据和信息的效率。

2. 服务范围与功能

数字贸易平台提供商品浏览、购买、支付、物流跟踪、售后服务等在线交易服务，涵盖从选品和采购、备货和发货、运输和清关到销售和推广的全过程（见图3-1）。目前，数字贸易平台不仅提供交易服务，还将服务和功能扩展到金融、物流等其他多元化服务。例如，金融平台提供金融主体审查和风险防范等标准。物流平台则提供服务规范、物流信息申报与交换、物流信息追溯等标准。

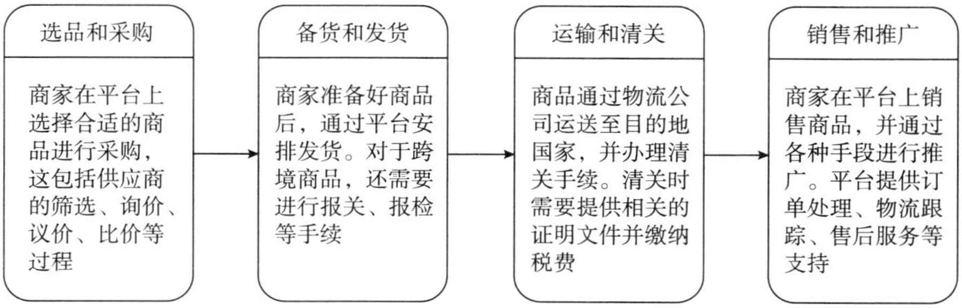

图3-1　数字贸易平台的运作流程

3. 标准和规范

遵守相关的法律法规和规章制度，是数字贸易企业的基本责任和义务。维护公平竞争、保护消费者权益，也是数字贸易平台运行的基本要求。当前，数字贸易平台围绕信用评价标准、服务规范标准、贸易安全标准等领域形成了一系列标准，以确保平台的稳定运行。

（1）信用评价标准。该标准具体体现在：一是规范第三方交易平台、独立网站、直播带货、贸易主体等的信用评价方法，确保评价的公正性和准确性；二是要求平台公开、透明地披露与信用评价相关的信息，保障消费者的知情权；三是建立完善的信用档案管理制度，对平台内各主体的信用行为进行记录和跟踪。

（2）服务规范标准。为逐步规范数字贸易平台服务，相关部门制定了明确的服务质量评价标准，对数字贸易平台提供的服务进行等级划分，便于消费者进行选择和比较。同时，对交易过程中的服务质量进行评价，确保交易过程的顺畅和高效。此外，还要求数字贸易平台提供必要的服务保障措施，如售后服务、退换货服务等，以此保障消费者的权益。

（3）贸易安全标准。一是数据安全。规范数字贸易过程中数据采集、传输、存储、加工、交换等相关环节的安全防护、检测及其他技术要求，确保数据的安全和完整。二是网络安全。加强网络安全防护，确保通信网络与标识解析系统的安全稳定运行。三是应用安全。制定数字身份识别、数字签名、电子认证、支付安全、追溯管理等安全技术规范或安全应用规范，保障数字贸易的安全。

（三）数字贸易平台的未来展望

作为数字贸易的载体，全球数字贸易平台颠覆了传统跨境贸易的运作方式，解决了企业在贸易链条中可能遇到的流程不透明、多环节、成本高、报关烦琐等问题。它打造了集产品展示、在线交易、关检、物流、支付、服务于一体的全平台、线上化外贸闭环模式，打破了传统跨境贸易平台贸易壁垒，为全球贸易的发展带来更多机会。以跨境电商数字贸易平台为例。2023 年，全球跨境电商数字贸易平台排名前十的分别是亚马逊、阿里巴巴集团、Shopify、TikTokshop、Temu、全球速卖通、eBay、SHEIN、Shopee、Lazada。

其中，亚马逊是全球市值排名第 5 的企业，阿里巴巴集团则位于第 32。[①] 可见，随着跨境电商为代表的全球数字贸易蓬勃发展，数字贸易平台的全球影响力在不断提升。随着 AI 技术的应用，数字贸易平台将进一步拓展、整合供应链，带动外贸营销、物流、结算等环节的数字化加速渗透，提升跨境贸易智能化水平，成为推动数字新外贸持续增长的重要引擎。

六、数字营商环境

（一）数字营商环境对数字贸易的影响

数字营商环境通常是指一个国家或地区为数字贸易和数字化经济发展所提供的政策、法律、技术、市场等环境的总和。良好的数字营商环境是稳定市场信心、激发经济发展活力的重要保障，也为数字贸易持续发展创造条件。具体可以体现为国家制定政策支持的税收优惠、财政补贴等，这将降低数字企业的运营成本。完善的法律体系可以为数字贸易提供有力的法律保障，解决交易纠纷，保护企业和消费者的合法权益。数字营商环境的优化可以提升数字基础设施的建设水平，如提高网络带宽、降低网络延迟等，为数字贸易提供更加稳定、高效的技术支持。构建透明、公正、诚信、安全的市场环境可以吸引更多的数字企业入驻，促进数字贸易的繁荣发展。

（二）数字营商环境的构成

1. 政务环境

政务环境是数字营商环境的重要组成部分，它涵盖了政府改革、政策制定与执行、政务服务便利度等方面。数字技术的应用能够简化政务服务流程，让政务沟通、政务决策与服务回应更加快捷。它通过数据流动，打破部门之间、地区之间的障碍，让政务服务更加高效、便捷，如“一网通办”、电子证照等，这些措施提高了政务服务的效率和用户体验。

2. 市场环境

市场环境是数字营商环境中的关键要点。首先，数字市场准入的便利性和公平性对于市场主体的发展至关重要；其次，避免恶性竞争，打造公平有序的竞争环境是构建优质数字营商环境的重要支撑；最后，市场监管的有效

---

① 资料来源：《跨境电子商务发展报告》。

性也是保障市场公平竞争、维护市场秩序的重要保障。跨境数据流动监管是数字贸易的关键，也是全球数字贸易发展的核心关注点。通过加强跨境数据流动的安全监管，不仅维护了数据安全和国家安全，还促进了数字贸易市场的健康发展。

3. 法治环境

法治环境是数字营商环境的重要保障。在数字时代，需要统一且完善的法律法规，以规范市场秩序、保护创新成果、降低交易成本、提高资源配置效率，从而适应数字经济的发展需求。同时，还应深化数据要素市场化配置改革，优化利益分配、市场准入、公平竞争、社会信用等基础制度，以优化数字营商环境。

4. 技术环境

技术环境是数字营商环境的基础。大数据、云计算、区块链、人工智能等新兴技术的发展为数字营商环境的建设提供了坚实的基础。例如，大数据和云计算技术使得海量数据的存储、处理和分析成为可能，为政策制定、市场监管等提供了科学依据。但同时也带来了数据安全与隐私保护等挑战。因此，加强数字技术基础设施建设、保障数据安全与隐私保护是数字营商环境建设的重要任务。

第二节　国际贸易理论解释数字贸易的适用性

数字贸易是经济全球化、数字化的必然产物。虽然数字贸易的要素特征决定了现有的贸易理论无法完全解释数字贸易现象（余淼杰、郭兰滨，2022），但这对研究数字贸易的经济特征，延伸数字经济新环境下的贸易理论依然有很强的启发性。

一、传统贸易理论解释数字贸易的适用性

（一）比较优势理论对数字贸易的解释

比较优势理论认为，国际贸易的基础是生产技术的相对差别，并由此产

生了生产成本的相对差别。数字贸易的比较优势也是来源于数字贸易相对成本的差异。现实中，数字贸易生产成本的高低取决于数字基础设施、数字技术、数据监管环境等因素的影响。

1. 数字基础设施

数字贸易各国在数字基础设施方面的差异，决定了开展数字贸易的相对成本差异，进而构成了各国数字贸易的比较优势来源。数字基础设施包括互联网（Freund and Weinhold，2002）、数据中心、互联网交换点和互联网服务器（Erik van der Marel，2020）等。

2. 数字技术

数字技术的应用会对数字贸易成本产生极大的影响。从原料采购、产品生产、销售至售后，数字技术的应用能有效降低贸易各环节上的成本。此外，数字技术与原有商业模式的耦合创新，让生产者可基于需求端的个性需求创造出更多类型的产品和服务。有关实证研究表明，云计算、先进的信息和电信技术创新等是促进与数据有关的服务贸易扩大的重要原因（陈红娜，2021）。

3. 数据监管环境

比较优势理论的假设条件之一是完全竞争的市场，不存在关税与非关税壁垒。在数字贸易领域，影响数字贸易增长的关税与非关税壁垒的关键在于各国的数据监管环境。无论是跨境数据流动监管政策，还是国内数据监管政策，都将限制数字贸易的进出口，抑制数据密集型企业生产率的提升（Ferracane，2018）。

（二）要素禀赋理论对数字贸易的解释

要素禀赋理论提出，两国在要素密集度和要素丰裕度上的差异，形成了不同产品的比较优势。由于两国要素禀赋的差异产生了产品要素价格的差异，使得同种产品的生产成本产生差异，导致同种产品在两国价格不同，由此促使国际贸易发生（见图3-2）。在数字经济时代，除传统的劳动、资本、土地等要素之外，还必须加上数据、数字基础设施、文化、语言、历史等新的要素。在数字贸易中，产品或服务在生产中需投入的关键要素是数据，数据流动是核心。依据要素禀赋理论逻辑，各国产生和使用数据的费用各不相同。因此，数据使用价格相对较低的国家，应开展数字贸易产品或服务的出口；

反之，数据使用价格相对较高的国家，则应进口数字贸易产品或服务。

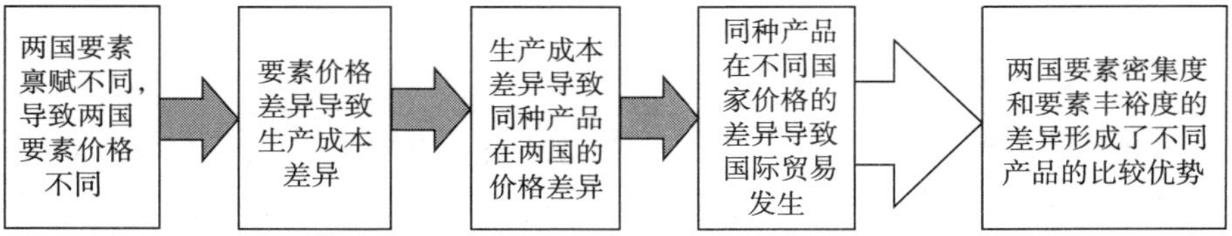

图 3-2　不同产品的比较优势

1953 年提出的“里昂惕夫之谜”是对要素禀赋理论的实证研究。研究结果引发了一系列讨论，如要素密集度逆转、关税及政府的其他贸易壁垒、技能和人力资源不同、劳动力不同质论等。这一系列观点对解释当前数字贸易现象具有一定的启发性，如要素密集度逆转理论。同样的产品或服务，在数字技术先进的国家，属于数字密集型产品，而在数字技术落后的国家，可能是资本密集型产品，甚至是劳动密集型产品。

二、新国际贸易理论解释数字贸易的适用性

当前，发达国家在全球数字贸易中的占比相对较高，但发展中国家数字贸易增速更快，全球占比呈现上升态势。尤其是中国、印度等发展中国家，数字贸易发展规模已进入世界前十（陈红娜，2021）。产生这一现象，主要有以下原因：

（一）规模经济与数字贸易

发展中国家即便在数字技术和数字基础设施方面不具优势，甚至处于落后状态，却仍然能够发展数字贸易产业，并在国际市场上占有一席之地，这是因为数字贸易相关产业具有规模经济效应。首先是数字产品在生产过程中具有可复制性，边际成本很低甚至为零，极易产生规模经济。其次是数字贸易很大一部分是通过数字平台实现产品（或服务）的生产、分配、交换和消费。而数字平台一方面集成了大量相似经济活动的供给方，另一方面吸引了众多某一产品（或服务）的需求方。每增加一个供给方或需求方，都在平摊数字平台的初始投入成本和后期运营成本。因此，数字平台的边际成本是递减的，表现出巨大的规模经济效应。

（二）竞争优势与数字贸易

数据属于高级生产要素，是后天投资创造的要素，其潜在生产力对一国数字贸易的竞争优势起着关键作用。数字贸易不仅需要投入既有的一般要素，更重要的是需要与数据相关的专门要素，如网络基础设施、数字贸易相关专业人才等。数据要素本身具有内生性，一国一旦形成微小的竞争优势，就可以借助规模经济效应使这种竞争优势不断强化，数字贸易规模随之扩大。因此，数字贸易为发展中国家带来赶超机遇。只要做出合理的数字贸易战略部署，制定对应的产业政策，抢占数字贸易产业发展先机，即便经济总量不大，也依然能够创造新的竞争优势。

三、新新国际贸易理论解释数字贸易的适用性

新新国际贸易理论的核心内容是强调企业的异质性。出口受限于企业生产率、市场规模、市场进入和冰山运输成本等传统贸易约束。其中，生产效率高的企业不仅能立足于国内市场，更能在国际市场上争得一席之位。这与数字贸易的经济效应观点相辅相成。从微观角度来看，数字贸易通过数字技术和数据要素融入企业生产、分配到销售各个环节，全方位地推动企业效率的提高。从中观角度来看，数字贸易打破时空限制，消除供需之间的信息障碍，有效提高行业的资源配置效率，促进产业转型升级。从宏观角度来看，数字贸易实现贸易方式数字化和贸易对象数字化，一方面提高了贸易效率，另一方面推动数字产品融入全球价值链，对各国（或地区）在全球价值链的位置产生了不同程度的影响。

第三节　数字贸易的特点和交易模式

一、数字贸易的特点

（一）数据价值的重要性

第四次科技革命推动各行各业技术创新升级，数字技术加速传统制造和

服务模式的变革，使数据成为产业升级和贸易扩张的关键驱动因素。数字贸易时代，数据既可直接作为投入的生产要素，通过实现贸易便利化间接支撑实体货物贸易，又能作为可交易的资产。数据本身具有经济价值，成为生产和经济行为的关键要素。它通过储存、流动和转移等方式，渗透生产、分配、交换和消费的各个环节，将有效提高全要素生产率。数据流动是数字贸易的核心。数字贸易依托于数字技术，通过数据的转移或流动强化各产业间知识和技术要素共享，促使制造业、服务业紧密融合，带动传统产业的数字化转型。同时，数字技术提升了个人、企业、平台等主体收集、处理和分析数据的能力，不断积累沉淀的数据在储存、流动、转移、处理的过程中创造价值。数据已成为创造和捕获价值的新经济资源，数据价值创造过程也逐渐成为数字平台的重要收入来源。因此，数据是数字经济和数字贸易发展的核心资产，也是国际竞争力的体现。

（二）贸易标的的扩展性

随着互联网和信息技术的进步，数字贸易不受时空限制，覆盖范围更广，涵盖的行业也更加多样化，主要包含三类：第一类是有形的实物商品，主要是指通过数字化平台实现的跨境货物贸易。在此，数字贸易强调以数字技术为基础的电子商务平台的作用。第二类是软件、音乐、影视、游戏、书刊等传统服务贸易领域的虚拟服务产品，以及数字经济下衍生出的服务贸易新模式，如远程医疗、在线教育等，消费者可在线购买服务并进行数字支付。第三类是数字化知识与信息，如云计算、电信、大数据、互联网等新兴产业形成的服务产品。这些产品主要在要素市场上进行交易，作为重要的生产要素投入产品和服务的生产过程中。其中，第二类和第三类产品同属于数字产品。数字产品更强调个性化需求，本地化偏好更强。本地的语言、习惯、历史、文化传统等因素在其生产与流通中所起的作用更加重要。

（三）交易主体的多样性

从全球贸易格局来看，当前数字贸易的交易主体，既包括传统跨国公司，也包括数字跨国公司。同时，数字经济的发展和数字平台的壮大，推动着更多中小微企业参与到数字贸易活动中。其中，同样既有传统贸易公司，也有新兴数字公司。因此，数字贸易主体的规模不一，且差异较大。从我国数字贸易产业企业的发展情况来看，我国已形成以平台企业为核心的贸易主体格局。越来越多的小微企业和个人依托平台企业，开展国内商务以及国际贸易业务。此外，个人消费者也是数字贸易的重要参与主体。他们可以通过电商平台、社交媒体等渠道，购买来自世界各地的商品和服务，实现消费全球化。

（四）商业模式的创新性

在数字经济背景下，技术更新速度快，基于商业模式创新的技术应用更为普遍。传统的贸易商业模式需要批发商、零售商、国际贸易公司等中间实体环节，也离不开运输和保险的辅助。跨境电商是数字贸易对传统国际贸易的一种创新商业模式。它以数字化平台为中介，为供货商与消费者搭建起供需对接的中介服务，并收取一定的佣金和服务费。同时，由于数字技术和数字平台的发展大大降低了复制、创建、访问和传播数字内容的成本，消费者可通过信息及通信网络技术远程订购并支付，数字贸易在传统的实物交付基础上，创新出数字交付模式。可见，数字贸易将催生更多新业态、新模式，进而推动全球贸易总量的增长与结构的优化。

（五）贸易限制的差异性

经济规模和企业规模对传统贸易规模有着基础性影响，而数字贸易因投入的数据要素边际成本基本为零，受经济规模的影响较小。同时，数字贸易不同于传统贸易受到跨境运输成本的约束，但数字贸易的发展受到新因素的限制，如跨境数据流动、知识产权保护、网络安全、隐私保护、文化和制度等。跨境数据流动的限制可能阻碍数字产品和服务的跨国交易；知识产权保护的不足可能损害创新者的利益；网络安全和隐私保护的问题则可能影响消费者对数字贸易的信任度；数字产品或服务更加注重用户体验感和认同感，消费习惯和消费心理等需求更加强烈。此时，文化因素将取代距离，成为影响数字贸易的关键。

二、数字贸易的交易模式

（一）数字订购模式

传统的人工线下订购模式效率低下且信息不透明。随着互联网的普及和信息技术的变革，数字订购模式应运而生。数字企业通过提供订购服务，降低了国际贸易信息搜索成本，提高了贸易效率，为更多中小企业参与国际贸易创造了机会。跨境电商在早期阶段就是明显的数字订购模式，由亚马逊、eBay、阿里巴巴等平台提供订购等服务。在这种模式下，交易的依然是各国具有比较优势的产品，国际贸易利益的分配来源依旧是产品的生产成本与国际相对价格的差额。此外，网上订票、分时租赁等也是消除信息不对称、提高供需效率的典型数字订购模式实例。

（二）数字产品贸易模式

对于以货物为载体的数字产品而言，其比较优势来源于数字技术要素，是一种数据驱动的新型供应链贸易（沈玉良，2022），如无人机、电子阅读器、3D 打印机等。以服务为载体的数字产品贸易有两种类型：一种是由专业服务提供商通过数字技术转变商业模式而形成的数字产品，如各类应用软件；另一种是由数字跨国公司以东道国提供的数据为基础，提供数字服务产品，如免费的搜索引擎服务、收费的数字工具服务等。

（三）数据服务贸易模式

数字技术的升级和产业数字化转型推动数据服务贸易的迅速发展，包括数字支付、数字营销、数字金融、物联网和基于数据驱动的创新解决方案等。数据服务贸易的供给者之一是数字跨国公司，其数据服务主要涵盖云计算服务及其他数据服务。通常情况下，云服务资源主要配置在母国，并在低税和具有数字技术能力的区域设立分支机构（如数据处理中心），以提供区域云计算服务（沈玉良等，2022）。例如，跨境电商从早期的数字订购模式，发展到当前整个供应链结构的优化，进而形成了数据服务贸易模式，其中的关键在于供应链各环节对数字技术的创新应用与升级。数据服务贸易的供给者之二是传统跨国公司。他们在全球布局数字化流程改造过程中，收集和处理了大量的数据业务。这些数据不仅用于整合现有的跨国生产方式并对其赋值，如连接数据改善管理效率、利用数据开发新产品和改善服务，有的甚至还可以直接销售数据，这成为跨国公司收入的新来源。

第四节　数字贸易的关联衍生

一、消费互联网

（一）消费互联网的内涵、作用及关键要素

消费互联网主要以个人用户，也就是以消费者为中心，从人的兴趣、爱好等方面切入，围绕着衣食住行的场景进行深耕，提供日常生活所需的各种服务和产品，如在线购物、在线支付、社交媒体、在线娱乐等。消费互联网不仅具有媒体属性，包括自媒体、社会媒体以及资讯为主的门户网站，还具有产业属性，涵盖了在线旅行、为消费者提供生活服务的电子商务等多个领域。它的本质是个人用户虚拟化，提高个人用户体验感。

消费互联网的发展将引领消费行业的新变革，同时也为创新创业提供了广阔的机遇。一方面，消费互联网的快速发展将创造和普及各种新的消费场景，培育消费者的新需求和新行为。另一方面，消费平台组织可以通过挖掘经济与社会潜力，增加优质产品和服务供给，为消费者提供高效连接和个性化体验。同时，消费互联网的发展需要加快线下与线上的融合，以及线上向线下的拓展。这种双向消费形态的发展，将进一步提升消费者的体验和便利性。例如，线下实体店可逐渐引入数字技术，提供更好的线上线下融合购物体验；线上平台也可通过物流和配送等手段，将线上的产品和服务送到消费者的家门口。

消费互联网发展至今，关键要素或者说第一要素是消费者。过去，由于产能不足，市场匹配度高，厂商生产多少，消费者就购买多少。随着消费者个性化需求与日俱增，市场供给匹配度逐步降低，大批量的同质化生产已不再被消费者需要，并且当前的消费者高度数字化。以中国为例，《中国互联网络发展状况统计报告》显示，截至 2023 年 12 月，我国网民规模达 10.92 亿人，互联网普及率达 77.5%，网络购物用户规模超 9 亿人。我国互联网应用发展迅猛，新型消费潜力持续激发。尤其是在线旅游表现抢眼，截

至2023年12月，我国在线旅行预订的用户规模达5.09亿人，较上年增长率为20.4%。此外，国货“潮品”持续成为我国消费者网购的重要组成部分。在网上购买过国货“潮品”的用户占比达58.3%；购买过全新品类、品牌首发等商品的用户占比达19.7%。因此，个性化、数字化消费者是消费互联网发展的关键要素。

（二）数字贸易与消费互联网的联系

消费互联网为数字贸易提供了广阔的市场和丰富的应用场景。随着消费互联网的普及和发展，越来越多消费者开始习惯在网上购物、支付和开展社交活动，这为数字贸易提供了巨大的市场潜力。同时，消费互联网的发展也推动了数字贸易形式的创新，如跨境电商、社交电商等。新型数字贸易模式的出现，进一步丰富了数字贸易的内涵和形式。

数字贸易的发展也促进了消费互联网的升级和完善。数字贸易的高效、便捷和个性化特点，使得消费者能够更加方便地获取所需的产品和服务，提高了消费体验。同时，数字贸易也推动了消费互联网在数据处理、人工智能等方面的技术创新，为消费互联网提供了更加智能、精准的服务。

（三）全球消费互联网市场呈现的特征

1. 市场规模持续扩大

全球互联网用户数量不断增加，推动着消费互联网市场的持续扩大。据统计，2023年，全球活跃互联网用户超过53亿，占全球人口的65.4%。其中，中国的互联网用户数量最多，超过10亿；其次是印度，为7.29亿；美国为3.11亿。同时，随着电子商务、在线支付等消费互联网应用的普及，全球在线交易额不断增长，为市场注入了强劲动力。其中，2023年，全球电子商务总交易额超过6.1万亿美元，增长速度是全球销售点交易额增速的两倍多。①

2. 部分国家市场趋于饱和，竞争激烈

互联网的用户基数庞大，如中国、美国等国家的互联网渗透率已高于70%。随着智能手机普及率的提高和移动网络速度的大幅提升，几乎所有具备上网条件的人群都已成为互联网用户。因此，消费互联网的用户增长已经

① 资料来源：Zippia的数据统计。

趋于饱和，消费互联网市场未来的增长空间有限。与此同时，移动互联网技术的普及促使消费互联网的应用场景得到了极大的丰富和拓展，这也意味着竞争日趋激烈。国内外头部消费互联网平台，涵盖从搜索引擎、社交平台、电子商务到短视频等领域，都经历过跌宕起伏的成长过程。其中很多已成为全球顶尖企业，但即便如此，它们仍有可能被创新者超越或者被收购。以全球电商平台为例，2018~2023 年，各国头部电商平台在短暂的 5 年间就发生了巨大的变化（见表 3-2）。例如，美国头部电商平台除亚马逊、eBay 保持不变地位，还增加了几家新的头部电商平台，且排名靠前的平台数量很多。而在这 5 年间，中国的消费互联网平台从阿里巴巴、京东 2 家头部电商增加到 6 家，新增数量最多。

表 3-2　2018 年和 2023 年各国排名靠前的跨境电商平台

序号	2018 年	创办地	2023 年	创办地
1	亚马逊	美国	沃尔玛	美国
2	eBay	美国	亚马逊	美国
3	沃尔玛	美国	eBay	美国
4	Sears	美国	Home Depot	美国
5	Jet	美国	Target	美国
6	Bonanza	美国	Best Buy	美国
7	Wish	美国	Etsy	美国
8	OfferUp	美国	Wayfair	美国
9	GAME	英国	Argos	英国
10	Flubit	英国	Tesco	英国
11	Onbuy	英国	Next	英国
12	Cdiscount	法国	Cdiscount	法国
13	Fnac	法国	Fnac	法国
14	Allegro	波兰	阿里巴巴	中国
15	阿里巴巴	中国	京东	中国
16	京东	中国	速卖通	中国
17	Flipkart	印度	SHEIN	中国
18	Snapdeal	印度	TikTok	中国
19	Rakuten	日本	Temu	中国

续表

序号	2018 年	创办地	2023 年	创办地
20	Lazada	新加坡	Shopee	新加坡
21	Jumia	德国	Lazada	新加坡
22	Mercado Libre	美国特拉华州	Coupang	韩国

注：波兰、法国、印度、日本以及非洲、南美地区，2023 年排名靠前的跨境电商平台与 2018 年相同，因此 2023 年相关信息没有列出。

资料来源：综合各排行榜整理获得。

3. 跨领域融合推动应用场景愈加多元化

消费互联网已突破传统购物、娱乐等领域的局限，与金融、医疗、教育等多个行业深度融合，形成了多元化的应用场景。市场上涌现出 P2P、在线理财、虚拟银行等新兴金融业态，金融机构通过互联网平台为消费者提供个性化的金融产品和服务。消费互联网与医疗的融合为患者提供了更加便捷、高效的医疗服务体验，同时也为医疗资源的优化配置和医疗健康数据的共享与分析提供了有力支持，例如，分级诊疗、在线诊疗、电子处方与药品配送、智慧医疗等。消费互联网促进了教育资源的共享，优质的教育资源不再局限于某个地区或学校，消费者可以通过互联网平台获得国内外知名大学的免费讲座视频、在线课程等教育资源。消费互联网与教育的融合还带来了个性化学习体验，通过数据分析技术，教育机构可以了解消费者的学习偏好和需求，进而提供定制化的学习计划和教学方案，提高学习效果和满意度。

二、工业互联网

（一）工业互联网的内涵与本质

“Industrial Internet”可翻译为产业互联网或工业互联网，在我国较多解释为工业互联网。随着互联网产业发展进入深水区，行业重心从消费互联网转入工业互联网。工业互联网这一概念最早于 2012 年在通用公司发布的白皮书 *Industrial Internet*：*Pushing the Boundaries of Minds and Machines* 中出现。自此，工业互联网受到世界普遍关注。中国工业和信息化部发布的《工业互联网创新发展行动计划（2021–2023 年）》指出：工业互联网是数字技术（包括新一代信息通信技术）与工业经济深度融合的新型基础设施、应用模式和工业生态。它通过对人、机、物、系统等的全面连接，构建起覆盖全价值链的全新制造和服务体系，为工业乃至产业提供数字化、网络化、智能化发展的实现途径，是第四次工业革命的重要基石。

工业互联网的本质是以机器、原材料、控制系统、信息系统、产品以及人之间的网络互联为基础，通过工业数据的全面深度感知、实时传输交换、快速计算处理和高级建模分析，实现智能控制、运营优化和生产组织方式的变革。

（二）工业互联网的组成部分

工业互联网包含网络、平台、数据、安全四大体系。它既是工业数字化、网络化、智能化转型的基础设施，又是互联网、大数据、人工智能与实体经济深度融合的应用模式。

1. 网络体系是基础

网络体系是工业智能化的“血液循环系统”，是工业互联网的基础。它包括网络互联、数据互通和标识解析三部分。第一，网络互联的目的是实现数据要素传输，包括企业外网和企业内网。其典型技术包括传统的工业总线、工业以太网，以及创新的时间敏感网络、确定性网络、5G 等技术。企业外网建设旨在实现产业链各环节的泛在互联与数据顺畅流通，须具备高性能、高可靠、高灵活、高安全的特性。企业内网用于连接企业内的人员、机器、材料、环境和系统，主要包含信息网络和控制网络。第二，工业互联网的数据互通是通过对数据进行标准化描述和统一建模来实现信息传输的相互理解。数据互通涉及数据传输、数据语义语法等不同层面。第三，标识解析体系给工业互联网的每一个机器和产品赋予“身份证”。它由标识编码、标识解析系统和标识数据服务组成，能够实现要素的标记、管理和定位。我国标识解析体系包括五大国家顶级节点、国际根节点、二级节点、企业节点和递归节点。

2. 平台体系是中枢

工业互联网的平台体系包括数据采集层、基础设施层、平台层和应用层四个层级，相当于工业互联网的“操作系统”。第一，数据采集层主要负责深层次采集数据，并实现不同协议数据在底层的汇聚，是驱动工业互联网平台运行的源头。数据集成又可分为直接集成和间接集成。例如，依托传感器、工业控制系统、物联网技术，对设备、系统、产品、软件等要素数据进行实时的直接采集。利用以智能网关为代表的新型边缘计算设备，实现智能传感器和设备数据的汇聚处理，以及边缘分析结果向云端平台的间接集成。第二，基础设施层是工业互联网平台的云基础设施资源。例如，计算资源、网络资源、存储资源等，支撑着工业互联网平台的整体运行。基础设施层的核心是虚拟化技术，利用分布式存储、并发式计算、高负载调度等新技术，实现资源服务设施的动态管理，提升资源服务的有效利用率，也确保资源服务的安全。基础设施层作为设备和平台应用的连接层，为平台层的功能运行和应用层的应用服务提供了完整的底层基础设施服务。第三，平台层是整个工业互联网平台的核心，由云计算技术构建。它不仅能接收存储数据，还能提供强大的计算环境，对工业数据进行云处理或云控制。其本质是在基础设施层上构建了一个扩展性强的支持系统，也为工业应用或软件的开发提供了良好的基础平台。第四，应用层是工业互联网平台的关键。它是对外服务的关口，与用户直接对接，体现了工业数据最终的应用价值。应用层基于平台层上丰富的工业微服务功能模块，以高效、便捷、多端适配等方式实现传统信息系统的云改造，为平台用户提供各类工业 APP 等数字化解决方案，发展大数据分析等综合应用，实现资源集中化、服务精准化、知识复用化。

3. 数据体系是要素

数据是实现数字化、网络化、智能化的基础。工业互联网技术将数据的采集、传输、汇聚、计算、分析，转化为有价值的信息和知识。工业互联网上的数据来源复杂，非结构化数据相对较多，分布于工业设备、产品、互联网等各处。并且，工业互联网平台获得的数据均围绕产品生命周期、企业价值链等，数据间关联性强。这些数据产生的价值在于分析利用，而分析利用必须基于行业知识和工业机理来展开。

4. 安全体系是保障

工业互联网安全体系涉及设备、控制、网络、平台、工业 APP 和数据等多方面网络安全问题。其核心任务是通过监测预警、应急响应、检测评估和功能测试等手段，确保工业互联网健康有序发展。与传统的互联网安全相比，工业互联网安全具有三个特点：第一，涉及范围广。工业互联网打破了传统工业相对封闭可信的环境，网络攻击可直达一线。第二，造成影响大。工业互联网涵盖制造业、能源等实体经济领域。一旦发生网络攻击或破坏行为，安全事件影响严重。第三，企业防护基础弱。目前，我国广大的工业企业网络安全意识、防护能力仍然薄弱，整体安全保障能力有待进一步提升。2021 年 12 月，我国发布了《工业互联网安全标准体系（2021 年）》。其目的就是强化工业互联网企业的安全防护能力，推动网络安全产业高质量发展。

（三）我国工业互联网发展现状

目前，我国工业互联网的发展呈现出积极向好的态势。第一，从产业规模来看，工业互联网的核心产业稳定增长，规模不断扩大。工业和信息化部发布的数据显示，截至 2024 年 1 月，我国已建成具有一定影响力的工业互联网平台超过 340 家，“5G+工业互联网”项目数超过 1 万个。2023 年，工业互联网核心产业规模达到 1.35 万亿元。

第二，工业互联网的体系建设不断完善，融合应用不断深入，产业生态日益优化。工业互联网平台数量不断增加，服务能力不断提升，为企业提供了丰富的数字化转型解决方案。同时，工业互联网在供应链管理、物流配送、设备维护等领域的应用也取得了显著成效，提高了生产效率和产品质量。中国信息通信研究院发布的《中国数字经济发展研究报告（2023 年）》显示，我国工业互联网已在原材料、消费品、装备等 31 个工业门类广泛部署，覆盖至 45 个国民经济大类，形成研发、生产、制造、销售、管理等全产业链条的数字化支撑服务能力。

第三，新兴技术的发展为工业互联网的快速发展提供了有力支撑。物联网技术的成熟使无线传感器、射频识别等设备可以实现实时数据采集与传输，为工业制造提供了海量可用数据。云计算和大数据技术的发展使得海量数据可以进行高效存储和分析，以实现更精准的决策支持和优化控制。人工智能和机器学习技术也为工业互联网的快速发展提供了新的动力。通过智能算法和机器学习模型训练，工业设备可以实现自主学习和优化，从而提升生产效率和质量。

第四，国家出台了一系列政策推动工业互联网创新发展。2018~2024 年，工业互联网连续七年被写入政府工作报告，这充分体现了我国对工业互联网发展的高度重视和大力支持（见表 3-3）。这些政策不仅彰显了我国推动工业互联网发展的决心，也为工业互联网的未来发展指明了方向。针对工业互联网的特定领域，如网络安全、传统制造业转型升级以及“5G+工业互联网”

融合应用等，我国相关部门也相继出台了专门的政策。地方政府也出台了一系列支持工业互联网发展的政策措施。这些政策包括资金支持、税收优惠、人才引进等方面，为工业互联网的发展提供了有力的保障。

表 3-3　2018~2024 年政府工作报告中有关“工业互联网”的表述

年份	政府工作报告中的表述
2018	实施重大短板装备专项工程，发展工业互联网平台，创建“中国制造 2025”示范区
2019	打造工业互联网平台，拓展“智能+”，为制造业转型升级赋能
2020	推动制造业升级和新兴产业发展，大幅增加制造业中长期贷款，发展工业互联网，推进智能制造。要继续出台支持政策，全面推进“互联网+”，打造数字经济新优势
2021	发展工业互联网，促进产业链和创新链融合，搭建更多共性技术研发平台，提升中小微企业创新能力和专业化水平
2022	加快发展工业互联网，培育壮大集成电路、人工智能等数字产业，提升关键软硬件技术创新和供给能力
2023	支持工业互联网发展，有力促进制造业的数字化和智能化
2024	实施制造业数字化转型行动，加快工业互联网规模化应用，推进服务业数字化，建设智慧城市、数字乡村

资料来源：作者根据中国政府网公布的历年政府工作报告整理而成。

（四）数字贸易与工业互联网的联系

1. 工业互联网成为数字贸易发展的重要支撑

工业互联网是新一代信息通信技术和工业经济深度融合形成的新型基础设施。其核心特点包括数字化管理、网络化连接和智能化控制，这些特点让工业互联网成为数字贸易发展的重要支撑。第一，构建数字化平台。工业互联网通过集成物联网、互联网、人工智能等技术，构建了一个覆盖全产业链、全价值链的数字化平台。该平台不仅连接了生产设备、管理系统，还连接了供应链、销售链等各个环节，为数字贸易提供了坚实的基础。第二，提升数据价值。工业互联网的核心之一是数据。通过数字化手段，工业互联网能够采集、传输、处理和存储生产过程中的各种数据，使这些数据成为有价值的信息资源。在数字贸易中，这些数据能够支持更精准的市场分析、更高效的供应链管理，以及提供更个性化的服务。第三，推动贸易模式创新。工业互联网的应用促进了数字贸易模式的创新。例如，平台化设计、智能化制造、网络化协同等新模式使得贸易活动更加灵活、高效。这些新模式能够降低贸易成本、提高贸易效率，并为企业提供更广阔的市场空间。第四，优化供应链管理。工业互联网通过网络化连接，实现了供应链的透明化和智能化管理。企业可以实时掌握供应链各环节的信息，从而做出更准确的决策。在数字贸易中，这种优化的供应链管理能够确保货物的快速流通和准确配送，提升客户满意度。第五，提升贸易服务水平。工业互联网的服务化特点使得企业能够为用户提供更全面的服务。在数字贸易中，企业可以通过工业互联网平台提供咨询、售后等服务，增强与用户的互动，提升用户黏性。同时，工业互联网的智能化特点也使得企业能够为用户提供更个性化的服务体验。

2. 数字贸易成为工业互联网发展的重要驱动力

随着数字贸易和工业互联网的深度融合，数字贸易促进工业互联网变得更加智能、高效、灵活。第一，激发市场需求。数字贸易的快速发展为工业互联网提供了广阔的市场需求。随着跨境电商、数字服务、数据交易等数字贸易形式的崛起，企业对于高效、智能、互联的工业制造和服务体系的需求日益增加。这推动了工业互联网技术在生产、管理、服务等各个环节的广泛应用。第二，推动技术创新。数字贸易的发展促进了信息技术、大数据、云计算、物联网等技术的创新和进步。这些技术也为工业互联网提供了强大的技术支撑，推动了工业互联网在设备连接、数据采集、分析处理、智能决策等方面能力的提升。第三，反向挖掘数据价值。数字贸易产生了大量的交易数据、用户数据和市场数据。工业互联网通过整合和分析这些数据，能够为企业提供精准的市场分析、用户画像、产品优化等决策支持，提升企业的市场竞争力和创新能力。第四，构建产业生态。数字贸易的发展促进了工业互联网产业生态的构建。工业互联网平台成为连接设备、企业、用户的桥梁，推动了产业链上下游的紧密合作和协同创新。同时，工业互联网也吸引了更多的企业、资本和人才加入，形成了更加完善的产业生态。

三、智能制造

（一）智能制造产生的背景

随着全球经济结构的调整和产业升级，消费者对产品质量、性能和个性化需求的不断提高。制造业需要不断提高自身的技术含量和附加值，以适应新的经济环境和市场需求。自动化、数字化和物联网技术的快速发展给制造业带来了转型升级的机遇。这些技术为制造业提供了更高效、更精确、更灵活的生产方式，推动了制造业向智能化、数字化和物联网化方向发展。智能制造是信息技术与工业化深度融合的产物，受到各国政府的广泛重视。各国政府纷纷出台相关政策，鼓励制造业向智能化、数字化和绿色化方向发展（见表 3-4）。

表 3-4　全球各主要国家的智能制造政策

国家	政策名称	时间	政策目标
美国	“再工业化”计划	2009 年	发展先进制造业，实现制造业的智能化，保持美国制造业价值链上的高端位置
德国	“工业 4.0”计划	2013 年	由分布式、组合式的工业制造单元模块，通过工业网络宽带、多功能感知器件，组建多组合、智能化的工业制造系统，应对以制造业为主导的第四次工业革命
日本	“新机器人战略”计划	2015 年	通过科技和服务创造新价值，以“智能制造系统”作为该计划核心理念，促进日本经济的持续增长，以应对全球大竞争时代
英国	“高价值制造战略”	2014 年	应用智能化技术和专业知识，以创造力带来持续增长和高经济价值潜力的产品、生产过程和相关服务，达到重振英国制造业的目标
韩国	“新增长动力规划及发展战略”	2009 年	确定三大领域 17 个产业为发展重点，推进数字化工业设计和制造业数字化协作建设，加强对智能制造基础开发的政策支持
印度	“印度制造”计划	2014 年	以基础设施建设、制造业和智慧城市为经济改革战略的三根支柱，通过智能制造技术的广泛应用将印度打造成新的“全球制造中心”
法国	“新工业法国”	2013 年	通过创新重塑工业实力
中国	“中国 2025”	2015 年	通过“三步走”实现制造强国的战略目标

资料来源：全球各主要国家相关智能制造政策大盘点［EB/OL］.［2018-01-18］. https://www.sohu.com/a/217365941_465915.

（二）智能制造的定义和特征

1. 定义

智能制造是指在新一代信息技术和先进制造技术相结合的基础上，实现对设备、控制、车间、企业、协同的五个系统层级，对资源要素、系统集成、互联互通、信息融合、新型业态等五个智能功能，以及产品设计、生产、物流、销售、服务等全生命周期的实时管理和优化的新型制造系统（王媛媛、张华荣，2016）。

智能制造衍生出智能制造技术、智能制造应用、智能制造模式等延伸概念。从技术视角来看，智能制造是运用计算机模拟、分析技术，对制造业智能信息进行收集、存储、完善、共享、继承、发展而产生的先进制造技术。该智能制造技术利用计算机，模拟制造业领域的专家的分析、判断、推理、构思和决策等智能活动，并将这些智能活动和智能机器融合，贯穿应用于整个制造企业的子系统。具体包括经营决策、采购、产品设计、生产计划、制造装配、质量保证和市场销售等。根据智能制造技术在实际生产中的应用，可以将其分为多种类型，如 3D 打印、虚拟现实（VR）、机器人技术、物联网等。这些技术都在不同程度上实现了制造过程的高效性、精细化、自动化、智能化。根据智能制造的实施模式和目标，可以将其分为柔性制造、敏捷制造、虚拟制造、网络制造、绿色制造等。这些模式虽各有特点，但都是为了实现制造过程的智能化、网络化、柔性化和绿色化而产生的。

2. 特征

一是网络化。智能制造不仅包含制造过程的数字化和信息化，还将产品、设备和企业等各环节进行网络化以实现互联互通。随着物联网技术和 5G 等通信技术的推进，可实现设备之间的数据共享、协同工作，及时了解生产流程和设备状态，从而提高生产效率和品质。

二是智能化。智能制造采用先进的信息技术和制造技术，通过智能化设备和系统，实现制造过程的高效、精细、自动和智能化，提高生产效率和产品质量。

三是灵活性。智能制造具有高度的灵活性和定制化能力。其生产过程可以根据客户需求进行定制化设计并进行调整，生产线也可以随时变更以满足客户不断变化的需求，让制造业更加适应市场需求的改变。

四是系统性。智能制造将产业链生态系统中的各个环节进行端到端的管理和协调。从供应链到生产线，再到物流管理和售后服务等环节，实现整个制造流程的智能化控制和优化管理，能够实现产业链端到端的系统性管理。

五是真实性。智能制造通过各种传感器、摄像头等设备实时监控整个生产制造过程，获取每个环节的真实数据和指标。它通过可视化分析、处理和预测，对制造过程进行调整和优化，进而做出生产决策，实现更高质量和效率的生产。

（三）智能制造发展的不同阶段

智能制造的发展阶段可以大致分为初级阶段、中级阶段和高级阶段，每个阶段都有其特征。

1. 初级阶段

智能制造初级阶段的代表性特征是数字孪生系统的初步应用。在数字孪生系统中，通过采用简化的机理模型，构建设备的动作过程和产品的变形过程，进而实现对生产过程的模拟，完成控制功能的全面测试和各类故障的仿真。在初级阶段，智能制造更加注重操作人员的仿真培训，以此提升生产效率。

2. 中级阶段

在该阶段，对象机理模型的精度得到提升。企业借助人工智能工具和大量生产数据持续对模型进行优化，达成数字孪生模型与生产过程的高度一致。此时，数字孪生系统不仅能全面模拟生产过程，还可以精确地模拟和评估不同的生产过程对产品质量和生产效率的影响。此外，系统还可以自动地对生产过程进行优化和干预。

3. 高级阶段

数字孪生系统与生产过程中的智能制造系统完美结合，在全面模拟生产过程和对生产过程进行优化和干预的基础上，实现对生产过程的全面监控。这一阶段还实现了新产品开发测试，并在测试完成后直接进行实际生产。生产过程和新产品的开发变得简单且高效，实现了高效的智能化生产。

（四）我国智能制造发展概况

近年来，我国的制造业增加值一直稳居世界前列。智能制造作为实现制造业高质量发展的重要手段，在多个维度取得了令人瞩目的成就。

1. 供给能力明显增强

经过多年的研发和应用实践，中国的智能制造技术水平已经有了显著的提升。在机器人、自动化生产线、智能检测和装配等方面，已经取得了一批重要的技术成果，这推动我国智能制造装备产业规模不断增长。我国已经成为全球机器人第一大生产国，工业机器人产量由 2015 年的 3.3 万套增长至 2023 年的 43.0 万套，年均复合增长率高达 37.8%，占 2023 年全球总产量的 72.9%（史爱武，2024）。一些先进的工业机器人已经可以实现 24 小时不停歇的自动化生产，大大提高了生产效率和质量。2017~2021 年，3D 打印设备产业规模从 44.5 亿元增长到 129.4 亿元。我国机床数控化率持续提高，基本实现了航空产业、新能源汽车产业等重点领域战略性需求的稳定供应。截至 2021 年底，我国智能制造装备的国内市场满足率超过 50%，主营业务收入超 10 亿元的系统解决方案供应商达 40 余家，智能制造供给能力得到显著增强①。

2. 应用领域不断扩大

随着智能制造的加速推进，智能制造技术的应用领域正在不断扩大。目前，智能制造已在汽车、电子、航空航天、机械制造等多个行业得到了广泛应用。例如，在汽车制造业中，智能机器人可以实现自动焊接、装配、检测等功能，大大提高了生产效率，提升了产品质量。我国企业探索形成了多种智能制造新模式新业态，如离散型智能制造、流程型智能制造、网络协同制造、大规模个性定制、远程运维服务、用户直连制造、共享制造、零工经济等，有力地推动了我国制造业的高质量发展。

3. 企业智能化水平显著提高

我国制造业企业的数字化、智能化水平实现飞跃性提高。截至 2021 年底，我国工业企业经营管理数字化普及率达到 70.9%，比“十三五”初期增长 16 个百分点。开展网络化协同和服务型制造的企业比例分别达到 38.8%和 29.6%。截至 2022 年底，我国工业企业关键工序数控化率和数字化研发设计工具普及率分别达到 58.6%、77%②，较 2012 年分别提高 38 个和 28.2 个百分点。与此同时，企业智能化改造促进提质降本增效成果明显。截至 2022 年 10 月，国家已遴选了 400 余个智能制造综合标准化与新模式应用项目，以及

---

① 史爱武．机器人产业大步迈向高质量发展［N］．中华读书报，2024-09-11（18）．

② 我国多层次工业互联网平台体系基本形成［EB/OL］．［2023-03-29］．https：//www.gov.cn/xinwen/2023-03/29/content_5749133.htm.

305个智能制造试点示范项目。据统计，中国数字化车间和智能工厂项目在完成智能化改造后，生产效率平均提高44.9%，能源利用率提升19.8%，运营成本降低25.2%，产品研制周期缩短35.0%，产品不良品率降低35.5%①。

4. 产业链逐步完善

从产业链的上下游来分析，中国智能制造行业的产业链上游行业主要为基础硬件、支撑技术、智能制造装备和工业软件。上游的基础技术和产品是智能制造产业链发展的基石，为中游和下游行业的发展提供了重要的支持。代表性的企业有美新半导体、华为、中国移动、字节跳动等。而中游行业则是指智能制造装备供应商、智能制造解决方案提供商等系统集成服务提供商。这些企业通过将上游的技术和产品集成到具体的解决方案中，为下游的市场需求方提供定制化的智能制造服务。代表性的企业有浙江中控、国电南瑞、宝信软件等。下游领域主要为市场需求方，包括交通装备、电子信息、生物医药等行业。这些行业对智能制造技术的需求日益增加，推动了智能制造产业链的发展。代表性的企业有中国中车、华为、小米、格力、云朵科技等（见图3-3）。在产业链形成的过程中，我国政府通过出台一系列的政策和规划来支持和引导智能制造产业的发展（见表3-5）。政策中强调了智能制造技术的创新与应用，推动了企业在关键技术、核心零部件和高端装备上的研发，促进了智能制造技术的突破和产业化。

（五）数字贸易与智能制造

1. 技术融合

数字贸易和智能制造都依赖于先进的数字技术和信息技术。数字贸易通过数字化平台进行商品和服务的交易，包括跨境电子商务、数字服务、数据交易等，这些都离不开强大的信息技术支持。而智能制造则采用先进的传感器、机器人技术、自动化设备和算法来实现生产过程的自动化和智能化。它是基于新一代信息技术与先进制造技术的深度融合，贯穿于制造活动的各个环节。因此，智能制造也离不开信息技术的支持。可见，数字贸易和智能制造在技术上存在融合的趋势。

---

① 王政．“十三五”，我们这样走过：现代产业新体系加快构建［N/OL］．人民日报［2020-12-15］．https：//wap.xinmin.cn/content/31864381.html.

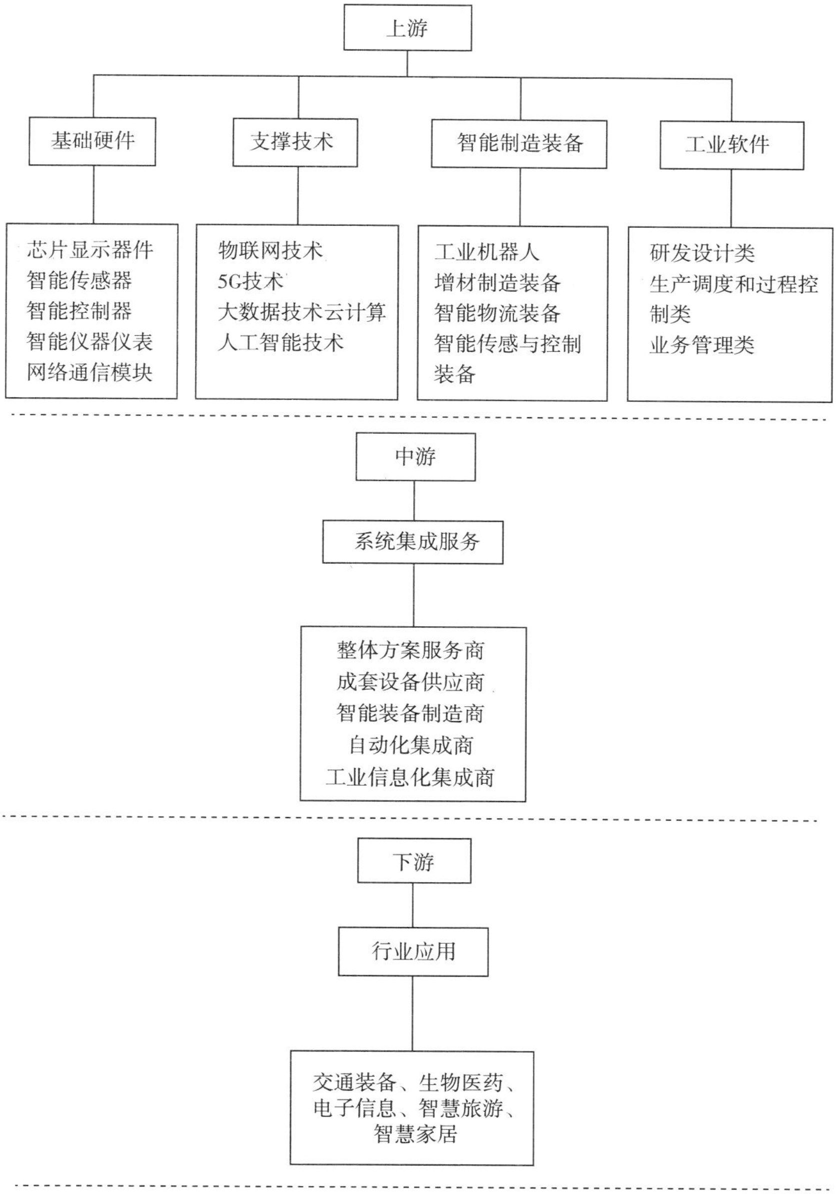

图 3-3　中国智能制造行业产业链

表 3-5 2020~2024 年我国智能制造行业相关重点政策

时间	政策文件	相关内容
2020 年 3 月	《中小企业数字化赋能专项行动方案》	以新一代信息技术与应用为支撑，以提升中小企业应对危机能力、夯实可持续发展基础为目标，集聚一批面向中小企业的数字化服务商，培育推广一批符合中小企业需求的数字化平台系统解决方案、产品和服务，助推中小企业通过数字化网络化智能化赋能实现复工复产，增添发展后劲，提高发展质量
2020 年 12 月	《工业互联网创新发展行动计划（2021－2023 年）》	目标是到 2023 年，新型基础设施进一步完善，融合应用成效进一步彰显，技术创新能力进一步提升，产业发展生态进一步健全，安全保障能力进一步增强。工业互联网新型基础设施建设量质并进，新模式、新业态大范围推广，产业综合实力显著提升
2021 年 2 月	《工业和信息化部关于提升 5G 服务质量的通知》	全面提升思想认识，高度重视服务工作；健全四个提醒机制，充分保障用户知情权；严守四条营销红线，切实维护用户权益；统一渠道宣传口径，及时回应社会关切；建立三类监测体系，准确把握服务态势；强化协同监管，加强监督检查
2021 年 12 月	《“十四五”智能制造发展规划》	立足制造本质，紧扣智能特征，以工艺、装备为核心，以数据为基础，依托制造单元、车间、工厂、供应链等载体，构建虚实融合、知识驱动、动态优化、安全高效、绿色低碳的智能制造系统，推动制造业实现数字化转型、网络化协同、智能化变革。到 2025 年，规模以上制造业企业大部分实现数字化网络化，重点行业骨干企业初步应用智能化；到 2035 年，规模以上制造业企业全面普及数字化网络化，重点行业骨干企业基本实现智能化
2022 年 5 月	《关于开展“携手行动”促进大中小企业融通创新（2022-2025 年）的通知》	开展智能制造试点示范行动，挑选一批智能制造示范工厂和典型场景，促进提升产业链整体智能化水平；深入实施中小企业数字化赋能专项行动，开展智能制造进园区活动。发布中小企业数字化转型水平评价标准及评价模型、中小企业数字化转型指南，引导中小企业深化转型理念、明确转型路径、提升转型能力、加速数字化网络化智能化转型进程
2023 年 4 月	《关于推进 IPv6 技术演进和应用创新发展的实施意见》	加快“IPv6+”技术在汽车、电子、钢铁、矿业、电力等工业生产领域的应用推动，将网络切片、确定性网络、应用感知网络等“IPv6+”技术与 5G、人工智能等相结合，打造高质量工业互联网，满足智能制造发展需求

续表

时间	政策文件	相关内容
2023 年 11 月	《“5G+工业互联网”融合应用先导区试点建设指南》	开展产线级、车间级、工厂级 5G 工厂建设，推进 5G 在生产辅助环节的规模化部署和核心环节的深层次拓展。引导工业企业合理规划 5G 工厂建设路径，新建工厂一体设计、一体建设，现有工厂立足实际、逐步升级。强化 5G 工厂安全防护，安全与发展同步规划、同步建设、同步运行。打造试点标杆工厂，带动重点产业、5G 工厂规模化建设
2024 年 3 月	《2024 年国务院政府工作报告》	智能制造作为推动工业转型升级、提升产业竞争力的关键力量，将在未来得到重点发展；加大对智能制造关键技术研发和产业化应用的支持力度，推动制造业向高端化、智能化、绿色化方向转型升级。同时，还将加强智能制造标准体系建设，促进产业协同发展，提高我国在全球智能制造领域的竞争力

2. 数据驱动

数字贸易和智能制造都是数据驱动的经济活动。数字贸易以数字贸易平台为载体，依赖跨境数据流动开展业务和交流，并通过大数据分析和互联网技术来提升其交易精准度和个性化服务。智能制造的应用范畴包括智能产品、智能装备、智能产线、智能工厂、智能服务、智能供应链、智能决策，以及研发数字化、管理数字化等领域，贯穿于整个制造企业的价值链，涉及海量、异构数据的采集、分析、管理与应用。因此，两者都需要对数据进行深度挖掘和分析，并以此来优化决策和提高效率。

3. 创新发展

数字贸易和智能制造都鼓励创新发展。数字贸易通过引入新的商业模式和交易方式，推动贸易领域的创新。技术创新、贸易规则创新、监管创新和国际合作创新等多个方面都在推动全球数字贸易的蓬勃发展。智能制造通过应用新一代信息技术，实现了对制造过程的智能化监控、优化和管理；推动了新材料、新工艺、新技术的研发和应用，进一步提升了产品的质量和性能；通过云平台实现跨企业的数据共享和协同制造，提高了整体供应链的效率和灵活性。此外，智能制造还促进了定制化生产、服务型制造等新型制造模式的兴起，满足了消费者个性化、多样化的需求。总之，两者都注重创新驱动，推动了产业的升级和转型。

4. 产业链协同

数字贸易和智能制造都是产业链中的重要环节。数字贸易利用数字技术优势，打破了地理限制，使人们在任何有网络接入的地方都能进行交易。这极大地降低了贸易各方合作沟通的信息成本和交易成本，减少了中间环节。数字贸易降低了进入国际市场的门槛，推动了中小微企业参与国际产业链分工合作，延伸了产业链供应链，促进了国内外产业的融合。数字贸易通过优化资源配置、加快信息传递和决策反应的速度，使得产业链协同系统能够实现全面协同、高效运作、数据驱动和灵活适应。而智能制造通过物联网技术和人工智能算法的应用，实现了设备、人员和产品的信息化。这些数据可以在整个产业链中进行共享和传递，以支持决策的制定和执行。通过共享资源和知识，不同环节的企业可以共同应对市场的需求变化，加快新产品的研发与推出速度，从而提高整个产业链的竞争力。智能制造将生产设备、信息系统、物联网技术、大数据分析等高度集成，形成了一个高度互联互通的制造系统，推动产业链各环节紧密协作。

第四章　我国外贸发展现状和贸易强国建设

第一节　我国外贸发展的现状和不足

一、货物贸易规模持续扩大但外贸依存度显著下降

我国自2001年加入世界贸易组织至今，对外贸易实现了突破性发展。2022年，我国货物贸易进出口总值42.07万亿元人民币，规模再创历史新高，是2001年的近十倍，占世界比重由2001年的4.04%上升至13.50%，年均增速达12.88%①。我国已经连续六年保持世界第一货物贸易大国地位，体现了我国外贸在国际市场上的重要性持续增强。同时，2001~2022年，我国外贸依存度从2001年的38.03%上升至2007年的最高值61.23%，之后逐年下降。2020年，全球经济低迷，全球货物贸易的增长速度下降。尽管如此，中国仍是当年唯一经济正增长的主要经济体，为全球产业链的稳定发挥了重要作用。如图4-1所示，我国外贸依存度在2021年和2022年稍微上升，分别为34.19%和34.76%。但随着我国经济结构的调整和国内外经济形势的变化，国内消费已成为拉动我国经济增长的重要引擎，外贸对我国经济增长的

① 资料来源：中国海关总署。

拉动作用已逐渐减弱。

图 4-1　2001~2022 年我国对外贸易依存度

资料来源：根据历年国家统计局、中国海关总署、中国商务部公布的数据整理获得。

二、服务贸易逆差缩窄但国际竞争力有待提升

面对复杂多变的国际形势，我国依然坚持扩大开放步伐，服务贸易进出口总额屡创新高。2022 年，我国服务进出口总额达 8891.02 亿美元，连续九年稳居世界第二，约占全球服务贸易总额的 2.8%[①]。不同于货物贸易，我国服务贸易长期处于逆差，逆差额呈现先扩大后缩窄的趋势（见表 4-1）。其中，知识密集型服务顺差扩大尤为明显。例如，2022 年，我国服务贸易逆差为 409.91 亿美元，较 2012 年收窄 48.7%。其中，知识密集型服务出口 2105.35 亿美元，进口 1621.70 亿美元，顺差达 483.65 亿美元[②]。然而，服务贸易逆差的缩窄并不意味着竞争力的提升。据统计，2022 年，我国服务贸易中的运输、旅行、保险和养老金服务，以及知识产权使用费、个人、文化

① 资料来源：中国海关总署。

② 资料来源：中国商务部。

和娱乐服务均处于逆差状态①。商务部公布数据显示，2023 年，我国服务贸易进出口总额创下历史新高，达 9331 亿美元，但逆差扩大到 1709 亿美元。可见，我国服务贸易的国际竞争力亟待提升。

表 4-1　2013~2022 年中国服务贸易差额变化　　单位：亿美元

年份	服务进出口总额	服务出口额	服务进口额	差额
2022	8891	4241	4650	-409
2021	8212	3942	4270	-328
2020	6617	2806	3811	-1005
2019	7850	2836	5014	-2178
2018	7965	2715	5250	-2535
2017	6957	2281	4676	-2395
2016	6616	2095	4521	-2426
2015	6541	2186	4355	-2169
2014	6520	2191	4329	-2138
2013	5376	2070	3306	-1236

资料来源：中国商务部、中国海关总署。

三、外贸结构不断优化但面临双重竞争压力

改革开放初期，由于我国具有充裕的劳动供给和低成本的比较优势，再加上发达经济体低端产业对外转移，我国的加工贸易发展迅速。1997 年，我国的加工贸易占对外贸易的比重达 53%②。加工贸易推动我国更快地融入全球生产价值链，对我国更有效地调配资源发挥了重要作用。但随着我国比较优势的动态变化，传统劳动密集型产业已不具优势，我国外贸商品结构也随之转型。2001 年，我国加工贸易占比逐年下降，至 2023 年加工贸易占比下降至 18. 2%。而一般贸易占我国出口贸易的比值逐年上升，至 2023 年达到 64. 8%（见图 4-2）。特别需要指出的是，我国高新技术产品对外贸易占比稳

① 资料来源：外汇管理局。
② 资料来源：国家统计局。

定在25%以上①。可见，我国对外贸易在保持较快增长速度的同时，产品质量和附加值也在提高，外贸结构也在不断优化。

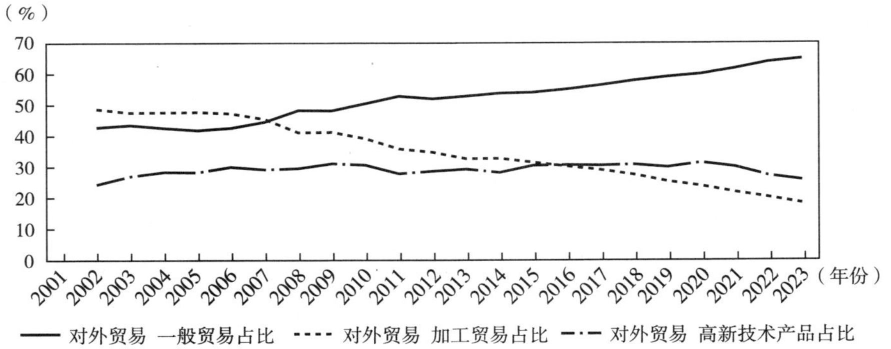

图 4-2　我国对外贸易中的一般贸易、加工贸易、高新技术产品占比

资料来源：根据国家统计局发布的年度统计公报数据整理获得。

然而，我国外贸制造业仍面临双重压力。一方面，以美国为代表的发达国家相继出台各种“制造业回流”“制造业重塑”政策，寻求高端制造业和生物医药等关键产业回流，已有一定成效，并吸引了LG、现代汽车、台积电、大众等企业至美投资建厂。据德国《商报》报道，仅美国俄克拉何马州就吸引了60多家德国企业前往投资并扩展业务。其中包括汉莎航空、西门子、阿尔迪和费森尤斯，这4家公司累计扩大投资近3亿美元②。总体而言，我国高端制造业的技术与发达国家仍存在差距。发达国家的“制造业回流”必然会带走一部分技术，这对我国制造业而言，不仅是技术流失，还形成了新的竞争对手。另一方面，现阶段，我国的人口红利逐渐消退，新兴市场国家凭借更低的劳动力成本和外资优惠政策，吸引中低端制造业投资，成为我国传统制造业竞逐海外订单强劲的竞争对手。

① 资料来源：国家统计局。

② 制造业大规模流向美国引德法两国抗议［EB/OL］. 光明网［2022-10-29］. https：//m. gmw. cn/baijia/2022-10/29/1303180732. html.

四、市场多元化趋势显现但对传统贸易伙伴依赖性大

我国努力构建国际市场多元化新格局，特别是 2013 年我国首次提出“一带一路”倡议以来，我国对外贸易“朋友圈”不断扩容。2013~2022 年，我国与“一带一路”沿线国家的货物贸易额从 1.04 万亿美元扩大到 2.07 万亿美元，年均增长 8%[①]。此外，2022 年，我国对非洲、拉丁美洲出口分别增长 14.8%、14.1%，进出口贸易额分别达到 4857.90 亿美元、2820 亿美元[②]。可见，我国新兴市场开拓成效明显，贸易市场多元化趋势显现。

然而，从我国进出口贸易的国别（地区）来看，东盟、欧盟、美国、日本、韩国等国家（或地区）仍然是我国主要的贸易伙伴。如表 4-2 所示，2012 年和 2022 年，我国排名前十五位的主要贸易伙伴是相同的国家（或地区）。其中，2022 年，东盟由原先的第三位升至第一位，成为我国第一大贸易伙伴，欧盟和美国分别排在第二、第三位。韩国上升至我国第四大贸易伙伴，中国香港由第四位下降至第七位。其他国家（或地区）排名变化不大。对比这两年的数据，十五位贸易伙伴的贸易值占我国当年进出口总值的比重从 77.86%上升了 0.23%，达到 78.09%，没有发生显著变化[③]。可见，我国对传统贸易伙伴的依赖性仍然很大。

表 4-2　2012 年、2022 年中国主要贸易伙伴贸易情况

排名	2012 年	2012 年 进出口总值 （亿美元）	占我国进出口总值比重（%）	2022 年	2022 年 进出口总值 （亿美元）	占我国进出口总值比重（%）
1	欧盟*	4829.3	12.49	东盟	9753.4	15.46
2	美国	4846.8	12.53	欧盟	8473.2	13.43
3	东盟	4000.9	10.35	美国	7594.3	12.04
4	中国香港	3414.9	8.83	韩国	3622.9	5.74
5	日本	3294.5	8.52	日本	3574.2	5.66
6	韩国	2563.3	6.63	中国台湾	3196.8	5.07

① 谢希瑶，潘洁．我国与“一带一路”沿线国家货物贸易额十年年均增长 8%［EB/OL］．中国一带一路网［2023-03-03］．https：//www.yidaiyilu.gov.cn/p/309732.html.

②③ 资料来源：中国海关总署。

续表

排名	2012 年	2012 年进出口总值（亿美元）	占我国进出口总值比重（%）	2022 年	2022 年进出口总值（亿美元）	占我国进出口总值比重（%）
7	中国台湾	1689. 6	4. 37	中国香港	3053. 8	4. 84
8	澳大利亚	1223. 0	3. 16	澳大利亚	2209. 2	3. 50
9	俄罗斯联邦	881. 6	2. 28	俄罗斯联邦	1902. 7	3. 02
10	巴西	857. 2	2. 22	巴西	1714. 9	2. 72
11	印度	664. 7	1. 72	印度	1359. 8	2. 16
12	英国*	631. 1	1. 63	英国	1033. 7	1. 64
13	南非	599. 5	1. 55	加拿大	960. 9	1. 52
14	加拿大	513. 7	1. 33	南非	567. 4	0. 90
15	新西兰	96. 7	0. 25	新西兰	251. 5	0. 40
合计			77. 86			78. 09

资料来源：中国海关总署。

注：* 为对比两年数据，使统计范围相同。2012 年，欧盟的贸易数据中扣除了英国的数据，并将英国的贸易数据单列出来。

五、外贸主体活力增强但竞争优势不明显

民营企业是市场经济中最具活力的组成部分，是我国稳外贸、强外贸的重要主体之一。据统计，我国民营企业进出口额从 2013 年的 8. 47 万亿元增长至 2023 年的 22. 36 万亿元，增长了 1. 6 倍，增速在国有、民营、外资三类外贸主体中最快。其中，2022 年，民营企业进出口额占我国总进出口额的比重首次超过一半，达到 50. 9%，对我国外贸增长贡献率达到八成以上。2023 年，该比重继续提升至 53. 5%①②（见图 4-3）。可见，民营企业已经成为我国外贸的第一主体，成为我国外贸的增长点和稳定器。其进出口规模和比重的提升，说明我国外贸主体活力在不断增强。但是在复杂多变、不确定性上升的国际市场环境下，我国民营外贸企业普遍存在市场竞争激烈、产品同质化问题严重、产品技术含量低、创新能力有限、产品附加值低、处于全

① 资料来源：中国海关总署。

② 资料来源：国家统计局。

球价值链低端、现代管理体制缺乏、抗风险能力弱等问题，尚未形成明显的竞争优势。

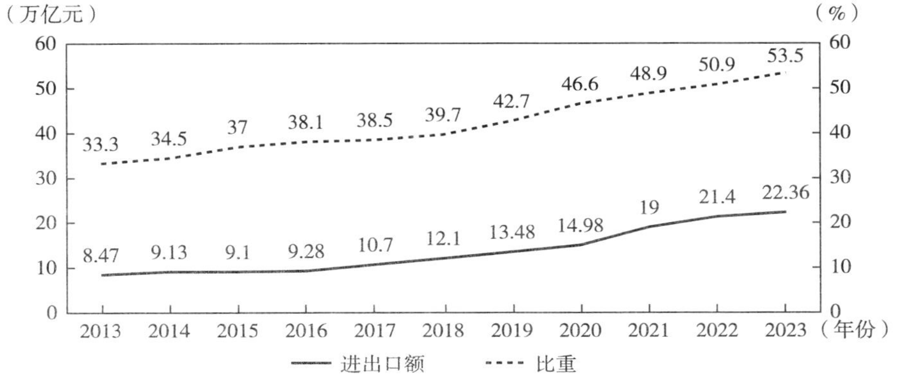

图 4-3　2013~2023 年民营企业进出口额和比重

资料来源：根据中国海关总署、国家统计局公布数据整理获得。

六、价值链分工增值提升但贸易摩擦频发

我国凭借低成本的要素价格、广阔的国内市场和完善的产业配套体系积极参与国际分工，成为拥有联合国产业分类中全部工业门类的“生产中心”“世界工厂”。从加工贸易所占比重不断下降可以看出，近年来，我国产业定位发生了一些改变，不再局限于简单的加工装配，而是更加重视技术研发和服务增值。根据全球价值链地位指数公式测算，中国制造业全球价值链地位指数不断提高，由 2005 年的-0.13 提高至 2018 年的-0.04。中国制造业开始从加工贸易向高附加值阶段转移，国内增加值提高（刘梦林、邓小乐，2023）。但人们普遍认为，我国产业总体上仍处于全球价值链分工的中低端（洪银兴，2017；陈亮等，2021；梁中、汪跃，2022），价值链升级所需的外部空间狭小，内生动力不足。企业在价值链中的增值收益较低，技术溢出的吸收能力较弱，一些关键核心技术受制于人，中间品依赖度比较高（马永飞，2021）。

随着全球经济结构调整，受地缘政治和贸易保护等因素的影响，我国面

对的贸易摩擦约束、产业核心环节“卡脖子”等风险不断增大。此外，各国贸易摩擦频发。中国贸易救济信息网的统计数据显示，全球发起的各类贸易救济案例数总体呈上升趋势，2020 年达到最高值 439 件。其中，中国作为被诉国的案例有 131 件，占全球总数的 30%。

第二节　我国贸易强国战略与建设

一、贸易强国战略的提出

改革开放以来，中国经济快速增长，人民生活水平持续改善。目前，中国已成为世界第二大经济体、第一大工业国、第一货物贸易大国、第一外汇储备大国，创造了发展中国家对外贸易的奇迹，为后发国家贡献了中国经验。然而，面对外需低迷、西方国家贸易保护主义升温的国际经济形势，中国对外开放也进入深水区，对外贸易“大而不强”的问题亟待解决。对此，党的十八大以来，党中央对建设贸易强国作出了一系列重要指示和部署（见表 4-3）。2023 年 9 月，习近平总书记在中共中央政治局第八次集体学习时再次强调，要加快建设贸易强国，升级货物贸易，创新服务贸易，发展数字贸易，以数字化绿色化为方向，进一步提升国际分工地位，向全球价值链中高端迈进。这为建设贸易强国指明了前进方向，提供了根本遵循。

表 4-3　党的十八大以来关于贸易强国的重要指示汇总表

时间	会议或文件	关于贸易强国的重要指示
2014 年 12 月	习近平总书记在中共中央政治局就加快自由贸易区建设进行第十九次集体学习时的讲话	要加快从贸易大国走向贸易强国，巩固外贸传统优势培育竞争新优势，拓展外贸发展空间，积极扩大进口
2015 年 2 月	《国务院关于加快培育外贸竞争新优势的若干意见》	推动中国由贸易大国向贸易强国的转变
2015 年 10 月	十八届五中全会	加快对外贸易优化升级，从外贸大国迈向贸易强国

续表

时间	会议或文件	关于贸易强国的重要指示
2017 年 10 月	十九大报告	要拓展对外贸易，培育贸易新业态新模式，推进贸易强国建设
2021 年 3 月	《中华人民共和国国民经济和社会发展第十四个五年规划和 2035 年远景目标纲要》	立足国内大循环，协同推进强大国内市场和贸易强国建设，形成全球资源要素强大引力场，促进内需和外需、进口和出口、引进外资和对外投资协调发展，加快培育参与国际合作和竞争新优势
2022 年 10 月	二十大报告	推动货物贸易优化升级，创新服务贸易发展机制，发展数字贸易，加快建设贸易强国
2022 年 12 月	习近平总书记在中央经济工作会议上的讲话	要继续发挥出口对经济的支撑作用。要稳住对发达国家出口，扩大对新兴经济体出口，提升加工贸易水平，提高出口附加值，扩大服务贸易，发展数字贸易，巩固拓展新能源汽车等新产业出口优势，积极扩大先进技术、重要设备、能源资源等产品进口，发挥好中欧班列作用，加快建设贸易强国
2023 年 9 月	中共中央政治局第八次集体学习	加快建设贸易强国，升级货物贸易，创新服务贸易，发展数字贸易，以数字化绿色化为方向，进一步提升国际分工地位，向全球价值链中高端迈进

资料来源：由公开资料整理而得。

二、贸易强国的内涵

进入 21 世纪，国外许多学者从贸易的开放度、贸易的规模和结构、全球经济治理中的话语权等角度，分析贸易强国的衡量标准。根据欧美专家的研究结果，贸易强国需要具备以下特征：经济高度发达，对外贸易的规模大，在对外贸易经济活动中占据明显的竞争优势，对外开放度程度高（潘涛，2017）。自贸易强国概念被提出以来，国内学者们对其内涵的探讨和研究从未间断。早期的研究主要从微观角度来解读贸易强国的内涵。陈泽星（2004）认为，贸易强国应具有产品附加值高、产品品牌认知度高、企业应对市场风险能力较强、处于产业价值链高端等特征。陈飞翔和吴琅（2006）认为，贸易强国是指在出口商品和服务中高级生产要素的含量高、以价值型的贸易为主体、能在国际贸易中获得主要利益的经济实体或国家。随着研究的不断深入，学者们开始从宏观角度，即国家角度，来分析贸易强国的特征。盛斌（2015）总结了近现代贸易强国的共同特征，将国际经贸规则中的领导力、营商环境和抵御风险能力纳入贸易强国的内涵。朱福林（2020）提出，贸易强国归根结底是生产率问题。要先具备贸易强国的能力与特质，最终才能成为贸易强国。李小平（2021）认为，贸易强国是高度开放的经济强国，科技、文化、教育高度发达，不仅在国际分工中占主导地位，而且在贸易结算、规则制定和全球贸易治理等领域也举足轻重。陈思萌和王维（2022）从全球价值链和国际分工视角来分析。他们认为，贸易强国首先是全球价值链分工的主要推动者，为全球“接续生产”提供关键零部件等中间品。其次是全球价值链分工的主要受益者，在参与全球价值链分工的同时，还促进了国内经济增长、技术进步和社会发展。最后是全球价值链分工的规则制定者，通过发起全球性及区域性国际经贸组织，推动新型国际经贸规则的实施。综上所述，贸易强国的内涵从最初强调产品具备竞争优势，逐步拓展到国际分工、全球价值链、国际规则主导者，研究层次不断提升。

三、我国贸易强国建设现状

国内学者也针对我国贸易强国建设进程展开了评价研究。研究结果均表明，我国距离贸易强国目标仍存在差距。陈思萌和王维（2022）从国际竞争力、国内资源配置以及国际规则话语权这三个维度的视角，对中国与主要贸易大国（美国、日本和德国）的发展水平进行了比较。一是中国的出口竞争力有较大提升，但与美国相比，贸易竞争力仍存在不小差距。二是在中国对本国经济增长的贡献方面，无论是从出口对 GDP 的贡献，还是从出口拉动生产率水平来看，都与贸易强国存在较大差距。三是中国在全球经贸治理话语权上仍需付出巨大努力，目前与贸易强国相比，差距依然很大。李钢等（2024）沿用商务部“迈向贸易强国的战略路径研究”课题组设计的测度贸易强国评价指标体系，对截至 2022 年中国与美国、德国、日本等贸易强国的贸易发展情况进行了对比分析。结果显示：中国的贸易强国建设取得了突破性进展，贸易强国指数超过了日本，相当于德国的 76.45%，相当于美国的 43.37%。其中，在产业结构、贸易规模、投资主体、开办企业等指标上，中国达到或超越了贸易强国标准。而在贸易竞争力、贸易自由化与便利化、国际经贸规则的测度值上则呈下降趋势。我国贸易强国建设任重道远。

四、贸易强国建设面临的国内外经济形势

（一）全球贸易治理面临多重挑战

当前，全球贸易治理面临多重挑战。一是可持续性问题。维护地球家园是全人类共同的责任。因此，环境保护、资源利用、气候变化等全球性问题，需要各国共同合作，制定和实施可持续的贸易政策。二是安全问题。贸易活动涉及国家安全、社会稳定和经济发展等方面。因此，贸易规则和政策需要确保贸易活动的安全性和稳定性。具体包括：防止非法贸易、维护供应链安全等。三是利益集团问题。各国在贸易活动中往往存在利益分歧和冲突，需要寻求公平合理的解决方案，确保各国在全球贸易中能够共享利益和共同发展。四是贸易保护主义和贸易壁垒。贸易保护主义和贸易壁垒容易导致贸易摩擦，对全球贸易造成不利影响。因此，各国需要加强多边贸易协议的谈判，推动全球贸易规则的完善和贸易争端的解决。五是全球经济形势的变化。例如，经济增长放缓、通胀压力、贸易萎缩等问题都可能对全球贸易产生负面影响。因此，各国需要密切关注全球经济形势的变化，制定和调整贸易政策，以适应新的经济环境。

（二）全球价值链重构呈现多元化、复杂化特征

随着全球经济格局快速调整，各国的比较优势和产业结构发生变化，全球价值链加速重构。首先表现在空间布局上。横向上，全球价值链趋于区域化、本土化。以美国、德国、日本等国家为核心的区域价值链正在形成，以中国为主导的共建“一带一路”沿线国家和地区的区域价值链分工体系正在构建，各区域贸易协定的签订也有助于推动全球价值链区域化。同时，以美国、日本、欧盟为代表的发达国家和地区认识到产业空心化的弊端，通过实施“再工业化”“本土化”战略吸引跨国公司回流。纵向上，全球价值链趋于短链化。跨国公司在布局全球价值链时，逐渐从原有的以母国市场为中心的“中心—外围”式离岸生产模式，转变为更贴近母国市场或消费市场的近岸生产模式。其次是安全稳定上。全球化背景下，各国经济相互依存，任何一环的断裂都可能对全球价值链造成冲击。因此，保障全球价值链的安全和稳定成为各国共同面临的挑战。这也促使各国在推动全球价值链重构时，更加注重供应链的韧性和安全性，以降低外部冲击对生产活动的影响。此外，

不同产业嵌入全球价值链的程度不同，所对应的重构形式也不同。深度嵌入全球价值链的产业可能更倾向于本土化和多元化的发展策略，而原本区域分散的产业则可能进一步实现区域化。这种差异化的发展策略反映了不同产业在全球价值链中的位置和特点，也决定了它们在重构过程中的不同选择和路径。

（三）绿色低碳贸易规则成为新趋势

随着应对气候变化成为国际共识，国际贸易中的环境问题也被提上议事日程，贸易发展与环境保护的关系成为许多国家和国际组织关注的重点。绿色发展已成为推动世界经济复苏的重要动能。低碳绿色产业的发展不仅有助于减缓气候变化、减少温室气体排放，还能促进经济增长、创造就业机会和提升产业竞争力。因此，绿色低碳贸易规则成为新的发展趋势。绿色低碳贸易规则的核心，是降低贸易活动中的碳排放，推动贸易向更加环保、可持续的方向发展。这包括采用清洁能源替代化石燃料，降低工业和交通等领域的碳排放，推动绿色产业的发展，以及加强环境保护政策的制定和执行等。越来越多的国家和地区开始制定和执行自己的绿色低碳贸易政策，推动全球贸易向更加环保、可持续的方向发展。此外，国际组织也在积极推动绿色低碳贸易规则的发展。例如，亚太经合组织（APEC）、经合组织（OECD）等国际机构都在积极推进低碳规则，自由贸易协定中的低碳规则在广度和深度上也在持续拓展。

（四）数字贸易成为推动全球贸易的新动力

随着信息技术的迅速发展和全球互联网的普及，数字贸易以低成本、高效便捷、精准交易等独特的优势和特点推动全球贸易的深刻变革和发展，全球数字贸易市场规模不断扩大。WTO 公布的数据显示，2019~2022 年，全球数字服务贸易增长了 36.9%，高于服务贸易的 12.9%和货物贸易的 31.0%。2022 年，全球数字服务贸易规模为 3.82 万亿美元，同比增长 3.9%，在服务贸易中的占比为 53.7%。数字贸易涵盖了电子商务平台、在线支付、数字货币等多个方面，极大地改变了传统贸易的方式和规模。随着数字贸易的快速发展，传统的贸易规则也面临着挑战和变革，各国政府和国际组织正在积极探讨和制定适应数字贸易发展的新规则和标准，以推动全球贸易的健康发展。总之，数字贸易已经成为推动全球贸易的新动力，其崛起和发展对全球贸易格局产生了深远的影响。

五、加快建设贸易强国的路径

进入新时代，我国实行更加积极主动的开放战略，加快形成更高水平开放型经济新体制，推动实施更高水平的对外开放。本书认为，可以从六个方面来推动我国从贸易大国迈向贸易强国。

（一）推进货物贸易优化升级

深化供给侧结构性改革，通过推动贸易结构优化、产业升级、市场拓展，增强对外贸易综合竞争力。一是推动纺织服装等传统劳动密集型产业的转型升级，提高产品的技术含量和附加值。积极参与国际合作，促进环保、新能源等绿色低碳产品的进出口。鼓励优质消费品、先进技术、重要设备、关键零部件以及能源资源产品和国内紧缺农产品的进口。加大研发投入，推动技术创新和成果转化，提高产品的技术含量和竞争力，实现贸易结构的优化升级。二是深化产业结构调整，优化产业布局，推动产业链向中高端延伸。加大技术创新力度，促进传统产业转型升级。加强政策引导和支持，突破关键核心技术，培育和发展战略性新兴产业，加快智能制造发展。注重研发设计、营销服务、品牌经营等高价值链环节的建设和发展，提升企业在高价值链环节的竞争力和影响力。三是巩固和扩大贸易伙伴关系，拓展市场，推动国际贸易的多元化和平衡发展，降低对单一市场的依赖风险。支持企业参加国际展会和贸易洽谈活动，扩大国际影响力。

（二）促进服务贸易创新发展

服务贸易是国际贸易的重要组成部分和国际经贸合作的重要领域，也是贸易强国建设的重要方向。鼓励和支持企业加大服务贸易领域的投入，提升服务质量和水平。培育一批具有国际竞争力的服务贸易企业，增强我国服务贸易的整体实力。逐步优化服务贸易结构，推动服务贸易向数字化、智能化、绿色化转型。一方面促进传统服务贸易转型升级，提升我国服务贸易竞争力。以旅游服务贸易为例，数字化、智能化技术赋能旅游服务贸易发展。我国已出现通过数字科技、5G 和 VR 等技术创新提供的“非接触”旅游产品和服务，以及网络虚拟景区、“旅游+直播”、智能地图等“云旅游”项目。另一方面加大对知识技术密集型服务业的支持力度，推动我国服务贸易向全球产业链、价值链高端迈进。加强知识产权保护，高效促进知识产权运用，激励技术创新，提高服务贸易企业在国际、国内市场的竞争力，为我国知识技术密集型服务贸易的发展保驾护航。

（三）推动数字贸易发展

数字贸易是全球贸易发展的新趋势，也是贸易强国建设的新动力。推动数字贸易发展已经成为我国外贸创新升级的重要战略之一。一是我国政府应加大投入，推动信息基础设施的升级和完善，包括 5G 网络、数据中心、云计算等，为数字贸易提供强大的技术支撑。二是鼓励企业加大在数字贸易领域的投入，支持企业开展跨境电商、数字营销等业务，培育一批具有全球竞争力的数字贸易企业。同时，继续加强与国内外知名数字贸易平台的合作，为中小企业提供更多参与全球数字贸易的机会。三是我国积极参与国际数字贸易规则的制定和谈判，推动形成开放、透明、包容性的全球数字贸易体系。通过与其他国家和地区的合作，共同推动数字贸易的发展，实现互利共赢。四是在推动数字贸易发展的同时，我国政府也需注重加强监管和保障数字贸易的安全。通过完善法律法规、加强执法力度、提升技术防范能力等措施，确保数字贸易的健康发展。

（四）提升绿色贸易发展水平

在全球绿色低碳转型步伐加快的背景下，发展绿色贸易成为推动经济转型、提高低碳领域国际竞争力和话语权的重要抓手。以环境产品为代表的绿色贸易，在国际贸易发展中发挥着重要作用。全球绿色贸易总体保持平稳增长。《中国绿色贸易发展报告 2023》中公布的数据显示，2013~2022 年，全球绿色贸易进出口总额年均增长率约为 0.9%。2022 年，全球绿色贸易约占贸易进出口总额的 18.1%。其中，我国绿色贸易进出口总额为 10792.8 亿美元，全球占比 12.2%，较 2013 年提高 2.3 个百分点。今后，我国将继续加强绿色发展合作，提高经济绿色化程度，提升绿色贸易发展水平。一是优化全球绿色产品和服务贸易结构。鼓励企业加大在绿色技术领域的研发投入，推动绿色技术创新和产业升级。通过开发高效、环保的生产工艺和产品，提高绿色产品的竞争力，满足全球市场对绿色产品的需求。积极开展节能技术、低碳技术绿色设计、环境服务、节能环保等知识技术密集型服务贸易。二是加强国际绿色产业链合作。鼓励企业构建绿色供应链，从原材料采购、生产、运输到销售等各个环节实现绿色低碳。通过优化供应链管理，降低能源消耗和环境污染，提高资源利用效率。引导国内外资本投向绿色产业领域，支持绿色产业链的建设和发展。以绿色贸易带动上下游产业和关联产业实现低碳发展，加强绿色制造国际合作，推动构建绿色低碳产业链供应链合作体系，促进高端要素与实体经济高效协同发展。三是加强技术交流合作。降低绿色产品和技术的市场准入成本，加速其在全球范围内的推广，完善应对气候变化的顶层设计。加大高效节能、清洁生产、清洁能源等领域绿色技术的创新力度，开展国际科研合作和技术交流，实现绿色低碳技术创新突破。积极参与国际绿色产业的合作与交流活动，学习借鉴国际先进经验和技术，提升我国在全球绿色产业链中的地位和影响力。

（五）深化贸易体制改革

贸易体制改革是贸易强国建设的制度保障。我国应制定全面、系统的贸易体制改革方案，明确改革的目标、原则、任务和措施。同时，加强与国际贸易规则的对接，推动形成更加开放、包容的贸易环境。继续深化外贸领域“放管服”改革，简化审批和业务办理流程，降低市场准入门槛，优化营商环境。创新外贸管理体制，探索建立外贸领域的新型监管机制，如以信用为基础的新型监管机制，实现精准监管和高效服务。进一步完善通关便利化水平，简化通关手续，缩短通关时间。

同时，还应加强贸易政策协调，完善贸易促进体系，提高贸易便利化水平。深化内外贸体制机制改革，打破内外贸分割的局面，推动内外贸在政策、规则、标准等方面的统一。利用好自贸试验区、自由贸易港等开放平台，培育新的贸易增长点，推动外贸高质量发展。

（六）强化贸易风险防范

在全球贸易环境日趋复杂多变的背景下，贸易风险防范至关重要。一是应建立健全贸易风险预警和应对机制。建立全面、高效的贸易风险信息收集与分析系统，制定和完善风险预警指标体系。根据预警指标体系，对贸易风险进行定性和定量的评估，及时发布风险预警。二是加强供应链管理，确保供应链的稳定性、可靠性和灵活性。深化市场多元化战略，在巩固传统市场的同时，积极开拓非洲、拉美等新兴市场，拓展贸易空间。提升自主创新能力，提高产品质量和技术含量，增强产品的核心竞争力。推进关键核心技术攻关补短板，提升我国产业供应链的韧性和安全水平。三是加强国际合作与协调。积极参与国际贸易规则和标准的制定，推动形成公平、透明、可预测的国际贸易环境。加强与其他国家和地区的贸易合作与对话，共同应对全球性贸易风险和挑战。

第五章　数字贸易拓展外贸动能的机理与我国现实需要

第一节　数字贸易拓展外贸动能的机理与关键

一、数字贸易拓展外贸动能的机理

（一）生产动能

数字贸易拓展外贸的生产动能体现在：第一，数字贸易充分释放数据要素潜力，推动传统产业的改造和升级，实现数字化、网络化和智能化，为外贸生产端降低边际成本、提高全要素生产率带来动力机制；第二，数字贸易依托数字技术，扩大了无形产品（包括数字产品和数字服务）的贸易规模，改革并优化了贸易结构；第三，数字贸易以数字平台为载体，在为大量中小企业参与全球贸易提供便利的同时，也大大降低了中小企业的创新门槛，缩短了其研发新产品的时间。

（二）需求动能

在全球需求疲软的态势下，数字贸易通过持续创新商业组织和开拓市场渠道，更有效地传递市场信息，推进供需两端相互配合、协同发力。一方面，数字贸易为交易双方提供交流平台，生产者能够直面消费者，倾听消费者诉求，进而满足消费者需求；另一方面，数字贸易能通过数据积累、沉淀，生产者能及时跟踪市场需求，更加精确地分析消费者偏好，实现海外市场的有效巩固和维护，及时挖掘国际市场需求端的市场潜力。

（三）模式动能

自外贸进入新发展阶段以来，数字贸易推动外贸领域产生新业态新模式，以此提高贸易利益。其中，跨境电商这一新模式最具代表性。依托互联网信息技术，跨境电商模式有效打破了渠道垄断，降低了交易成本，为外贸企业拓展了外贸新空间。面对多样化、多层次、个性化的境外消费者需求，跨境电商模式促使外贸企业以消费者为中心，加强合作创新，构建完善的服务体系。外贸企业在提升产品质量的同时，要加强研发设计、品牌销售，重构价值链和产业链，最大限度地促进资源优化配置。此外，跨境电商的发展还直接推动了物流配送、电子支付、电子认证、信息内容服务等现代服务业和相关电子信息制造业的发展。

（四）效率动能

数字贸易通过提升市场效率、企业管理效率以及制度效率，进而形成促进贸易增长的效率动能。一是市场效率。数字贸易能有效降低信息搜索成本、增加市场信息，促进交易主体间的互动，进而降低营销渠道成本和售后服务成本，起到了改善市场效率的作用。同时，数字贸易集约化、无界化和平台化的发展趋势降低了贸易参与企业之间，以及整个贸易环节中的信息不对称程度，提高了企业市场化生产效率。二是企业管理效率。企业借助数字技术进行生产过程的数字化管理，更便于发现并解决生产及销售过程中存在的问题，提高企业管理效率。三是制度效率。数字贸易的迅速发展给传统的制度体制带来挑战。它既涉及商务、海关、税务、金融等部门的相关制度，也涉及多个领域的国际合作协议。数字贸易通过推动现有制度的创新和完善，不仅提高了政府的管理效率，也有利于优化全球要素的流动和配置效率，最终形成促进全球贸易增长的效率动能（见图 5-1）。

二、数字贸易拓展外贸动能的关键是形成数字贸易比较优势

（一）形成数字贸易比较优势的关键——生产要素

数字贸易拓展一国外贸动能的关键在于形成数字贸易比较优势。如前所述，数字贸易的比较优势来源于数字贸易相对成本的差异。而要获取更低的

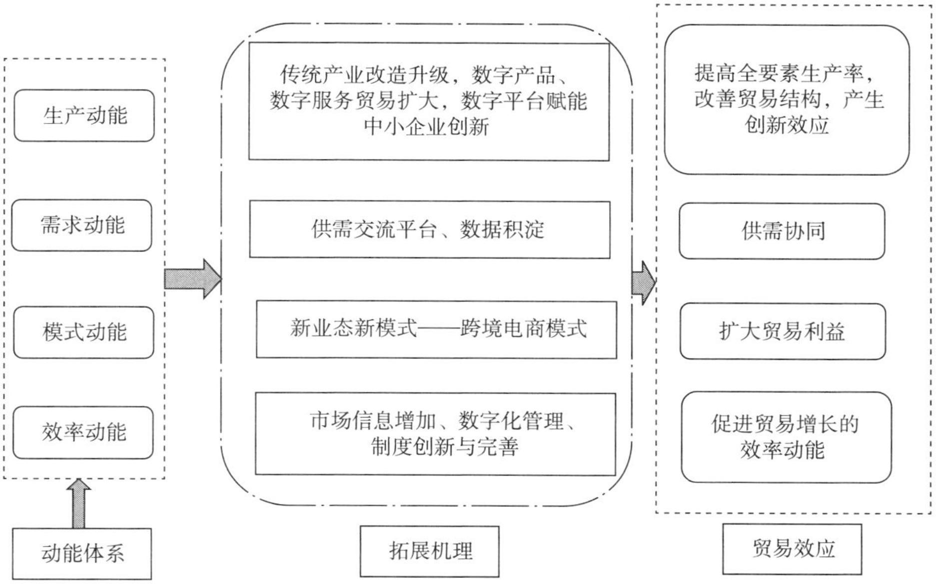

图 5-1　数字贸易拓展外贸动能的机理

数字贸易相对成本优势，关键在于数字贸易投入的要素。

1. 数据要素

不同于传统贸易，决定数字贸易比较优势的关键要素是数据。数据的积累、跨境流动和共享程度，影响着数字贸易比较优势的形成。数据作为一种新兴生产要素，本身具有内生性特征，会随着生产和贸易规模的扩张而不断沉淀积累和自我强化，这使数字贸易的比较优势呈现出内生性和动态发展的特性。现实中，相关国家的进出口结构乃至全球的贸易格局，也会在这种具有内生性特征的比较优势作用下，呈现出“强者恒强”的特征（张宇、蒋殿春，2021）。由于数据要素具有普遍性、渗透性、连续性的特点，在与其他传统要素融合生产时，能以极低的边际成本实现数据收集、存储和流动，推进产业数字化转型，进而扩大产业比较优势。正是由于各国各企业掌握的数据存在差异，再加上不同的数字技术比较优势，它们在数字产品上便具有不同的竞争力，从而在数字产品全球产业链和全球价值链上占据不同位置，拥有不同的地位。

2. 劳动要素

企业数字化转型是适应数字经济时代发展的必然趋势。数字贸易行业所投入的劳动要素的性质也随之发生改变。它呈现出两个特点：一是低技能劳动力需求的降低。人工智能（AI）和机器人流程自动化（RPA）等新兴技术已成为新时代前沿行业必备的生产力工具，被称为“数字化劳动力”，代替了传统重复性的劳动力。二是高技能劳动力需求的提高。数字贸易产业要求劳动力具备更高的技能和知识水平，人力资本在生产过程中的作用更加凸显，如云计算、大数据、人工智能、AI、物联网、内容运营等新兴数字产业相关的技术人员。研究表明，“数字化”每摧毁一个工作机会，同时将在上下游行业或互补性行业中创造 2. 6 个新的就业机会①。这里所说的被摧毁的指的就是传统重复性劳动岗位。而新产生的与数字产业相关的岗位需求，则创造出更多新的就业机会。

3. 资本要素

数字贸易的资本要素主要用于投入数字贸易基础设施的建设、技术创新、市场推广等方面。随着数字贸易的规模和范围不断扩大，对资本要素的投入需求也会不断增加。

数字基础设施的完备性对贸易流量的吸引至关重要。因此，各国在数字基础设施方面的差异，决定了在开展数字贸易时的相对成本差异，从而构成了一国发展数字贸易的比较优势。数字贸易发展前期，对数字基础设施的资本要素投入可能很大，主要体现在网络、通信等设施的构建上。之后，各企业数字平台的开发，以及强大功能的存储器和服务器的配套，在前期所需的资本要素投入同样很大。

数字贸易高度依赖技术支持，包括大数据、云计算、人工智能、区块链等，且技术需要不断更新升级。因此，在数字贸易中需要不断投入资金，来进行技术的研发和应用。

数字贸易的资本投入还体现在跨境投资和国际合作方面。随着全球化和数字化的深入发展，越来越多的企业开始寻求跨境合作与投资，以拓展数字贸易的市场和渠道，这将有助于提升数字贸易的技术水平和竞争力。

---

① McKinsey Global Institute（MGI）. Internet Matters：The Net's Sweeping Impact on Growth，Jobs，and Prosperity［R］. May 2011.

4. 技术要素

各国各企业数字贸易的竞争力，还取决于数字技术的比较优势。数字技术变革推动数字贸易交易成本的降低，如区块链、交易平台、物联网技术显著降低了信息不完全和信息不对称程度。

从数字贸易产品或服务的提供者角度来看，区块链技术与跨境贸易业务环节的有机结合与创新，极大地降低了供应商之间的验证和追溯成本。交易平台实现数据公开和共享，让市场信息的搜寻更为简便，降低了信息获取成本。物联网等技术的应用带动物流的变革，使得数字贸易产品或服务的提供者能够以更高的准确度追踪小众需求订单、管理小众需求库存，甚至还能针对客户的需求生产定制化产品。在数字技术的支持下，数字贸易产品或服务的运输成本几乎为零。而对于不能完全通过线上提供的产品或服务，借助信息手段，线上和线下也能实现更高效的配合，这大大降低了产品或服务的生产和运输成本。由于互联网活动信息很容易被追踪、记录和存储，数字贸易产品或服务提供者可以利用大数据技术对消费者个体或者整体市场进行分析研究。这种信息记录成本的降低，对个性化服务的提供和个性化市场的创建极为有利。

从数字贸易的消费者角度来看，互联网、移动通信等技术帮助消费者更容易获得产品价格、质量等信息。平台技术使分散的小众需求得以集中，进而形成广泛的市场空间。

但是，数字技术的应用也给生产者和消费者带来了新的挑战。由于数字技术突破了传统的边界和保护，模糊了经济和安全问题之间的区别，因此也带来了新的安全问题。

（二）衡量数字贸易比较优势的指标

1. 数字贸易竞争优势指数

数字贸易竞争优势指数（简称 TC 指数）是指，一国数字贸易进出口的差额占进出口总额的比重。计算公式为：$TC_i=(XE_i-XM_i)/(XE_i+XM_i)$。

其中，TC_i 代表 i 国数字贸易专业化指数，XE_i 代表 i 国数字贸易出口值，XM_i 代表 i 国数字贸易进口值，$-1\leqslant TC\leqslant 1$。当 $TC<0$ 时，说明该国在数字贸易上不具备比较优势，不具备国际竞争力；反之，当 $TC>0$ 时，说明该国在数字贸易上具备比较优势，数值越接近 1，说明该国数字贸易的国际竞争力越强。

2. 数字贸易显性比较优势指数

数字贸易显性比较优势（简称 RCA 指数）是指，一国数字贸易出口占其贸易总出口的比重，与全球数字贸易出口占总出口比重之间的比率，计算公式为：$RCA_i=(X_i/X)/(W/W_i)$。

其中，X_i 代表 i 国数字贸易出口值，X 代表 i 国总出口值，W_i 代表全球数字贸易出口值，W 代表全球总出口值，RCA>0。当 RCA>1 时，代表一国数字贸易具有显性比较优势；当 0<RCA<1 时，则说明数字贸易不具有显性比较优势。

3. 两个指标的对比

两个指数在说明数字贸易比较优势上各具优点。其中，数字贸易竞争优势指数综合考察了一国的数字贸易进出口情况，能排除通货膨胀和各国体量差异等影响贸易流量因素对比较优势的干扰，较好地描述了一国的数字贸易产品在国际市场上是否具备贸易竞争力的情况；显性比较优势指数剔除了国家总量波动与世界总量波动的影响，能较好地反映该产品的相对优势，是目前学界衡量数字贸易比较优势最常用的指标，但该指数只考虑到一国数字贸易出口所占的相对比例，而忽略了数字贸易进口的影响。

总之，在说明数字贸易时，需根据数据的充分性和有效性来选择具体的衡量指标。可见，在表示数字贸易比较优势上，两个指数都很具有代表性。尤其是显性比较优势指数，经常被用于国际贸易比较优势的分析论证中。

（三）世界主要国家数字贸易比较优势测度

基于数据的可获得性，本书在测度各国数字贸易比较优势时采用狭义数字贸易的定义，即采用可数字化交付服务贸易的统计数据来衡量各国数字贸易情况。WTO 公布的数据显示，2012~2022 年，全球可数字化交付服务出口年均增长 6.1%，高出同期全球服务贸易出口年均增速 1.6 个百分点。2022 年，全球可数字化交付服务出口额达 4.1 万亿美元，同比增长 3.4%，占全球服务出口比重达 57.1%。其中，美国的可数字化服务贸易规模位居全球第一，远远高于排在第二位的爱尔兰。从数字贸易 TC 指数来看（见表 5-1），在全球主要经济体中，由于爱尔兰、荷兰、日本的可数字化服务贸易进口规模大于出口规模，TC 指数小于 0，数字贸易不具备比较优势。而其他七国的 TC 指数均大于 0，具备数字贸易比较优势。尤其是印度的数字贸易 TC 指数达到了 0. 381，英国的 TC 指数为 0. 343，分别排在十国中的第一和第二位。规模最大的美国位居第三位，TC 指数为 0. 252。中国数字贸易 TC 指数为 0. 130，排在全球第四，具备一定的比较优势，但与前面三个国家相比，仍存在一定的差距。

表 5-1　2022 年可数字化服务规模前十的经济体比较优势指数

排名	国家	可数字化进出口额（亿美元）	TC 指数	RCA 指数
1	美国	10478. 31	0. 252	1. 27
2	爱尔兰	6694. 87	-0. 035	1. 58
3	英国	5630. 28	0. 343	1. 34
4	德国	4598. 78	0. 030	1. 01
5	中国	3727. 07	0. 130	0. 87
6	荷兰	3489. 42	-0. 002	1. 12
7	印度	3410. 64	0. 381	1. 33
8	法国	3154. 26	0. 029	0. 84
9	新加坡	3104. 92	0. 087	1. 01
10	日本	2684. 45	-0. 127	1. 22

资料来源：根据中国商务部公布的《中国数字贸易发展报告（2022）》和 WTO 数据库收集的数据测算而来。

从数字贸易 RCA 指数来看（见表 5-1），虽然中国和法国的数字化服务规模在全球分别位列第四和第八，但 RCA 指数均小于 1，这说明中国和法国的数字贸易不具备显性比较优势。值得注意的是，爱尔兰的 RCA 指数在主要经济体中排第一，具备显性比较优势。这与 TC 指数为负数则不具备比较优势的结论相悖。这是由于显性比较优势忽略了进口的影响，而爱尔兰正是可数字化交付服务贸易进口大于出口、处于逆差状态的国家。同样的情况也出现在荷兰和日本。两国的 RCA 指数均大于 1，这表明两国的数字贸易同样具有显性比较优势。

可见，测算数字贸易的 TC 指数和 RCA 指数，可能会得出不同的比较结果。然而，两个指数都表明印度和美国的数字贸易具备比较优势，而中国的数字贸易仍有很大的提升空间。

三、数字贸易比较优势重塑全球价值链呈现的特征

（一）市场集中度处于较高水平

目前，欧美发达国家凭借数字技术优势，拥有较为成熟的数据流动市场，数字贸易比较优势显著，处于全球数字贸易的第一梯队。如图 5-2 所示，全球可数字化服务贸易集中度高。2014~2020 年，全球可数字化服务出口额排名前十的国家，其出口额占全球可数字化服务出口总额的六成以上，且呈上升态势。这十个国家的进口额占全球可数字化服务进口总额的五成以上。同时，2022 年，全球可数字化交付服务出口排在前十位的国家中，除中国和印度外，大多为发达经济体（见表 5-1）。其中，美国排在第一位，可数字化交付服务出口额达 6561 亿美元，占全球可数字化交付服务出口总额的 16.1%，是排名第二位的英国的近两倍。

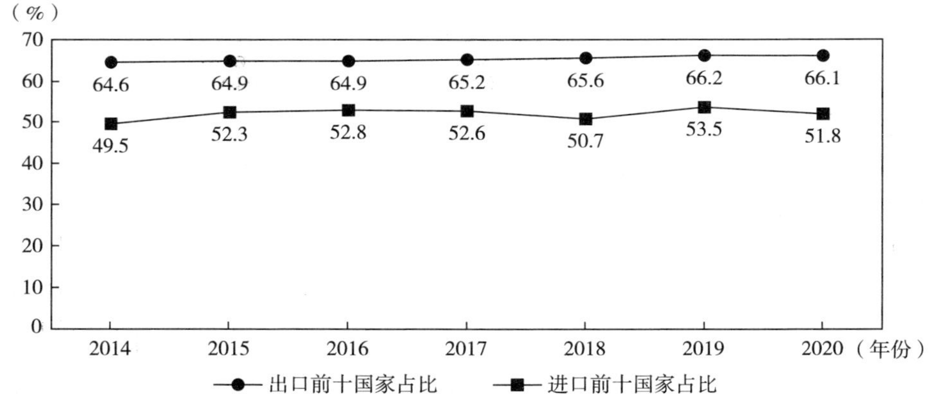

图 5-2　2014~2020 年全球数字化服务贸易进出口市场集中度

（二）价值链创造模式产生变革

现代数字技术产生了大量数据信息并实现跨境流动，不仅推动了数字贸易的发展，还拓展了国际分工的范围和层次。一方面，数字技术促进制造业生产组织方式日趋灵活，降低了全球生产协同成本。劳动生产率的提高降低了中间产品的成本，进一步提高了出口附加值，进而实现了制造业在全球价

值链分工地位的提升。另一方面，数据信息流动及数字产品为货物贸易赋予更多“服务”增值，使其在全球价值链中的价值越来越高，数字贸易核心经济体也将因此获得越来越高的价值。发达经济体凭借数字技术优势，通过数字贸易输出数字产品和服务，进而控制发展中国家的产品生产过程。而大部分发展中国家由于缺乏核心数字技术和人才，仅能提供原始数据。最终，发达经济体得以控制全球价值链，发展中国家在全球价值创造中的地位进一步下降。

（三）价值链收入分配格局发生变化

数字技术重塑了全球价值链的需求端和供应端。数字贸易不仅改变了全球价值链创造模式，也促使全球价值链分配格局发生变革。在数字贸易引起的全球价值链收入分配格局变化中，增加值利润并非向中间端集聚，而是向上游和下游集聚。这就意味着，数字贸易发展会进一步加剧现有全球价值链收入分配的不平等，“微笑曲线”将会变得越来越陡峭（徐金海、夏杰长，2020）。现实中，往往是发达国家掌控着价值链的高端，而发展中国家被锁定在低端。因此，发达国家为了稳固其在全球价值链中的主导地位，会不断推进数字贸易发展。而发展中国家也将不断推动中间制造环节向价值链两端延伸，瞄准核心技术突破数字技术与服务，通过发展数字贸易打破被锁定在价值链低端的局面。

四、新发展阶段数字贸易拓展我国外贸动能的积极效应

（一）构造新的商业模式和生态系统，促进我国传统外贸产业数字化转型

数字贸易是一种信息通信技术发挥重要作用的贸易形式，它正不断构造新的商业模式，我国传统外贸产业向数字化转型已成必然趋势。跨境电商平台是数字贸易的重要组成部分，它打破了地域限制，让我国更多的商品能够轻松跨越国界，通过线上平台销往全球各地，实现全球范围内的交易。同时，跨境电商还为中小企业提供了拓展国际市场的机会。一些新业态，如海外仓、数字服务贸易等也逐渐兴起。通过海外仓，我国外贸企业可以缩短配送时间、降低物流成本、提高客户满意度。同时，海外仓还可以充当展示和体验中心，帮助我国外贸企业拓展海外市场。数字金融、数字教育、数字医疗等服务，不仅为传统外贸企业提供了新的收入来源，还促进了企业向更高附加值的服

务领域转型。

在传统外贸整体低迷、增长不足的情况下，跨境电商新生态系统已形成。例如，跨境电商平台销售模式替代了传统线下销售方式，利用溯源技术、VR技术、数字化媒体等实现全球无边界销售。依托物联网技术、大数据技术和人工智能技术建设的“智慧物流”，为跨境电商发展创造了有利条件。区块链技术在跨境支付上的应用，也将成为我国跨境支付创新模式。

（二）提升服务贸易国际竞争力，平衡我国贸易结构

一直以来，我国服务贸易整体竞争力较弱，大部分服务贸易细分行业处于逆差状态。但近几年来，我国在数字贸易领域扭转了逆差格局。自2018年起，我国数字服务贸易实现顺差，截至2022年，已连续五年保持顺差（见表5-2）。并且，我国数字服务贸易对服务贸易的贡献率较高，数字服务贸易占服务贸易的比重从2011年的36.7%提升至2022年的42%。2022年，中国数字服务进出口总值3710.8亿美元，同比增长3.2%，净出口规模达467.4亿美元①。我国数字贸易各细分领域规模逐年扩大，贸易逆差不断收紧，新模式新业态不断涌现。2011~2020年，我国知识产权、金融服务、信息通信服务等细分数字服务发展平均增速分别为31.7%、19.6%、17.4%，均高于世界平均水平②。数字贸易已经成为我国有效推动服务贸易高质量发展的新动能和新引擎。

表5-2　2018~2022年中国数字服务贸易

年份	数字服务进出口额（亿美元）	数字服务贸易出口额（亿美元）	顺差额（亿美元）	占服务贸易的比重（%）
2018	2561.8	1321.4	81.0	33
2019	2718.1	1435.6	153.0	35
2020	2939.8	1543.7	147.6	44
2021	3596.9	1948.4	299.9	47
2022	3710.8	2089.1	467.4	42

资料来源：根据WTO数据库的数据计算得出。

① 资料来源：WTO数据库。

② 资料来源：国务院发展研究中心对外经济研究部与中国信息通信研究院联合发布的《数字贸易发展与合作报告2021》。

（三）推动贸易制度创新和完善，提升我国国际规则话语权

数字贸易在国际贸易中的地位越来越重要，而现行国际规则已无法满足当前数字贸易发展的需求。例如，传统的经贸规则划分标准不适用于数字贸易，全球范围内统一的数字贸易便利化规则尚未形成，传统国际经贸规则无法涵盖并解决数字贸易时代的知识产权问题（马述忠、沈雨婷，2023）。目前，跨境数据流动、数字税收、数字贸易市场准入、跨境电商便利化等是世界各国数字贸易领域的分歧点，也是数字贸易国际规则的关键议题。一些国家率先与其贸易伙伴签订各类区域贸易协定，将符合自身数字贸易利益诉求的规则制定其中，如《美墨加三国协议》《美—日数字贸易协议》《区域全面经济伙伴关系协定》等，这些协定将会成为制定全球数字贸易规则的参考范本。而我国一方面在不断创新和完善自身与数字贸易相关的国内立法，另一方面也在积极参与数字贸易领域的国际制度框架及规则体系的制定，从规则的跟随者转变为参与者，不断提升我国在数字贸易国际规则方面的话语权。

（四）降低价值链各环节成本，提升我国企业在全球价值链体系的地位

数字贸易将数字产品和服务嵌入全球价值链。数据信息的共享与应用提高了全社会的资源配置效率，推动传统产业智能化，降低了全球价值链每个环节的成本，促使全球价值链赋予数字贸易更高的价值。

从企业内部价值链视角来看，在数字贸易的大环境下，生产企业通过数字化平台提供的需求端数据进行挖掘与分析，不仅能对市场需求有更准确的定位，进而开展研发、设计，还能快速找到所需的原料供应商，进而开展生产、加工。在生产环节，随着先进制造与新一代信息技术的深度融合，出现了柔性制造、网络化制造、云制造等不同类型的生产模式，有效提高了生产资源的配置效率。在市场营销环节，企业能够与辅助环节（如运输方和保险方等）、与终端消费者实现无空间限制的协调与沟通，进而降低销售和管理成本。例如，企业依托国内外大型搜索引擎平台开展营销活动，利用社交媒体发布产品内容、开展私域营销；通过虚拟现实技术打造云工厂、云展示、云直播、云洽谈；购买外贸数据营销产品，开展大数据营销；等等。

从外部价值链视角来看，数字经济和数字贸易突破了原有的全球价值链格局，供应链上的各类企业联系更加紧密，推动了生产和服务资源的重新配置。目前，全球已形成多个工业互联网平台，如通用 Predix、施耐德电气

EcoStruxure、西门子 MindSphere 等。在我国，具代表性的工业互联网平台有海尔 COSMOPlat、华为 OceanConnect、用友精智、树根互联等。这些工业互联网平台汇聚各类生产要素，将车间、设备、系统、软件工具等万物相连，从而生成海量数据；再利用大数据分析，实现信息共享、数据建模、要素预测、决策分析等功能，帮助企业降本增效，提高生产力。

第二节　数字贸易拓展我国外贸动能的现实需要

面对瞬息万变的外部环境，我国与贸易伙伴国积极采取各种应对措施，适时提出促进外贸更快更好发展的战略、签订深化国际经济合作的倡议和框架。随着数字技术与经济活动的深度融合，全球数字贸易已成为改变国际贸易格局和重构全球价值链的关键。本节将探讨与我国外贸密切相关的贸易高质量发展战略、双循环发展格局、新质生产力、“一带一路”倡议和 RCEP 框架下数字贸易面临的挑战和对策，以期对我国外贸发展的现实环境和数字贸易发展机遇有更清晰的认识。

一、数字贸易与我国贸易高质量发展战略

（一）贸易高质量发展战略的提出背景

1. 数字技术改变全球贸易模式

传统的国际分工和贸易模式为：发达国家利用其资本和技术上的禀赋，生产并出口资本或技术密集型产品；发展中国家凭借其劳动和资源上的禀赋，生产并出口劳动或资源密集型产品。然而，科技的发展改变了依据比较优势进行分工和贸易的模式。自动化技术替代了大量重复性、流程化的劳动，数字技术尤其是人工智能逐步影响劳动力市场。因此，发达国家和发展中国家的贸易互补性有可能下降，在一定程度上，发展中国家因劳动禀赋形成的比较优势会受到较大冲击，进而出现贸易全球化向贸易区域化的转变。

2. 我国进入贸易高质量发展阶段

近年来，全球贸易格局发生了巨大变化，我国经济已从高速增长阶段转

向高质量增长阶段。对外贸易作为经济增长的三驾马车之一，也进入到稳中求质、高质量发展的关键时期。中共中央、国务院于 2019 年 11 月印发《关于推进贸易高质量发展的指导意见》（以下简称《意见》）。明确到 2022 年，我国贸易结构更加优化，贸易效益显著提升，贸易实力进一步增强。建立贸易高质量发展的指标、政策、统计、绩效评价体系，并提出推进我国贸易高质量发展的八项措施。随后，2021 年 11 月，商务部印发并实施《“十四五”对外贸易高质量发展规划》（以下简称《规划》），提出“十四五”时期发展外贸的五大基本原则：坚持创新驱动，加快发展方式转型；坚持绿色引领，加快绿色低碳转型；坚持数字赋能，加快数字化转型；坚持互利共赢，提升开放合作水平；坚持安全发展，提升风险防控能力。同时，展望了 2035 年外贸高质量发展前景，提出了“十四五”时期将努力实现贸易综合实力进一步增强、协调创新水平进一步提高、畅通循环能力进一步提升、贸易开放合作进一步深化、贸易安全体系进一步完善的“五个目标”。这是我国对新时期对外贸易国际环境的综合预判，是在结合近年来我国外贸发展取得的成就和面临的挑战提出的未来一段时期对外贸易高质量发展的科学规划。

（二）贸易高质量发展的内涵及要求

基于上述政策精神，我国贸易高质量发展的内涵及要求可归纳为以下四点：

1. 对外贸易比较优势的升级

贸易高质量发展的重点是强化科技创新、制度创新、模式创新，实现传统要素的升级，增加信息、网络、数据等新型优质要素的供给，通过创新驱动产业升级，夯实产业基础。第一，壮大传统优势制造产业，培育高端制造业的竞争优势，实现我国制造业比较优势的升级。第二，在继续发挥我国建筑、运输、旅游等传统服务贸易比较优势的同时，通过政策引导传统优势服务行业形成长期的动态比较优势。通过提升各类要素跨境流动的便利化水平，加快金融、保险等新兴服务业比较优势的突破发展。

2. 外贸结构的优化均衡

外贸商品结构向高级化发展，生产环节逐步从“微笑曲线”的低附加值加工装配环节向高附加值的两端研发设计、服务与品牌环节延伸，缩小与发达国家产品的质量差距，提升中高附加值产品的出口比重。产品技术含量逐步提高，出口类型由劳动密集型产品向技术、知识密集型产品转变；提升服务贸易竞争力，实现贸易均衡、市场多元化。第一，推动农业、制造业与服务业融合发展，促进中高端生产性服务业赋能传统产业发展，提高传统产业附加值。第二，发展知识型、技术型、科技型现代服务业，优化服务业结构，拓展更多国际市场。第三，抓住数字技术迭代机遇，充分释放服务贸易新业态发展潜力，扩大数字服务贸易交易额。

3. 对外贸易的可持续发展

第一，推动外贸从要素驱动向创新驱动发展。深化科技创新体制改革，激发各市场主体创新活力。推动互联网、大数据、人工智能、区块链与贸易的融合，培育贸易高质量发展的新动能。第二，坚定生态优先、绿色低碳的贸易发展道路。推动国内与国际绿色低碳贸易规则对接，鼓励引导外贸企业产品向全生命周期绿色环保转型，促进外贸产业链、供应链绿色发展。第三，稳步推进制度性开放。对标先进国家标准，逐步消除阻碍高水平开放的体制、机制障碍，降低国内外市场联通的制度壁垒，打造世界一流的营商环境。第四，合理跨境布局，增强外贸产业链的稳健性。积极整合、利用国外市场资源要素和市场，引导企业有序跨境布局，提高国际合作稳固化、多元化、弹性化，增强产业链的稳健性。

4. 国际话语权的提升

坚定奉行互利共赢的开放战略，准确把握国际规则发展趋势，主动增强与国际规则接轨的力度，实施更大范围、更宽领域、更深层次的对外开放。在新一轮的国际经贸规则重塑中，从规则的跟随者和接受者向参与者和制定者转变。在国际各重大议题中提出中国方案、中国主张，提高我国在全球经济体系中的话语权，为建设开放型世界经济做出积极贡献。

（三）贸易高质量发展的评价体系

基于上述贸易高质量发展的内涵及要求，探索贸易高质量发展的评价指标体系（见表5-3）。构建比较优势升级、外贸结构优化、贸易可持续性、国际话语权提升四个一级指标；根据贸易标的、行业分类，综合考虑动能转换、结构优化、绿色低碳、制度保障、产业链稳健、国际规则参与度（制造业和服务业国际影响力）等方面构建二级指标；结合现有统计数据和数据获取来源，细化制定三级指标。

表 5-3 贸易高质量发展评价指标体系

一级指标	二级指标	三级指标
比较优势升级	制造业比较优势升级	制造业研发经费投入比重；制造业研发人员数量；制造业专利申请数量；高端制造业（智能化制造、服务型与互联网+制造）数量或产量占比；制造业全要素生产率；跨境电商交易额占比
	服务业比较优势升级	服务贸易占比；服务业全要素生产率；各服务行业全要素生产率
外贸结构优化	外贸商品的结构优化	高技术、高附加值与高质量出口产品占比；高技术产品进出口占比；一般贸易与加工贸易占比；单位商品出口国内增加值率
	服务贸易的结构优化	新兴服务业占比；数字服务贸易占比；单位服务出口国内增加值率
贸易可持续性	创新效应	研发投入占 GDP 比重；研发人员占比；研发机构增加数；专利申请数量
	绿色低碳效应	碳排放水平；进出口碳排放水平；绿色环保企业数量
	制度保障效应	贸易便利性指数；营商环境排名；知识产权保护程度
	产业链稳健效应	贸易伙伴地理分布变化及市场集中度；全球价值链参与度与地位指数；中间产品出口比重
国际话语权提升	制造业国际市场影响力	签订货物贸易相关协定数
	服务贸易国际市场影响力	签订服务贸易相关协定数

（四）数字贸易对贸易高质量发展的影响

1. 数字贸易通过产业结构优化促进贸易高质量发展

广义的数字贸易涵盖数字化贸易和贸易数字化。数字化贸易是指数字技术的应用与发展，推动了数据要素的投入和流动，使得贸易的范围和场景不断拓展。软件和信息服务产品、数字产品、数据服务等类型的服务贸易产业规模逐步扩大，在服务贸易结构中，附加值高的数据信息密集型产业比重增加，从而促使服务贸易产业结构得以优化。贸易数字化主要体现为企业数字化和产业链数字化。企业数字化是指，通过整合企业内外部资源，围绕数据、业务流程、组织机构的互动创新，持续提升企业的核心竞争力。同时，数字技术的引入会倒逼企业通过开发新能力、促进能力组合和增强变革能力使管理能力升级（Pihlajamaa et al.，2021）。产业链数字化是指企业数字化升级，尤其是产业链龙头企业的生产模式发生变革，会倒逼产业链上下游全要素数字化升级，使数字技术与产业链各环节、各行业深度融合，进而促进产业链一体化协调发展。数字化贸易和贸易数字化相互协调，推进企业向全球产业链中高端发展，逐渐成为价值链的领跑者。这使得产品附加值增加，国际竞争力提高，进而改善贸易结构，推动贸易实现高质量发展。

2. 数字贸易通过物流升级机制促进贸易高质量发展

一方面，数字技术助力传统物流向现代智慧物流转型，逐步建设数字化端到端的一体化供应链物流系统，为数字贸易产品周转提供强大推动力。例如：跨境电商海外仓利用数字物流技术，能实现全球集中进口商品原产地全覆盖。仓储中心运用机器人、智能货架等尖端智能设备，搭建智慧物流解决方案，通过软、硬件的全方位升级，借助系统性的智能设备和订单集中化、规模化处理，实现商品在仓储处理环节的智能化、协同化。另一方面，数字技术赋能新型数据流动平台不断变革升级，建设高效畅通的“线上物流通道”，助力数字贸易的数据标的高效流动。物流体系的升级有利于产品的高效流通、降低企业成本、促进各产业间的协调发展和实现产业升级，助力贸易高质量发展。

3. 数字贸易对贸易高质量发展的影响中国实证

关于数字贸易对贸易高质量发展的影响，杨慧瀛和杨宏举（2023）基于2010~2020年中国省际数据，实证考察了数字贸易对贸易高质量发展的影响及相关作用机制。回归分析结果显示：数字贸易对代表贸易高质量发展的贸易全要素生产率具有显著促进效应。其中，中介效应显示：一方面，数字贸易发展能显著促进产业结构升级，而产业结构升级能推动贸易全要素生产率增长；另一方面，数字贸易发展能显著促进物流升级，而物流升级也能推动贸易全要素生产率增长。此外，调节效应检验表明，数字贸易促进中国贸易高质量发展受到市场开放度的影响。只有当数字贸易有一定发展且具有一定竞争优势时，引进外资才能形成“竞争合作”效应，从而促进贸易高质量发展。

二、数字贸易与双循环发展格局

（一）双循环发展格局的形成

我国双循环发展格局历经三个阶段：一是新中国成立初期形成的国内循环格局。当时，我国在国内布局了门类齐全的工业体系，形成了计划经济体制下的国内循环格局。但计划经济模式也导致各个地方“小而全”的经济循环模式，难以形成全国统一市场，国内经济循环在低水平状态下运行。二是改革开放时期外向型经济发展格局形成阶段。我国从计划经济向市场经济转型，逐步融入国际经济体系，对外依存度不断提高。2006 年，我国成为全球最大的货物贸易出口国，形成了市场和资源“两头在外”的国际大循环格局。三是外向型经济发展格局调整阶段。2008 年，由美国次贷危机引发的全球金融危机对我国的出口贸易造成巨大冲击，再加上我国人口劳动力结构发生变化，传统的人口红利正在逐渐消失，需要调整以国际大循环为主的外向型经济格局，推动制定立足国内、扩大国内需求的内循环经济格局。

随着全球政治经济格局的不断变化，当前我国面临着更加复杂多变的外部环境，需要进一步优化经济发展格局，双循环新发展格局就此提出。2020 年 5 月 14 日，中共中央政治局常委会会议首次提出，构建国内国际双循环相互促进的新发展格局。随后，党中央又提出，打通生产、分配、流通、消费各个环节，逐步形成以国内大循环为主体、国内国际双循环相互促进的新发展格局，培育新形势下我国参与国际合作和竞争新优势。2022 年 10 月，习近平总书记在党的二十大报告中明确提出，要加快构建以国内大循环为主体、国内国际双循环相互促进的新发展格局。习近平总书记还特别强调：构建新发展格局，绝不是封闭的国内单循环，而是开放的、相互促进的国内国际双循环；是以全国统一大市场基础上的国内大循环为主体，不是各地都搞自我小循环。

（二）双循环的内在逻辑

双循环的内在逻辑主要体现在国内循环和国际循环的有机统一和相互促进上。

1. 国内循环和国际循环紧密结合

国内循环是经济发展的基础，涵盖了生产、分配、流通、消费等各个环节。它通过扩大内需、优化供给结构、提高创新能力等手段，能激发市场活力和社会创造力，形成强大的国内市场，提高经济竞争力和可持续发展能力。而国际循环则是通过深化对外开放、加强国际贸易和投资合作，来扩大市场规模和增加机会，实现国内市场和国际市场的有效联动，促进资源要素的有序流动和优化配置。

2. 国内循环和国际循环相互促进

一方面，国内循环的畅通和高效可以为国际循环提供更好的条件和支撑。

国内循环能够形成强大而稳定的内需市场。国内市场的扩大和需求的增长，为国际循环带来更多的商业机会和发展空间，吸引更多的外资和国际合作伙伴。国内循环通过深化供给侧结构性改革，优化资源配置，提升产业链、供应链的韧性和安全性，增强国际竞争力。另一方面，国际循环的拓展和深化也可以为国内循环注入新的动力和活力。通过引进国外先进技术和管理经验，可以推动国内产业升级和创新发展。国际市场的竞争与合作，有助于激发企业的创新活力，提升国内市场的竞争力和活力。国际循环还促进了资源的全球配置和优化利用，为国内循环提供更多的选择和可能性。

（三）数字贸易助推双循环新发展格局的主要路径

1. 数字贸易与国内循环

首先，数字贸易促进了国内市场的扩大和需求的增长。通过线上购物平台、云计算服务、大数据分析等数字化交易方式，数字贸易为国内消费者提供了更多样化、个性化的产品和服务选择，激发了消费潜力，拉动了内需增长。这有助于形成强大而稳定的内需市场，为国内循环提供坚实的基础。其次，数字贸易推动了国内产业的升级和创新。数字贸易的发展不仅促进了传统产业向数字化和智能化转型，还带动了国内相关产业的增长，如云计算、大数据、人工智能等新一代信息技术产业。最后，数字贸易提高了产业效率。数字贸易不仅促进国内企业通过数字技术开发出更具竞争力的产品和服务，满足消费者的多样化需求，还能通过数字平台，实现快速的订单处理、物流配送和售后服务，提高了整个产业链的运作效率。此外，国内企业可以借助数字贸易平台，参与全球市场竞争，提升产品质量和竞争力，推动国内产业链和供应链的优化升级。

2. 数字贸易与国际循环

首先，数字贸易丰富了参与主体，增强了国际循环的活力和稳定性。数字贸易通过数字化平台开展跨境商品和服务交易，打破了地理限制，允许用户在任何有网络接入的地方进行交易。这种无界限的特性让更多企业能够更便捷地进入国际市场，也让更多的中小企业能够参与国际贸易，与大企业同台竞争。这种多元化的市场主体结构有助于增强国际循环的活力和稳定性。其次，数字贸易降低了交易成本，促进国际循环更加高效和顺畅。数字技术的应用使数字贸易减少了中间环节，简化了交易流程，降低了贸易成本，提高了交易速度和效率，进而让国际循环更加高效、顺畅。最后，数字贸易深刻地改变了全球的供应链和价值链。数字贸易通过数字技术，推动数字服务融入并改变全球价值链。数字服务在价值链中的收益和比重不断增加，使得知识密集型的产业将会获得更多收益。这种变革有助于提升国际循环的质量和效益，推动全球经济的可持续发展。

（四）数字贸易助推双循环新发展格局的对策

1. 通过推动数字贸易全产业链建设夯实双循环发展基础

通过构建数字贸易全产业链，可以推动国内循环和国际循环的畅通，提升我国在全球数字贸易中的竞争力，进而推动经济的持续健康发展。数字贸易全产业链通过数字确权、加工、存储、交易、监管等环节构建的完整产业链，涵盖跨境电商和数字化服务等领域。第一，需要发展关键核心技术，如区块链技术，对数字资产的所有权和使用权进行确认，确保数字资产的安全性和可追溯性。同时，对数字资产进行加工，包括数据清洗、整理、分析等环节，为后续的存储、交易和监管提供高质量的数据支持。第二，建立高效、稳定的数字存储系统，确保数字资产的安全存储和快速访问。在此基础上，搭建公正、公平的数字交易平台，实现数字资产的流通和交易，保障交易双方的权益。第三，建立全面的数字贸易监管体系，包括法律法规、技术标准、风险评估等方面，为数字贸易的健康发展提供有力保障。第四，完善数字贸易多元化产业链条。加快服务外包与制造业融合发展，推动数字技术贸易，培育数字内容服务的新增长点，积极探索发展数据贸易，促进传统服务贸易数字化转型。这有助于我国形成完整的数字贸易产业链条，提高数字贸易的附加值和竞争力。第五，培育数字贸易市场主体。强化数字贸易头部企业的引进与培育，孵化数字贸易的创新创业企业，形成一批具有全球竞争力的数字贸易企业集群。这些企业将成为数字贸易全产业链的重要支撑力量。

2. 通过加强数字基础设施建设促进国内循环

数字基础设施是支撑数字贸易发展的基石。数字技术的发展和应用是推动数字贸易不断创新的关键动力，而数字基础设施正是支撑这些技术创新的基础。在促进国内循环方面，应着重加强数字基础设施建设，为数字贸易营造更加坚实的基础，提供长久的动力。首先是推进5G、物联网等新一代信息通信技术的普及与应用。5G网络具有高速率、低时延、大连接的特点，能够推动各类智能终端的普及和连接，为各类业务的应用提供强大支撑。通过5G

网络的建设和应用，可以促进各类行业的信息共享和业务协同，提升生产效率和服务质量。同时，物联网技术的应用可以实现万物互联，推动各类设备和系统的智能化，进一步提升生产效率和资源利用效率。其次是加快云计算、大数据中心等算力基础设施建设。云计算和大数据中心能够为各类应用提供强大的计算能力和数据存储能力，推动各类数据的共享和流通，提升决策效率和创新能力。通过云计算和大数据中心的建设，可以促进各行业的数据融合和应用，推动产业升级和创新发展。最后是完善数字安全体系建设。在加强数字基础设施建设的同时，必须重视数字安全问题。应建立完善的数字安全体系，包括网络安全、数据安全、个人信息保护等方面，确保数字基础设施的安全稳定运行，为内循环提供有力保障。

3. 通过深化数字贸易区域合作促进国际循环

数字贸易在推动全球经济发展和国际循环方面起到了关键作用，但也面临数字贸易壁垒、数字技术区域发展不平衡等问题。因此，应通过深化数字贸易区域合作，推动国内国际市场双向联动。一方面，加快实施《区域全面经济伙伴关系协定》，加强我国与东亚地区的数字贸易基础设施、数字贸易人才培养的合作，深度参与东亚地区的生产网络、供应链，提高东亚地区贸易便利化水平，推动建立数字贸易和东亚区域经贸合作增长联动机制。另一方面，依托“一带一路”倡议，深化与沿线国家和地区的经贸合作，构建“一带一路”数字贸易区域价值链。推动跨境电子商务向产业链上下游延伸，提升贸易数字化水平。在“一带一路”区域内积极探索数据贸易模式，推进共建“一带一路”数字贸易领域制度型开放。

三、数字贸易与培育新质生产力

2023 年 9 月，习近平总书记在黑龙江考察调研期间首次提到“新质生产力”。2024 年 1 月 31 日，习近平在主持中共中央政治局第十一次集体学习时强调，加快发展新质生产力，扎实推进高质量发展。总书记指出，高质量发展需要新的生产力理论来指导，而新质生产力已经在实践中形成并展示出对高质量发展的强劲推动力、支撑力，需要我们从理论上进行总结、概括，用以指导新的发展实践。

（一）新质生产力的内涵

新质生产力是一个内涵丰富、意蕴深厚的经济范畴，代表着一种生产力的跃迁，是科技创新在其中发挥主导作用的生产力（周文、许凌云，2023）。从经济学和哲学的角度来看，它指的是在社会生产过程中出现的具有变革性和创新性的生产力要素或形态，是推动经济社会发展的重要动力。它是马克思主义生产力理论的创新和发展，是科学技术进步与生产方式、经济结构、社会制度创新相结合的具体体现。

发展新质生产力的核心要素是科技创新。科技创新能够催生新产业、新模式、新动能，因此需要通过加强科技创新，特别是原创性、颠覆性科技创新培育新质生产力的新动能。从我国当前面临的形势看，西方国家的技术封锁要求我们不断突破关键性颠覆性技术，培育新质生产力，引领发展战略性新兴产业和未来产业，构建我国现代化产业体系和实现高质量发展。

（二）新质生产力呈现的时代特征

每一个时代都具有该时代特有的新技术、新要素、新产业，因此，生产力具有时代特征。当前，作为创新起主导作用的新质生产力，具有鲜明的时代特征。

1. 新质生产力以数字化、网络化、智能化的新技术为支撑

在全球信息技术革命和产业变革持续深化的背景下，新一代信息、生物、能源、材料等领域的颠覆性技术不断涌现，呈现出深度交叉融合、高度复杂和多点突破的发展态势。这些新技术催生了新产业、新业态和新模式，成为推动经济增长的重要引擎。同时，支撑社会发展的基础设施也在新技术的作用下进一步扩充与延伸，形成数字化、网络化、智能化的新型基础设施，成为支撑经济发展的新动能的关键。

2. 新质生产力以数据为关键生产要素

在数字经济时代，数据已成为重要的战略资源，具有低边际成本、高渗透性和融合性等特点。通过深度挖掘和应用数据，可以推动生产工具和设备、生产方式、资源配置方式的优化升级，进而推动物质生产力的创新。这种以数据驱动的生产方式变革，不仅提高了生产效率和质量，也为企业创造了更多的商业机会和价值。

3. 新质生产力以科技创新为核心驱动力

创新驱动是新质生产力的核心特征，通过不断的技术突破和模式创新，推动生产力的跨越式发展。并且，新质生产力并非由一般的科技创新驱动，而是由具有颠覆性、原创性，且对经济社会发展影响深远的科技创新所推动。

在这里，基础研究是科技创新的源头。实践证明，基础研究的突破能够带来生产力的深刻变革和社会的巨大进步。因此，只有夯实基础研究根基，才能有更多机会发现全新的科学原理和技术路径，推动科技创新和产业发展，进而推动新质生产力的发展。

4. 新质生产力以绿色发展为主要标志

经济发展和环境保护是世界性难题，粗放式的经济发展造成环境污染、生态恶化、全球气候变暖等问题，影响人类的可持续生存和发展。新质生产力具有保护生态环境、促进人与自然和谐共生的内生特点。新质生产力改变了传统的经济增长方式和生产力发展路径，以创新为驱动力，通过低碳技术构建资源消耗低、环境污染少、气候友好的发展体系，促进经济高质量发展与环境高水平保护协同发展，实现环境保护与经济高质量发展的双赢。正如习近平总书记指出的，绿色发展是高质量发展的底色，新质生产力本身就是绿色生产力。

（三）数字贸易是新质生产力的具体表现

1. 数字贸易体现新质生产力以数据为关键要素

新质生产力以数据为关键生产要素，而数据又是数字贸易发展的逻辑起点。在实际应用中，数字贸易中的数据通常具有边际成本低、可复制性和共享性特征，生产者可以反复使用、加工和整合数据，挖掘新的价值。数字贸易还利用数据对传统生产要素进行数字化及智能化改造，加速不同要素在不同行业和地域之间合理配置，促进数字产业化和产业数字化的深度融合，提升产业链和供应链的稳定性。同时，在数字贸易中，各种商品和服务的交易都依赖于数据的流动和交换。无论是商品信息的展示、交易条件的协商，还是支付结算的完成，都离不开数据的支持。数据使数字贸易能够实现高效、便捷的交易过程，提升了交易的效率和用户体验。

2. 数字贸易体现支撑新质生产力的新技术的应用

数字贸易的网络化、数字化和智能化技术应用，为其提供了强大的技术支持和动力，体现了支撑新质生产力的新技术的应用。首先，数字贸易通过网络化的数字化平台，如跨境电子商务平台、电子支付系统、数字物流平台等，实现了全球范围内的商品和服务交易。这些平台提供了在线展示、交易磋商、支付结算、物流配送等一站式服务，大大降低了交易成本，提高了交易效率。通过云计算技术，数字贸易企业可以实现数据的集中存储、处理和分析，提高数据处理能力和响应速度。云存储则提供了安全可靠的数据备份和恢复方案，确保数字贸易过程中的数据安全性和稳定性。物联网技术使数字贸易中的商品、设备和信息可以实现实时互联和互通，提高了供应链的透明度和协同效率。其次，区块链技术是数字贸易数字化技术应用的代表。通过区块链技术，数字贸易企业可以实现数据的安全共享和验证，确保交易的真实性和可追溯性。同时，区块链技术还可以降低交易风险，提高信任度，促进数字贸易的健康发展。最后，人工智能和机器学习技术在数字贸易中发挥着越来越重要的作用。通过自然语言处理、图像识别等技术，人工智能可以帮助企业实现智能客服、智能推荐等应用，提高服务质量和效率。机器学习则可以帮助企业不断优化模型和算法，提高预测和决策的准确性。

3. 数字贸易体现新质生产力绿色发展的要求

数字贸易为绿色发展提供了强大的技术支持和创新动力。通过数字化技术的应用，依托数字化平台，商品和服务的交易可以更加精准地匹配需求与供应，从而减少过量生产和库存，降低资源浪费。同时，数字化技术使得企业可以更加精准地管理资源和能源，降低生产过程中的能耗和排放。例如，在制造业中，数字化生产线可以实现对原材料的精准使用和能源的高效利用，减少浪费和污染。数字贸易还促进了绿色技术的研发和应用。在数字贸易的背景下，企业可以更加便捷地获取全球范围内的绿色技术创新成果，并通过技术合作和转让，推动绿色技术的广泛应用。这些绿色技术包括但不限于可再生能源利用、节能减排技术、废弃物处理等，它们在推动绿色发展中发挥着关键作用。

四、数字贸易与“一带一路”倡议

（一）“一带一路”倡议的提出、影响和展望

1. “一带一路”倡议的提出

2013 年 9 月和 10 月，习近平总书记在出访中亚和东南亚国家期间，先后提出共建“丝绸之路经济带”和“21 世纪海上丝绸之路”的重大战略倡议（共建“一带一路”倡议）。该倡议旨在借用古代丝绸之路的历史符号，高举和平发展的旗帜，积极发展与合作伙伴的经济合作关系，共同打造政治互信、经济融合、文化包容的利益共同体、命运共同体和责任共同体。共建“一带一路”的内容主要包括政策沟通、设施联通、贸易畅通、资金融通和

民心相通五个方面，涉及多个领域，如交通、能源、通信、农业、工业、科技、教育、卫生、旅游、文化等。截至2023年，全球有超过3/4的国家和重要国际组织加入共建“一带一路”。

2.“一带一路”倡议的影响

第一，基础设施建设和互联互通。2013~2022年，我国在共建“一带一路”沿线国家和地区开展承包工程，年均完成营业额约1300亿美元，有效改善了东道国的基础设施条件，大幅提升了互联互通水平。例如，蒙内铁路、匈塞铁路、中老铁路、雅万高铁、比雷埃夫斯港等标志性项目。中欧班列开辟了亚欧陆路运输新通道，截至2023年9月底，中欧班列已经通达欧洲25个国家的217个城市，累计开行超过7.8万列，运送货物超过740万标准箱，运送货物占中欧贸易总额比重从2016年的1.5%提高到2022年的8%。“丝路海运”国际航线网络遍及全球，“六廊六路多国多港”的互联互通架构基本形成。①

第二，贸易投资和产业合作。2013~2022年，我国与共建“一带一路”沿线国家和地区的货物贸易累计规模达到19.1万亿美元，年均增长6.4%，增速既高于同期我国外贸整体增速，也高于同期全球贸易增速。我国是110多个共建国家和地区的主要贸易伙伴，贸易自由化便利化水平不断提升。2013~2022年，我国与共建“一带一路”沿线国家和地区的累计双向投资超过3800亿美元，对共建国家和地区的直接投资超过2400亿美元，涵盖经济社会发展多个领域。其中，我国与共建国家和地区合作建设了一系列经贸合作区。截至2022年底，累计投资已超600亿美元，如中白工业园、中埃苏伊士经贸合作区、中泰铁路等。与此同时，共建“一带一路”沿线国家和地区也积极投资我国，十年来累计对华投资超过1400亿美元，在华新设企业接近6.7万家。②

第三，文化交流和人文合作。我国与共建“一带一路”沿线国家和地区在教育、文化、体育、旅游、考古等领域的合作不断深化。截至2023年10月，我国已与45个共建国家和地区签署高等教育学历学位互认协议，与144个共建国家和地区签署文化和旅游领域合作文件，设立了“丝绸之路”政府奖学金，打造了“鲁班工坊”“光明行”“幸福草”等一批“小而美”的合作品牌。我国同共建“一带一路”沿线国家和地区开展了一系列文化活动，如丝绸之路国

①② 资料来源：《中国对外投资合作发展报告》。

际电影节、丝绸之路文化遗产保护论坛、丝绸之路国际博物馆联盟等。据统计，2013~2022 年，中国与共建“一带一路”沿线国家和地区间的留学生总数超过 200 万人。其中，中国赴共建“一带一路”沿线国家和地区留学生，以及共建“一带一路”沿线国家和地区赴中国留学生均超过 100 万人。

3. “一带一路”倡议的展望

“一带一路”倡议是我国实行新一轮对外开放的宏大战略，对于开创我国全方位开放新格局，促进各国经济繁荣和区域经济合作、推动世界和平发展、互利共赢具有划时代的重大意义。为推动共建“一带一路”向更高质量、更高水平发展，2023 年 10 月 18 日，在第三届“一带一路”国际合作高峰论坛开幕式上，习近平主席宣布中国支持高质量共建“一带一路”的八项行动。包括构建“一带一路”立体互联互通网络、支持建设开放型世界经济、开展务实合作、促进绿色发展、推动科技创新、支持民间交往、建设廉洁之路、完善“一带一路”国际合作机制。这八项行动是推动共建“一带一路”进入高质量发展新阶段的主要指引。未来十年，“一带一路”倡议发展的重点领域和方向之一是政策沟通。维护以联合国为核心的国际体系和以国际法为基础的国际秩序，积极参与全球治理体系改革和建设，推动世界贸易组织等多边机制更好地发挥作用。进一步深化与联合国教科文组织合作，继续打造以“一带一路”国际合作高峰论坛为引领，以双边、三方和多边合作机制为支撑的复合型国际合作架构。方向之二是设施联通。推动陆上、海上、天上、网上丝绸之路建设，全面提升共建国家间的基础设施互联互通水平。方向之三是贸易畅通。推进产业创新对贸易的支撑作用，加强数字领域合作，拓展全球贸易合作，加强双向投资合作，提高贸易投资自由化便利化水平。方向之四是资金融通。积极拓宽多样化融资渠道，丰富创新投融资工具，持续完善金融合作机制。方向之五是民心相通。持续与共建国家和有关国际组织在深化教育、文化、旅游、体育等领域开展合作。方向之六是新领域合作。稳妥开展绿色、数字、创新、健康等新领域的合作，培育合作新增长点。

（二）发展“一带一路”数字贸易的机遇

1. 中国数字贸易产业优势与共建“一带一路”沿线国家和地区的经济发展需求相契合

近年来共建“一带一路”沿线国家和地区的数字基础设施建设取得飞速进

展。其中，新加坡和中国处于全球领先地位，东亚、东南亚、西亚等地区多个国家的数字基础设施指数在全球的排名大幅提升。然而，共建“一带一路”沿线国家和地区的数字基础设施整体水平仍然较为落后，网络环境较差，因此亟须技术和资金的支持以加强建设。共建“一带一路”沿线国家和地区消费者和当地企业对电子支付和普惠金融的需求较高。因此，中国在数字基础设施和技术支持、融资保险服务、数字支付服务等领域的产业优势，与共建“一带一路”沿线国家和地区的经济发展需求相契合。首先，中国的高科技产业实力较强，特别是在5G、人工智能、大数据、云计算等数字经济领域有重大突破。中国是全球最大的5G网络建设和智能手机市场，拥有庞大的数字基础设施，具备强大的技术支持能力。这不仅为本国数字经济的发展提供了有力的支撑和保障，也积累了丰富的数字基础设施建设和技术支持的经验和先发优势，能够推进共建“一带一路”沿线国家和地区完善数字基础设施，共同发展数字经济。其次，中国为共建“一带一路”沿线国家和地区提供了多种形式的融资支持和保险保障。主要支持有利于共建“一带一路”沿线国家和地区产生“造血”功能的项目，如交通、电力、工业等领域，其中重点包括发展信息通信技术的项目。截至2022年末，中国银行业和保险业提供共建“一带一路”沿线国家和地区贷款约5.4万亿元，承保570亿境外资产。① 最后，在数字支付方面，中国数字支付服务企业在助力中国企业拓展“一带一路”市场的同时，也以强大的本土化服务能力不断推动共建“一带一路”沿线国家和地区的企业走向全球市场。中国数字支付服务的“本地化”特征尤为明显。以移动支付为例，支付宝采用“本地伙伴+技术赋能”的出海模式，一国一策，因地制宜地在“一带一路”沿线的东南亚国家研发出9个满足当地需求和特色的“支付宝”，让当地民众切实感受到了“一带一路”带来的便捷和高效。

2. 中国与共建“一带一路”沿线国家和地区数字经济发展战略相契合

近年来，共建“一带一路”沿线国家和地区数字化转型步伐加快。《全球数字经济发展指数报告（TIMG 2023）》显示，自2017年起，共建“一带一路”沿线国家和地区的TIMG指数（数字经济发展指数）均值及中位数增长加速，其数字经济发展涨幅高于其他国家和地区，数字“丝绸之路”已成

① 资料来源：《中国对外投资合作发展报告》。

为共建“一带一路”的重要内容（见表 5-4）。共建“一带一路”沿线国家和地区数字经济发展程度差异化较大，排名第一的新加坡，其 TIMG 指数值为 87.55，而也门的 TIMG 指数值仅为 12.21（见表 5-5）。为缩小经济差距，跨越数字鸿沟，共建“一带一路”沿线国家和地区尤其是发展中国家，希望通过发展数字经济实现跨越式发展。例如：越南政府出台了实施第四次工业革命和发展数字经济、数字社会的战略。其中，《至 2025 年数字经济和数字社会国家发展战略暨 2030 年展望》明确指出，到 2025 年，数字经济占越南 GDP 的 20%；到 2030 年，这一占比达 30%。发展数字经济和数字社会，被列为国家发展战略高度优先事项。俄罗斯政府将发展数字经济上升到国家战略高度，并于 2017 年 7 月发布了《俄罗斯联邦数字经济规划》。2020 年，俄罗斯政府数字发展委员会主席团批准了俄罗斯经济数字化转型战略。该战略涵盖能源、金融、工业、教育、科技等 13 个领域，并强调每个领域的数字化转型都将应用人工智能和国产替代技术。近年来，中东地区多国不断推出相关政策举措，鼓励和扶持数字经济发展。2022 年，阿联酋通过数字经济战略，计划在未来 10 年将数字经济对 GDP 的贡献率提高一倍。沙特在“2030 愿景”中提出“国家转型计划”，支持数字创业、投资数字技术、开展数字教育和培训。埃及也推出“2030 愿景”、“体面生活”倡议和“数字埃及”战略等，努力发展数字经济。

表 5-4　2021 年共建“一带一路”沿线国家和地区 TIMG 指数

区域	国家	TIMG 指数（平均值）	增长率（%）
东亚	中国	81.42	28.36
东南亚	新加坡、马来西亚、印度尼西亚、泰国、菲律宾、越南、老挝	62.57	29.73
中东欧	俄罗斯、爱沙尼亚、波兰、捷克、立陶宛、塞浦路斯、希腊、匈牙利、斯洛文尼亚、拉脱维亚、罗马尼亚、斯洛伐克、塞尔维亚、乌克兰、保加利亚、阿塞拜疆、克罗地亚、格鲁吉亚、摩尔多瓦、亚美尼亚、阿尔及利亚	58.41	31.14
西亚、北非	阿联酋、以色列、沙特阿拉伯、土耳其、巴林、埃及、科威特、伊朗、黎巴嫩、也门	56.40	30.86
南亚	印度、巴基斯坦、斯里兰卡、孟加拉国	53.14	39.37

续表

区域	国家	TIMG 指数（平均值）	增长率（%）
中亚	哈萨克斯坦、吉尔吉斯斯坦	47.19	61.11

资料来源：张明，陈胤默，王喆．“一带一路”沿线经济数字化发展——基于 TIMG 指数的分析 [EB/OL]．[2023-11-08]．https：//view.inews.qq.com/k/20231108A09XQ800？no-redirect=1&web_channel=wap&openApp=false.

表 5-5　2021 年共建“一带一路”沿线国家和地区 TIMG 指数

排名	国家	TIMG 指数	排名	国家	TIMG 指数
1	新加坡	87.55	24	越南	59.39
2	中国	81.42	25	斯洛伐克	58.79
3	阿联酋	76.18	26	塞尔维亚	58.46
4	以色列	75.91	27	哈萨克斯坦	58.42
5	马来西亚	74.03	28	乌克兰	58.33
6	印度	72.17	29	保加利亚	58.24
7	俄罗斯	71.43	30	阿塞拜疆	55.42
8	沙特阿拉伯	70.46	31	克罗地亚	54.95
9	土耳其	70.13	32	埃及	54.93
10	爱沙尼亚	68.88	33	科威特	53.57
11	波兰	67.86	34	伊朗	52.43
12	印度尼西亚	66.41	35	格鲁吉亚	50.54
13	捷克	65.83	36	巴基斯坦	48.63
14	立陶宛	65.24	37	摩尔多瓦	47.00
15	泰国	63.77	38	亚美尼亚	46.73
16	塞浦路斯	62.64	39	斯里兰卡	46.46
17	希腊	61.55	40	阿尔巴尼亚	45.71
18	匈牙利	61.18	41	孟加拉国	45.30
19	斯洛文尼亚	60.98	42	黑山	44.27
20	拉脱维亚	60.47	43	黎巴嫩	38.62
21	罗马尼亚	60.43	44	吉尔吉斯斯坦	35.95
22	菲律宾	60.15	45	老挝	26.70
23	巴林	59.55	46	也门	12.21

资料来源：张明，陈胤默，王喆．“一带一路”沿线经济数字化发展——基于 TIMG 指数的分析 [EB/OL]．[2023-11-08]．https：//view.inews.qq.com/k/20231108A09XQ800？no-redirect=1&web_channel=wap&openApp=false.

发展数字贸易是我国重组要素资源、优化外贸结构、全面塑造发展新优势的重要力量，对于推动构建更高水平开放型经济新体制、加快建设贸易强国具有重大意义，契合我国数字经济战略的顶层设计。2017 年，中国与多个共建“一带一路”沿线国家和地区共同发起《“一带一路”数字经济国际合作倡议》。2016 年以来，中国已与多个国家签署电子商务合作备忘录，并建立双边电子商务合作机制。截至 2024 年 1 月 19 日，我国的“丝路电商”伙伴国增加到 30 个。我国与共建“一带一路”沿线国家和地区共同拓展经贸合作新空间，探索构建数字经济国际规则体系，推动构建新发展格局。

（三）我国与共建“一带一路”沿线国家和地区数字贸易现状

1. 共建“一带一路”沿线国家和地区数字贸易竞争力水平呈现差异化特征

一个国家或地区的数字贸易竞争力由多个因素决定，大多学者从数字设施、数字产业、数字创新和数字治理等方面予以考量。共建“一带一路”沿线国家和地区数字贸易竞争力呈现差异化特征，区域差别较大。总体而言，欧洲国家的数字贸易竞争力水平高于亚洲国家。如表 5-6 所示，在 27 个共建“一带一路”沿线国家和地区中，荷兰、新加坡、英国的数字贸易竞争力指数高于其他国家，均在 3 以上，而埃及、巴基斯坦、柬埔寨的数字贸易竞争力指数不到 1，排在最末。其余欧洲国家大多排名靠前，亚洲除马来西亚、印度尼西亚排名较前外，其余国家均排名较后。可见，共建“一带一路”沿线国家和地区数字贸易竞争力水平与整体经济发展水平紧密相关。经济发展水平越高，发展数字贸易的条件越充分，数字贸易竞争力水平越高。

表 5-6　2019 年共建“一带一路”沿线主要国家和地区数字贸易竞争力指数排名

排名	国家	指数值	排名	国家	指数值
1	荷兰	3. 245614	9	沙特	2. 01082
2	新加坡	3. 206594	10	印度尼西亚	1. 648962
3	英国	3. 025986	11	土耳其	1. 50561
4	阿联酋	2. 871452	12	哈萨克斯坦	1. 487945
5	德国	2. 770759	13	印度	1. 474381
6	马来西亚	2. 593871	14	意大利	1. 469384
7	法国	2. 484543	15	阿曼	1. 467457
8	捷克	2. 058722	16	俄罗斯	1. 461652

续表

排名	国家	指数值	排名	国家	指数值
17	匈牙利	1.434027	23	越南	1.227615
18	泰国	1.427358	24	蒙古	1.176514
19	菲律宾	1.426068	25	埃及	0.895116
20	波兰	1.412723	26	巴基斯坦	0.770635
21	科威特	1.255214	27	柬埔寨	0.722946
22	乌克兰	1.252447			

资料来源：李轩，李珮萍．“一带一路”主要国家数字贸易水平的测度及其对中国外贸成本的影响［J］．工业技术经济，2021（3）：92-101.

2. 我国与共建“一带一路”沿线国家和地区数字贸易规模不断扩大

总体来说，我国与共建“一带一路”沿线国家和地区的数字贸易额是连年递增的，从2010年的160.06亿美元增加至2020年的1417.05亿美元，增长约达785.3%（吴婷婷等，2023）。我国对共建“一带一路”沿线国家和地区的数字贸易中，新加坡的进出口额居于首位。这是因为新加坡是世界上较早重视数字贸易发展的国家，是亚太地区数据中心的枢纽，拥有丰富的数字人才资源、良好的数字监管模式和强大的数字技术竞争力，构成了推动中新数字贸易的巨大动力。排名第二的是马来西亚。作为数字丝绸之路的第一站，中国、马来西亚数字经济领域的合作推动了双方数字贸易快速增长。近年来，华为、中兴等通信企业积极与马来西亚企业合作，为当地提供稳定高速的网络连接，并协助构建本土化5G网络。2017年起，阿里巴巴与马来西亚数字经济发展局合作，共建马来西亚数字自由贸易区项目。至今，该项目已开展包括一站式国际贸易服务、超级物流枢纽、云计算大数据中心、普惠金融服务和数字人才培养等一系列合作，帮助数千家当地中小企业产品出口。排在第三位的是俄罗斯。随着中俄跨境物流、支付不断完善，中俄跨境电商贸易额快速增长，上升趋势明显。随着其他共建“一带一路”沿线国家和地区加快数字基础设施建设、提高互联网普及率、促进数字基础设施互联互通，中国与其他“一带一路”沿线国家间的数字贸易将释放出巨大的发展空间和潜力。

3. “数字丝绸之路”推动数字贸易实践成效显著

“数字丝绸之路”是数字经济发展与共建“一带一路”倡议的有机结合，

是我国在数字经济时代提出的推动全球共同发展的重要举措，对推动我国与共建“一带一路”沿线国家和地区数字贸易发展实效明显。自2017年正式提出建设“数字丝绸之路”以来，截至2022年底，我国已与17个国家签署“数字丝绸之路”合作谅解备忘录，与30个国家建立了双边电子商务合作机制，与周边国家合作建设多条国际海底光缆、构建起130套跨境陆缆系统，使“一带一路”沿线许多新兴经济体从缺乏基本网络设施一举跃升到拥有4G、5G商用网络和技术平台的新阶段。荷兰克林根达尔国际关系研究所发布的报告显示，作为一个正在加速数字化转型的国家，印度尼西亚将参与“数字丝绸之路”视为响应本国需求。斯里兰卡也正利用中国企业提供的物联网、人工智能、生物技术、机器人技术、云计算等赋能经济发展。

（四）“一带一路”数字贸易面临的挑战

1. 数字贸易规则尚需完善

当前，世界各国规则和利益诉求不同，全球范围内尚未形成统一规范的数字贸易规则体系。因此，区域数字贸易规则也就缺乏统一指导，难以具体制定和执行。而“一带一路”的数字贸易活动大多基于相互友好信任开展，多以相互间签订经济贸易协定为规则构建模式，尚缺乏具有统一强制约束力的数字贸易规则。同时，各国均从本国经济利益出发，重视数字贸易规则自身主导权，在规则制定和完善上难以达成统一标准，这也给“一带一路”数字贸易发展带来一定阻碍。例如，中国、新加坡、中东欧分别主张中式数字贸易规则、新式数字贸易规则、欧式数字贸易规则。

2. 数字治理水平有待提升

共建“一带一路”沿线部分国家和地区数字治理水平较低制约数字贸易进一步发展。一是部分国家缺乏数字监管体系。共建“一带一路”沿线部分国家和地区由于数字基础设施建设落后，互联网应用和发展水平较低，尚未设立本国数字贸易的安全监管部门。监管体系的缺失导致上到国家数据战略机密，下到商业数据、个人隐私信息都得不到保障，造成了巨大的经济损失。个人数据保护、消费者隐私、数字政府信息安全等网络安全问题存在很大的隐患。根据《“一带一路”网络空间安全治理研究报告（2022）》对“一带一路”沿线147个国家的调研，80%的国家颁布了网络安全战略或法规，并在关键信息基础设施保护、网络安全意识提升和教育培训等领域实行相关措施；144 个国家设立了网络安全事务协调机构；111 个国家设立了计算机应急响应小组（CERT）或计算机安全事件响应团队（CSIRT），来处理网络安全突发事件；119 个国家出台个人数据与隐私保护法规，规范数据分级、分类及处理行为。可见，还有部分国家缺乏相应的数字监管体系。二是“一带一路”沿线部分国家或地区安全局势复杂严峻，尤其是中西亚、北非等地区。这些国家或地区数字经济发展滞后，导致沿线各国之间的数字经济空间发展不平衡，数字治理难以实现共同发展。

3. 数字基础设施发展不平衡

数字基础设施是数字经济和数字贸易的基石，为各类数字化应用提供了基础支撑，涵盖信息与通信技术（ICT）基础设施、数据中心、云计算、人工智能、物联网等领域。共建“一带一路”沿线国家和地区的数字基础设施发展不平衡，差异性大。从地域分布来看，中东欧国家信息化发展和数字基础设施水平整体较高，东南亚、南亚地区国家信息化基础和应用水平相对落后；中西亚和北非地区国家信息化基础和应用水平落后，发展差距最大，数字基础设施建设需求巨大。以东盟十国互联网普及率为例，文莱最高为 95%，但老挝、缅甸、柬埔寨、菲律宾、印度尼西亚五国均低于 50%。同时，除新加坡、泰国外，柬埔寨、印度尼西亚、马来西亚等多个东盟成员国互联网连接能力偏低，宽带速率较慢。要推进数字化转型，数字基础设施建设是前提。但一般情况下，数字基础设施项目投资大、周期长。

4. 数字人才培养和供给不足

数字贸易人才是具备电子商务平台、数据分析、人工智能等相关领域技术知识，能够理解并熟练运用数字技术工具，具有全球化视野和创新思维的复合型人才。随着共建“一带一路”沿线国家和地区数字化转型和数字贸易快速发展，数字贸易人才培养和供给不足问题凸显，已经成为制约其数字基础设施建设和数字贸易进一步发展的瓶颈。据统计，2019 年，乌兹别克斯坦信息通信技术专业人员在就业人口中所占比例为 0.5%，远低于欧盟 3.7%的平均水平。部分国家数字化发展刚刚起步，各类大学培养数字人才的师资和水平有限。

（五）促进我国与共建“一带一路”沿线国家和地区数字贸易发展对策

1. 完善共建“一带一路”沿线国家和地区数字贸易规则，构筑数字经济区域发展平台

我国与共建“一带一路”沿线国家和地区需要在数字贸易实践过程中参与并推动国际数字贸易规则的制定和完善。一方面，我国需持续加强同共建“一带一路”沿线国家和地区的数字贸易规则领域的多边磋商，以“数字丝绸之路”建设为契机，构筑数字经济发展区域平台和数字贸易规则框架，推动建立统一的数字贸易规则体系。另一方面，通过研究欧美等发达国家的国内与国际相关规则，结合我国与共建“一带一路”沿线国家和地区实际情况，不断完善数字贸易规则条款。还应积极参与数字贸易有关的国际贸易规则谈判并争取话语权，向国际多边组织及平台如 WTO、OECD 等展现数字贸易规则发展中国家方案，共同参与制定国际数字贸易规则。

2. 健全“一带一路”数字监管体系，推动区域数字经济治理进程

我国与共建“一带一路”沿线国家和地区需要借鉴欧美发达国家数字治理经验，不断健全自身数字监管体系，推动区域数字经济治理发展进程。首先，各国要加快制定和完善国内网络安全与数据隐私保护等数字领域的法律法规，建立网络突发危机应急机制等，保障数字贸易有序开展。其次，推动共建“一带一路”沿线国家和地区建立双多边数字治理合作机制。加强各国数据安全风险预警、防控以及监管领域的技术交流合作。网络安全建设领先国家通过技术推广、技术援助等方法帮助其他国家筑牢网络安全系统，共同营造“一带一路”良好的数字经济发展环境。最后，加强共建“一带一路”沿线国家和地区在数字治理方面的政治磋商和多边协调。充分依托“一带一路”国际合作高峰论坛、上海合作组织以及世界互联网大会等平台，开展“一带一路”数字治理多方对话，从探索数字治理经验与协调利益诉求出发，打造数字贸易协同发展机制和国际贸易治理机制。

3. 建设“一带一路”数字基础设施，提升“一带一路”互联互通水平

数字基础设施建设是弥合各国数字鸿沟、营造“一带一路”数字贸易发展良好环境的关键。首先，继续协同发展跨境海陆缆、蜂窝基站、互联网和电信网络等数字基础设施，实现各国通信网络高普及率和高速率，推动跨境光缆网络的扩容升级和运营维护，提升共建“一带一路”沿线国家和地区的

跨境网络连接能力。其次，创新投资企业合作模式，建立投资国家白名单，尽可能降低我国企业数字基础设施投资的损失和风险。加快建设亚投行、丝路基金等代表广大发展中国家利益的国际多边金融机构，为发展中国家数字基础设施建设提供金融支持。最后，共建“一带一路”沿线国家和地区需要在基础设施建设方面建立和完善协调沟通机制，制定协调、统一的发展规划和技术标准，以扩大数字基础设施的增进效应。

4. 培养“一带一路”数字贸易人才，提升人员数字素养与数字化技能

“一带一路”倡议实施以来，我国发挥自身优势，为共建“一带一路”沿线国家和地区数字化转型提供人才和技术支持。例如，2020~2023 年，在中国电商的助力下，约 1500 家墨西哥微型企业走上电商之路；2020 年，中国电商企业同墨西哥合作伙伴安德烈斯共同发起墨西哥“数字乡村”项目；2022 年，世界电子贸易平台和墨西哥州长联合会在墨西哥城签署合作协议。未来，中国电子贸易经验将被推广至墨西哥更多地区，为墨西哥企业提供人才和技术支持。我国还通过设立“丝绸之路”奖学金等方式吸引和支持大量共建“一带一路”沿线国家和地区学生来华留学，为共建“一带一路”培养了一大批高层次人才。然而，共建“一带一路”沿线国家和地区数字贸易人才缺口依然很大，我国需加大政府、企业、高校与沿线国家合作建设数字教育平台的力度，采取建设数字技术产教研融合基地、促进高校进行数字人才师资输送等措施，为沿线国家和地区数字基础设施和数字贸易发展提供人才保障。目前，我国高校与共建“一带一路”沿线国家和地区高校初步搭建“一带一路”数字贸易人才教育国际合作平台，提出共建人才教育国际合作机制、协同研发数字贸易国际人才培养与评价标准、共建数字贸易人才在线学习平台、共建数字贸易国际人才库和共建数字贸易人才创新创业生态，将有效推动共建“一带一路”沿线国家和地区院校教育和人才就业创业。此外，共建“一带一路”沿线国家和地区需加大政策、资金、技术等方面的支持，通过各项优惠政策吸引国外数字型复合人才流入，构建高端的数字贸易人才队伍。

五、数字贸易与 RCEP

（一）RCEP 概况

《区域全面经济伙伴关系协定》（RCEP）于 2012 年由东盟发起并牵头。

至今，它由中国、日本、韩国、澳大利亚、新西兰和东盟十国共 15 方成员共同签署建立，是一个区域经济一体化组织。成员国总面积为 2222 万平方千米，占世界 197 个国家总面积的 16.7%；总人口超 22 亿，占世界总人口约 30%；2022 年的 GDP 占世界 GDP 总量的 31.3%。因此，RCEP 是迄今为止全球人口最多、经贸规模最大、最有发展潜力的自贸协定。

RCEP 是一个全面、现代、高质量、互惠的自贸协定，涉及货物贸易、服务贸易、投资、经济技术合作、知识产权、竞争政策以及争端解决机制等多个领域。RCEP 的核心作用体现在四个方面：一是采用区域原产地累积规则，支持区域产业链供应链的发展；二是采用新技术推动海关便利化，促进新型跨境物流发展；三是采用负面清单作出投资准入承诺，大大提升了投资政策的透明度；四是协定纳入了高水平的知识产权、电子商务等章节，适应了数字经济时代的需要。该协定由序言、20 个章节、4 部分承诺表共 56 个附件组成，共计 1.4 万页。

（二）RCEP 为各领域带来的政策红利

1. 货物贸易

RCEP 的政策红利进一步推动了区域内货物贸易的快速增长。首先，RCEP 放宽了成员国间的市场准入。在关税减让方面，区域内大部分的货物将逐步实现零关税，关税的降低将带来货物贸易的显著增长。原产地累积规则是 RCEP 的核心内容之一。该规则允许在 RCEP 成员方之间，将其他成员方生产的原产材料累积至最终产品中，以确定该最终产品的原产资格，这将大幅提升货物贸易享受的免税待遇，有利于扩大相互间的贸易额。对我国而言，RCEP 成员国本身就是重要的贸易伙伴。2022 年，东盟、日本、韩国分别是我国第一、第四、第五大贸易伙伴。RCEP 将进一步扩大我国与最大贸易伙伴东盟的货物贸易额，促进我国与日本、韩国的经贸发展。其次，在贸易便利化领域，RCEP 简化了海关通关手续，采取预裁定、抵达前处理、信息技术运用等手段促进海关程序的高效管理；规定尽可能在货物抵达后 48 小时内放行，对于快运货物、易腐货物等，争取在货物抵达后 6 小时内放行。

2. 服务贸易

RCEP 的服务贸易主要就服务贸易的国民待遇、最惠国待遇、市场准入、本地存在、国内法规等方面作出限定，并对服务部门开放进行具体承诺，削减限制性、歧视性措施，为扩大成员国间的服务贸易创造条件。各国在RCEP下的开放水平都显著高于各自的“10+1”协定。其中，日本、韩国、澳大利亚、印度尼西亚、马来西亚、新加坡和文莱7国采用负面清单方式承诺；中国等其余8个成员国采用正面清单承诺，并分别承诺将于协定生效后6年内和15年内转为负面清单。RCEP采用的正负面清单机制提升了服务贸易的便利化水平。我国开放承诺达到了已有自贸协定的最高水平，承诺服务部门数量在我国入世承诺约100个部门的基础上，新增了研发、管理咨询、制造业相关服务、空运等22个部门，并提高了金融、法律、建筑、海运等37个部门的承诺水平（见表5-7）。其他RCEP成员国也承诺提供更大程度的市场准入，如建筑、工程、旅游、金融、运输、物流等领域承诺较大程度开放，为我国企业“走出去”提供了广阔空间。

表5-7　RCEP部分国家服务贸易领域的开放承诺

国家	开放承诺
中国	正面清单开放承诺达到了已有自贸协定的最高水平。在入世承诺约100个部门的基础上，新增了研发、管理咨询、制造业相关服务、空运等22个部门，并提高了金融、法律、建筑、海运等37个部门的承诺水平
日本	开放水平最高。在计算机服务、环境服务、旅游服务、娱乐文化、体育等领域整体上全面开放，给予成员国全面的国民待遇
韩国	在计算机及相关服务、研究和开发服务、设备租赁、建筑服务、旅游服务、娱乐体育等部门全面开放，给予国民待遇
澳大利亚	对大部分商业服务、建筑和相关工程服务、环境服务、旅游服务等，整体上全面开放
新西兰	以正面清单方式开放约110个服务部门。对法律、计算机与相关服务、建筑设计、工程、广告、房地产、佣金代理、批发销售、零售、私立机构初级、中级和高等教育及其他教育、污水管理、废物处理、其他卫生、饭店和餐饮、导游、机场运营、铁路运输、公路运输、管道运输、洗涤清洗和染色等，全面开放

资料来源：中华人民共和国商务部中国服务贸易指南网．RCEP小课堂——服务贸易规则解读［EB/OL］．［2023-04-23］．http：//tradeinservices. mofcom. gov. cn/article/zhengce/zcwd/202304/148118. html.

3. 投资

在投资领域，首先，RCEP特设“投资”专章，包含公平公正待遇、征收、外汇转移、损失补偿等投资保护条款，以及争端预防和外商投诉的协调解决等投资便利化条款。这将有效降低区域间投资贸易的运营成本，减少了不确定性，为扩大各领域投资合作的范围提供先决条件。其次，RCEP 中包含有自然人流动的规定，待协议生效后，不仅有利于企业员工“走出去”，也有利于外企人员“走进来”，更加有利于加快企业间的投资与合作。再次，在 RCEP 其他章节中，关于知识产权保护、中小企业发展等的协定，有助于激发投资增长潜力。最后，在 RCEP 部门投资承诺中，我国达成了首张对制造业、农业、林业、渔业、采矿业 5 个非服务业领域作投资自由化承诺的负面清单，首次以负面清单方式作出高水平自由化承诺。其他 RCEP 成员国在总体上也开放制造业，对于农、林、渔和采矿业，在满足一定要求或条件的情况下也允许市场准入，这有利于促进区域产业链、价值链融合发展。

（三）RCEP 协议中数字贸易相关规定

1. 服务贸易章节中数字贸易相关规定

RCEP 协定中服务贸易章节包括 25 个条款和金融服务、电信服务、专业服务 3 个附件，以及各成员在服务贸易领域的开放承诺。通过纳入国民待遇、最惠国待遇、市场准入、本地存在、国内法规条款等，削减限制性、歧视性措施，为扩大成员国相互间的服务贸易创造了条件。其中，部分国家服务贸易领域的开放承诺，如表 5-7 所示。例如，日本、韩国、新西兰三国对计算机服务给予全面开放，其他成员国服务提供者享有国民待遇；在服务贸易规则的金融服务附件中，各成员方允许其他成员方的金融服务提供者在东道国提供新金融服务，且在一定条件限制下，允许金融服务提供者对日常运营所需要的金融信息进行跨境转移；在电信服务附件中，承诺允许其他电信服务提供者向主运营商购买电信服务后，进行重新包装再销售给用户，且有条件给予电信服务企业灵活选择技术的权利。这些承诺和规定为 RCEP 区域内数字贸易发展提供了较高水平的发展空间。

2. 电子商务领域

跨境电子商务是数字贸易的重要领域。RCEP 各成员方达成了亚太区域首份范围全面、水平较高的诸边电子商务规则成果，涵盖了丰富的促进电子商务使用和合作等相关内容，主要包括促进无纸化贸易、推广电子认证和电子签名保护电子商务用户个人信息、保护在线消费者权益等规则。各成员方就跨境信息传输、信息存储等问题达成重要共识。可见，RCEP 电子商务领域的规定不仅为区域内共建数字经济生态系统创造了条件，也为各成员方实现数字贸易突破性增长提供了机遇。

（四）RCEP 为我国数字贸易发展创造多重机遇

1. 为我国数字贸易发展创造更好的外部条件

近年来，我国受高通胀、高利率、美元升值等因素影响，国际贸易增长放缓。地缘政治也造成全球供应链的分化，进而影响全球贸易和投资活动。面对如此复杂的外部环境，签署 RCEP 对促进我国形成更高水平的对外开放格局具有重要战略意义。如前所述，RCEP 除市场开放承诺外，还涉及数字贸易相关的金融、电信、电子商务等新议题，为数字贸易提供了更好的跨境制度保障。我国在电子商务、移动支付、共享经济等数字经济核心领域已拥有一批处于世界前列的数字平台企业，RCEP 的规则将有助于我国数字平台企业拓展区域市场。同时，我国在 5G、超算、量子通信等新技术领域处于世界领先地位。RCEP 生效后，随着区域内数字基础设施的升级改造，5G 等相关产品和服务需求将不断增加。这有利于我国电信计算机和信息产业发挥领先优势，推动 5G 等相关产品和服务在海外获得更多市场份额。因此，RCEP 规则的实施为我国数字贸易发展提供了更好的外部条件，创造了更多可能。

2. 为我国数字贸易产业优化区域产业链创造更多的机会

RCEP 区域内数字产业发展梯度特征明显。其中，日本、韩国不仅在集成电路、新型显示两大核心领域占据绝对优势，还在工业互联网、数字经济等领域积累了先进的经验，数字贸易发展水平排名区域第一和第二（见表 5-8）。而东盟十国中，数字产业发展可以分为三个梯度。第一梯度为新加坡。新加坡是全球科技企业在东南亚设立总部以及建设数据中心的汇集地。第二梯度为马来西亚、泰国、文莱、印度尼西亚、越南及菲律宾。这些国家在网络速率、电子支付、数字技术应用等方面与第一梯度有较大差距。第三梯度是柬埔寨、老挝和缅甸。这三个国家的市场信息化程度低，电商市场规模小。可见，RCEP 区域内数字贸易的产业链与供应链互补性强，既具备产业内分工的基础，也具有产业间分工的条件。当前，RCEP 协定不仅实现大部分货物贸易自由化，还推动高水平的服务贸易开放承诺，能有效降低区域内产业的贸易和投资成本，促进区域内产业链协同发展。这为我国数字贸易产业能够更加灵活地在 RCEP 成员国进行产业布局，建立更精细、更完善的产业链分工体系提供了更多的机会。

表 5-8　2010~2020 年 RCEP 成员国数字贸易发展水平排名

排名	得分	国家	排名	得分	国家
1	0.5032	日本	8	0.1029	越南
2	0.3495	韩国	9	0.0945	泰国
3	0.3150	新加坡	10	0.0892	文莱
4	0.2467	澳大利亚	11	0.0778	印度尼西亚
5	0.1717	马来西亚	12	0.0738	缅甸
6	0.1461	菲律宾	13	0.0653	柬埔寨
7	0.1430	新西兰	14	0.0507	老挝

资料来源：侯杰，介颖.RCEP 成员国数字贸易发展水平对中国跨境电商出口的影响研究［J］.价格月刊，2023（10）：77-84.

3. 为我国数字贸易企业发展创造更强的动力

我国处于传统企业转型、数字企业蓬勃发展的关键阶段。RCEP 为我国数字贸易企业拓展市场空间、改善营商环境、提升国际竞争力提供了助力。首先，RCEP 中发展中国家占比较大，近九成的互联网使用增量来自发展中国家。2022 年，东南亚的互联网用户达到 4.6 亿，3 年内增加 1 亿，数字贸易新兴市场逐步形成。[①] RCEP 的签订为我国数字贸易企业拓展东南亚市场提供了一定的政策保障。以 2022 年为例，2022 年，中国对东盟的跨境电商出口同比增长 98.5%，东南亚成为跨境电商新兴市场的新增长极。其次，RCEP 为数字企业投资提供了稳定、透明、可预期的市场环境。RCEP 制定了贸易数字化框架，有效解决了电子商务中的网络安全和消费者隐私问题。从投资章节来看，RCEP 投资章规则主要包括四个方面的内容，除了投资自由化相关规则外，还包括投资保护、投资促进和投资便利化措施。具体而言，该章包含了公平公正待遇、征收、外汇转移、损失补偿等投资保护条款，以及争端预防和外商投诉的协调解决等投资便利化条款。最后，RCEP 规定加强了对中小企业和经济技术合作的支持和投入，有利于中小企业数字化转型，提

① 资料来源：整理自艾媒咨询、中商情报网发布的关于电商行业细分领域的详细数据与研究成果。

高竞争力。同时，RCEP 推动更多传统企业转型升级，促使它们借助跨境电商、数字服务贸易等方式参与到数字贸易中来。

（五）RCEP 下我国数字贸易面临的挑战

1. 数字贸易立法和规则滞后

RCEP 的有关规定与当前国际高水平的数字贸易市场开放标准对接，这对成员国的数字贸易相关立法和规则提出了更高要求。例如，RCEP 第 12 章第 14 条第 2 款规定：缔约方不得将要求涵盖的人使用该缔约方领土内的计算设施或者将设施置于其领土之内，作为在该缔约方领土内进行商业行为的条件。RCEP 第 12 章第 15 条第 2 款规定：缔约方不得阻止涵盖的人为进行商业行为而通过电子方式跨境传输信息。可见，RCEP 规定缔约国不得要求数据本地化以及禁止数据跨境传输。但也有例外条款，RCEP 第 12 章第 14 条第 3 款，以及第 12 章第 15 条第 3 款规定了数据跨境禁止性条款的例外规范。在“合法的公共政策目的”以及“基本安全利益”前提下，允许缔约国要求数据本地化以及禁止数据跨境传输。这就要求 RCEP 成员国在国内明确跨境数据流动标准和规则。否则，随着数字贸易企业数据量的增多，企业自身开展数据跨境传输自评估会变得愈发困难，风险也随之加剧。目前，我国对跨境流动的规制，在一定程度上致使诸多企业选择数据本地化，这在客观上提高了数据自由流动的成本。此外，由于东盟各国数字贸易发展水平不同，各国知识产权、个人信息保护等法律规定也不同，这给数字贸易企业投资和运营带来风险。

2. 数字监管与协调机制欠缺

RCEP 为保证各成员国数字经济管理的自主性，并未将数字监管权力让渡给 RCEP 机制。然而，数字贸易的快速发展给 RCEP 成员国的国内监管带来挑战，出现了很多数字监管难题。

RCEP 的生效必然会推动成员国间数字贸易的发展，但同时，成员国间数字贸易领域的纠纷也会增加。虽然 RCEP 的规则体系包括了争端解决机制，但 RCEP 秉承“开放”与“包容”理念，争端解决机制充分体现 RCEP 开放性的制度设计。例如，RCEP 第 12 章“电子商务”第 17 条第 3 款规定，“任何缔约方不得就本章项下产生的任何事项”诉诸第 19 章“争端解决”，除非缔约方对此明确同意。该条款表明，RCEP 第 12 章“电子商务”原则上不适用 RCEP 争端解决程序，但允许成员国选择适用（袁达松、常磊，2022）。因此，RCEP 数字贸易领域的争端解决机制不具备强制执行力，无法切实保障数字贸易企业和当事人的正当权益。

3. 区域内部数字鸿沟较大

RCEP 成员国间存在较大的数字鸿沟，这与成员国的经济基础和数字经济发展水平相关。据世界银行、国际电信联盟有关统计显示，2022 年，澳大利亚的互联网普及率高达 96.2%，远超亚洲和全球平均水平。新西兰也拥有极高的互联网渗透率，高达 94%。截至 2022 年底，我国互联网渗透率为 75.6%。相对而言，东盟国家之间的数字鸿沟更大。从互联网渗透率上看，谷歌、淡马锡和贝恩公司联合发布的《2022 东南亚数字经济报告——乘风破浪，走向机遇之海》（以下简称《报告》）显示，东南亚国家联盟内六个国家（包括印度尼西亚、马来西亚、菲律宾、新加坡、泰国和越南）的整体互联网渗透率高达 76%，远高于世界平均水平的 59.5%。但柬埔寨、老挝和缅甸的数字化水平较低（见图 5-3）。从网速来看，截至 2023 年，新加坡最快达 264 兆，泰国（216 兆）、马来西亚（112 兆）、越南（105 兆）相对较快，其他国家网速低于 100 兆。总之，RCEP 区域内部成员国间较大的数字鸿沟会影响数字贸易的进一步拓展。

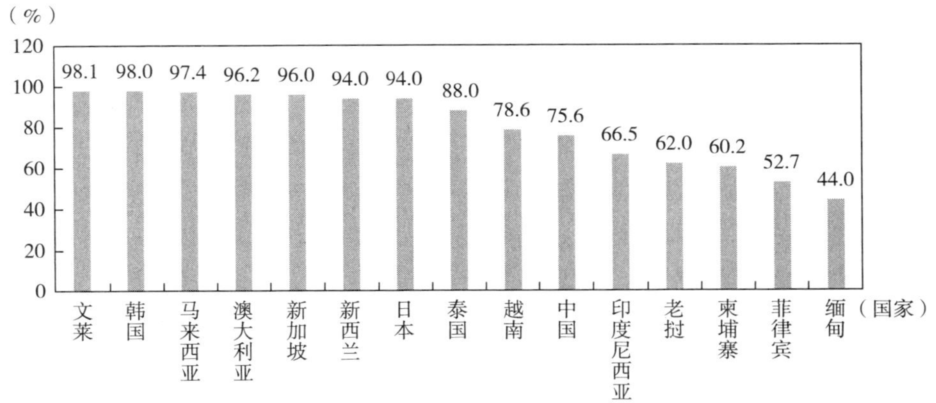

图 5-3　2022 年 RCEP 成员国互联网渗透率

资料来源：世界银行、国际电信联盟。其中，文莱、老挝、菲律宾、柬埔寨、缅甸为 2021 年的数据。

4. 区域内数字市场竞争激烈

当前，世界各国纷纷制定数字贸易发展战略，不断调整、制定数字贸易政策，积极争夺国际贸易竞争新优势，全球数字贸易竞争与合作呈现激烈博弈态势，RCEP区域市场也成为各数字经济大国的角逐场。2019年10月，美国和日本正式签署了《美日数字贸易协定》，这不仅代表着美日在数字贸易治理领域的协议，也反映了美国的数字贸易主张。2022年，美国联合日本、韩国等14个国家（其中包括东盟7个国家）共同启动《印太经济框架》，在数字贸易、劳工和环境等领域制定所谓公平、高标准和有约束力的规则。美国通过推动基础设施融资、促进私营部门投资、启动美国—东盟基础设施和互联互通平台、建立美国—东盟智慧城市伙伴关系、发布美国—东盟科学技术和创新合作计划、通过《2023-2025年美国—东盟数字工作计划》等加强同东盟数字经济的紧密联系，以此推进对中国数字领域的竞争。此外，欧盟与东盟最大的6个成员国已全部签订了《伙伴关系和合作协定》。欧盟在东盟国家的直接投资增加额从2019年的61亿美元增长至2021年的265亿美元；将在2027年前对东盟投资100亿欧元，覆盖清洁能源、农业可持续发展、数字基础设施等领域。因此，欧美等发达国家都在争夺全球数字市场的主导权，竞争异常激烈，这给中国与RCEP各成员开展数字贸易带来巨大压力。

（六）RCEP下我国数字贸易发展的建议

1. 对标国际规则完善国内数字贸易发展顶层设计

由于数字贸易规则达成共识难度大，数字经济发达国家和各国际组织都颁布了各自的数字贸易规则。我国需积极参与区域国际贸易规则的协商，提高发展中国家的国际话语权。统筹推进国内外数字经贸规则互鉴融合发展，结合我国数字贸易发展实际和市场需求，积极探索有助于促进跨境数据有序流动、加强数字知识产权保护、优化数字贸易规则的框架协议，降低我国数字贸易企业“走出去”的风险。同时，细化和完善国内跨境数据的流动监管、数字知识产权保护等数字贸易相关法律法规，推进国内法律体系的改革进程，制定相关行业标准，促进数字贸易有序发展。对照RCEP规定，调整和完善国内相关政策规则，选择重点领域分行业制定实施方案。通过完善国内数字贸易立法和规则，促进数字贸易企业“走进来”。例如，2023年9月

28日，国家互联网信息办公室发布了《规范和促进数据跨境流动规定（征求意见稿）》。其中，对数据跨境流动做了更加细化的规定，明确了部分不需要申报数据出境安全评估的场景，大大提升了数字贸易企业开展国际贸易的积极性。

2. 加强区域合作健全数字监管和协调机制

在RCEP实施过程中，RCEP需相应地完善自身监管体系，规范成员国之间的数字贸易行为，以及建立执行机构来协调各国之间的具体利益分歧。尤其是保护好发展中国家的利益，进一步提高RCEP监管体系的有效性、透明性和公平性。在构建RCEP区域数字监管体系进程中，我国应凭借丰富的数字贸易实践在健全国内数字贸易监管机制的同时，加强数字贸易领域区域合作，向RCEP推广我国数字标准规划和数字监管经验，借助RCEP向外输出符合大多数国家利益的“中式模板”。

RCEP各国政府需坚持激励创新、互利共赢的原则，加强跨境数字监管和经济合作协调，营造更开放、活跃、包容的市场环境和监管环境，助力区域内跨境数字贸易健康持续发展。针对目前RCEP争端解决机制应对数字经济争端存在不足的问题，需积极推动RCEP框架下数字经济争端解决机制的包容性构建，借鉴其他自由贸易协定数字经济争端解决机制，促进各成员国数字经济发展过程中各种争端的合理、及时、妥善解决；增强RCEP数字经济争端解决机制的规则性，进而实现RCEP数字经济包括数字贸易活动纠纷的有效解决；增加数字经济的国际规则供给，促进全球数字贸易的持续发展①。

3. 推动投资建设提高数字基础能力

消除RCEP成员国的数字鸿沟，关键在于提高各国，尤其是发展中国家的数字基础能力。RCEP成员国均通过加强战略谋划、突破关键核心技术、升级信息基础设施、加强数字化治理等方式推进数字经济发展，出台各项政策措施强力吸引外资参与相关项目的建设合作。因此，我国应根据各国数字市场实际情况实施投资合作。首先，加强数字设施互联互通建设合作。在数字基础设施方面，中国领跑RCEP区域。据统计，我国已建成全球规模最大的光纤宽带网络，具备覆盖3.2亿户家庭的能力，建成5G基站超过160万

① McKinsey Global Institute (MGI). Internet Matters: The Net's Sweeping Impact on Growth, Jobs, and Prosperity [R]. May 2011.

个。而其余 RCEP 国家也在不断加码投资数字基础设施建设。例如，2023 年，新加坡推出了数字连接蓝图，提出在未来 10 年内能够将海底光缆的着陆点数量翻倍，在未来 5 年内建设无缝的端到端 10Gbps 国内连接，预计产生 200 亿新元的投资，中国也是其重要的投资合作伙伴。柬埔寨出台《数字经济和数字社会政策框架（2021—2035）》，致力于实现五大“数字发展目标”，即建设数字基础设施、建立数字系统信心、培养数字公民、建设数字政府以及促进数字商业。泰国推出了“数字泰国”理念及相关计划，加快数字基础设施建设，是较早开通 5G 网络的东盟国家。我国需抓住 RCEP 各国市场机遇，扩大投资，完善各国数字基础设施。其次，联合研发数字前沿技术，促进数字技术产业合作。我国需加快在 RCEP 布局海外研发中心、产品设计中心，加强与境外科技企业在大数据、5G、人工智能、区块链等数字技术领域开展合作，联合研发前沿技术。同时，与 RCEP 其他成员国开展数字技术产业化国际合作，以此带动数字产品和服务贸易。最后，完善数字人才培养合作机制顶层设计。数字人才是数字经济与数字贸易的重要保障。为满足 RCEP 区域数字贸易产业发展需求，区域国要以人工智能、大数据、区块链、云计算、5G 等数字人才的培养为重点，有机整合政策、人才、技术、市场等多种要素资源，打造区域内新型数字人才培养发展体系，探索建立多国合作、优势互补的数字人才培养协同机制。

4. 提升合作机制构建区域数字贸易生态体系

面对激烈的数字竞争环境，首先，我国要积极对接 RCEP 成员国数字经济发展战略，加强与 RCEP 成员国的数字基础设施、中小企业转型、数字人才培养等方面的合作，深化数字互联互通，构建高水平的区域数字经济伙伴关系。其次，前沿的新兴技术对数字贸易影响重大，RCEP 部分国家尚不具备跟上前沿技术发展的能力。我国数字技术处于国际领先水平，尤其是跨境电商在国际上优势明显。我国应通过建立双边或多边电子商务合作机制，与更多国家开展数字贸易合作，利用数字平台构建跨国、跨区域的数字贸易生态体系，提高我国在数字贸易规则和标准方面的国际影响力。截至目前，中国与新加坡、泰国、老挝、菲律宾等 6 个东盟国家签署了电子商务合作谅解备忘录。2023 年 9 月 6 日，中国与东盟发布《中国—东盟关于加强电子商务合作的倡议》等共识，推动双边合作与多边合作相互促进。

第六章　数字贸易与我国外贸发展路径

第一节　我国数字贸易发展现状

一、我国数字贸易发展现状

（一）数字贸易规模不断扩大

作为全球第二大数字经济体，我国数字贸易拥有良好的发展基础。2022 年，我国数字经济规模达到 50. 20 万亿元人民币，占国内生产总值比重达 41. 5%；我国数据产量达 8. 1ZB，在全球占比为 10. 5%，居世界第二。此外，我国不断推进 5G、数据中心、云计算等数字基础设施建设，在大数据分析、移动支付体系、物流配送等领域也处在全球前列，这些都为数字贸易发展奠定了坚实的基础。我国数字贸易呈现快速发展态势。据统计，2022 年，我国数字贸易总额达到 4. 68 万亿元人民币。具体而言，2011～2022 年，我国可数字化交付的服务贸易规模从 1648. 40 亿元增至 3727 亿美元，年均增长 10. 5%，2022 年位于全球第五。同时，2011～2022 年，我国跨境电商进出口规模从 0. 12 万亿元人民币增至 2. 1 万亿元人民币，增长超 16 倍。①

① 国家互联网信息办公室对外发布的《数字中国发展报告（2022 年）》。

（二）数字服务贸易结构持续优化

我国服务贸易在规模扩大的同时，结构也持续优化，尤其是数字服务贸易增速较快，比重不断提高，这将有利于增强我国服务贸易的总体竞争力。特别是电信、计算机和信息服务以及知识产权等数字服务贸易产业，具备较强的数字化赋能潜力，是推动我国服务贸易结构优化升级的重要引擎。2013~2022年，我国电信、计算机和信息服务，以及知识产权使用费的收支年均增速分别为15.9%及11.4%，明显高于同期服务贸易4.9%和货物贸易4.8%的年均增长水平。2022年，我国电信、计算机和信息服务贸易额达到1241.8亿美元，知识产权使用费达到577亿美元，分别占我国服务贸易进出口总额的14.0%和7.0%。

（三）跨境电商潜力不断释放

依靠我国庞大的生产能力和丰富的商品资源，我国跨境电商发展迅猛，在“买全球、卖全球”方面的优势持续巩固，潜力持续释放。阿里国际站、多多跨境、TikTok Shop、SHEIN、速卖通等跨境电商平台全球布局，为我国中小企业拓展全球市场提供了新模式，成为我国外贸的新增长点。海关数据显示，2022年，我国跨境电商进出口规模首次超过2万亿元，达到2.1万亿元，比2021年增长7.1%，占全国货物贸易进出口总值的4.9%。截至2023年8月，中国跨境电商主体超10万家，建设独立站超20万个①。跨境电商贸易伙伴遍布全球，我国成为全球跨境电商生态链最为完善的国家之一。随着人工智能、大数据、物联网等技术的不断发展，我国跨境电商将进一步实现智能化、个性化和精细化发展。

（四）数字贸易企业国际竞争力持续提升

近年来，我国互联网、无线宽带、移动终端规模居世界前列，超算、量子通信等新技术取得突破，产业集群迅速扩大。我国数字贸易企业的国际竞争力持续提升，对产业创新发展的带动作用逐步显现。截至2022年末，在全球市值最高的30家互联网企业中，我国有10家企业上榜，仅次于美国的18家。截至2022年，中国市值超10亿美元的数字贸易企业已超200家。胡润研究院数据显示，截至2022年底，全球有1361家独角兽企业，中国以

① 资料来源：跨境电商推动外贸新动能加速成长［EB/OL］．［2023-08-28］．https：//www.gov.cn/govweb/yaowen/shipin/202308/content_6900638.htm.

316 家独角兽企业排名第二，占比 23.3%。独角兽企业重点分布在金融科技、软件服务、电子商务等领域。此外，福布斯中国从各企业的经营增长力、技术创新力、行业影响力三个维度进行综合评估，在“2022 全球数字贸易行业企业 TOP100”评选结果中，有 45 家中国企业入选。

二、我国数字贸易发展瓶颈

（一）数字贸易规则体系尚需完善

各国对数字贸易监管的关注点不同。美国偏重制定数据流动和知识产权相关规则，主张跨境数据自由流动，其国内立法以及由它主导的 FTA 规则都强调尽可能减少数据流动限制；欧洲注重个人数据和隐私的保护，虽然支持数据跨境流动，但存在严格的监管机制和相对主观的判断标准（白洁等，2021）。为适应数字贸易的开放进程，我国在国内立法方面已颁布实施《中华人民共和国电子签名法》《中华人民共和国国家安全法》《中华人民共和国网络安全法》等法律规范了数据流动、数据安全等核心问题的相关监管规则，并推出一系列与数字贸易有关的政策措施（见表 6-1、表 6-2）。在参与制定的自贸协定中，偏向于促进中小企业参加数字贸易的规定。例如，RCEP 将“中小企业”规则单独作为第 14 章纳入协定，承诺促进中小企业使用电子商务。其中，第 4.15 条“快运货物”规则，有利于提升物流效率，进而促进电子商务发展（吴希贤，2022）。伴随着数字经济的快速发展，对数字贸易的治理和监管政策的迭代速度要求更高。并且，在数字贸易国际规则方面，我国将面临数据跨境流动、数据存储及数字知识产权保护等领域的高标准规则带来的适用压力。因此，我国必须与时俱进地完善数字贸易规则体系。

表 6-1　我国颁布的数字贸易领域相关法律

颁布时间	法律法规名称	数字贸易相关条款
1991 年 6 月 1 日起施行，至 2020 年三次修正	《中华人民共和国著作权法》	共六章六十七条
2005 年 4 月 1 日起施行，至 2019 年两次修正	《中华人民共和国电子签名法》	共五章三十二条
2015 年 7 月 1 日起施行	《中华人民共和国国家安全法》	共七章八十四条
2017 年 6 月 1 日起施行	《中华人民共和国网络安全法》	共七章六十八条
2019 年 1 月 1 日起实施	《中华人民共和国电子商务法》	共七章八十九条

续表

颁布时间	法律法规名称	数字贸易相关条款
2021 年 9 月 1 日起施行	《中华人民共和国数据安全法》	共七章五十五条
2021 年 11 月 1 日起施行	《中华人民共和国个人信息保护法》	共八章七十四条

资料来源：笔者整理自制。

表 6–2　我国数字贸易领域相关政策措施

时间	政策名称	有关数字贸易重点内容
2019 年	《中共中央 国务院关于推进贸易高质量发展的指导意见》	增强贸易创新能力，促进贸易新业态发展，大力发展服务贸易，提升贸易数字化水平等指导意见
2020 年	《中共中央 国务院关于构建更加完善的要素市场化配置体制机制的意见》	加快培育数据要素市场
2021 年	《“十四五”服务贸易发展规划》	加快服务贸易数字化进程，包括大力发展数字贸易、推进服务外包数字化高端化、促进传统服务贸易数字化转型、建立健全数字贸易治理体系
2021 年	《关于支持国家数字服务出口基地创新发展若干措施的通知》	明确我国数字贸易创新发展与制度型开放的诸多新举措
2022 年	《中共中央 国务院关于构建数据基础制度更好发挥数据要素作用的意见》	以数据产权、流通交易、收益分配、安全治理为重点，深入参与国际高标准数字规则制定，构建数据基础制度
2022 年	《“十四五”数字经济发展规划》	制定加快贸易数字化发展，完善数字贸易促进政策，大力发展跨境电商，推动“数字丝绸之路”深入发展等发展规划
2023 年	《数字中国建设整体布局规划》	将数字贸易纳入国家战略
2024 年	《中共中央办公厅 国务院办公厅关于数字贸易改革创新发展的意见》	明确了发展数字贸易的指导思想、工作原则和主要目标

（二）部分领域核心技术和技术赋值能力亟待突破和提升

数字化技术和创新能力是数字贸易竞争力的决定因素。近年来，我国数字技术基础研究能力逐步增强，但高端技术“卡脖子”问题仍然突出。2012~2021 年，全球数字科技论文产出国家中国位居世界第二，仅低于美国且差距不大。但在数字科技领域 TOP1%的“顶尖论文”数量上，明显少于美国。这说明我国数字技术基础研究不仅需要量的增加，更需要质的提升。工业和信息化部数据显示，中国在高端芯片、工业控制软件、核心元器件、基本算法等 300 多项与数字产业相关的关键技术上仍然受制于人（许明，2023）。以芯片为例，芯片是信息时代的“石油”，多年来一直是我国第一大进口商品。虽然近年来我国加大了对国产芯片的研发和投入，并取得一些突破，但 2022 年我国对芯片的进口额仍超过 4000 亿美元，进口依赖性依然很强。再以 AI 技术为例。AI 技术作为重要的数字化手段之一，能最大限度地推动数字服务贸易的发展。中国科学技术信息研究所发布的《2022 全球人工智能创新指数报告》表明，在全球人工智能创新指数指标体系中，只有美国和中国位于第一梯队。但与美国相比，中国的人工智能发展水平还存在较大的差距。中国人工智能创新指数为 880，与美国的 4664 相比，相差了 5.3 倍。而排第三、第四的英国和印度的指数与中国非常接近，中国人工智能的领先优势并不明显（见图 6-1、图 6-2）。

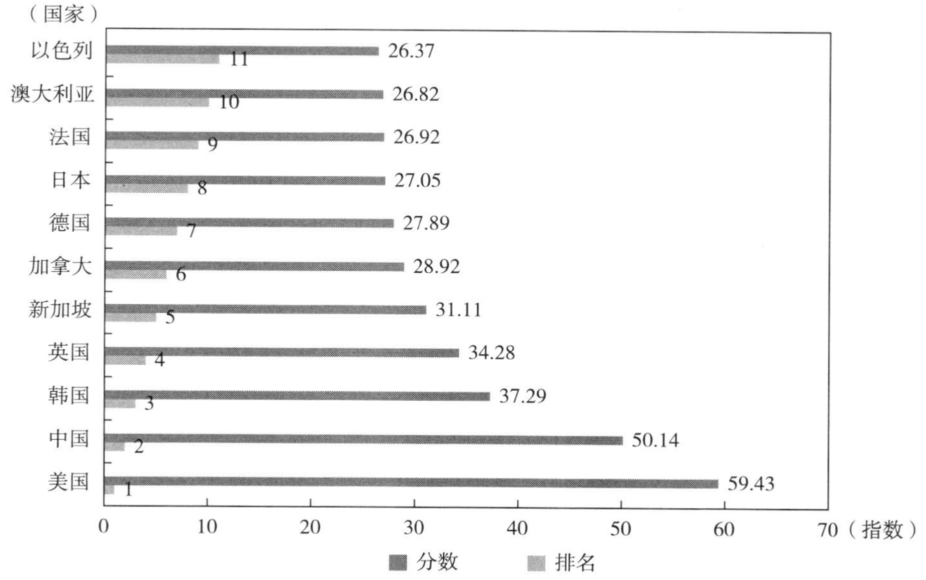

图 6-1　各国人工智能创新指数得分与排名

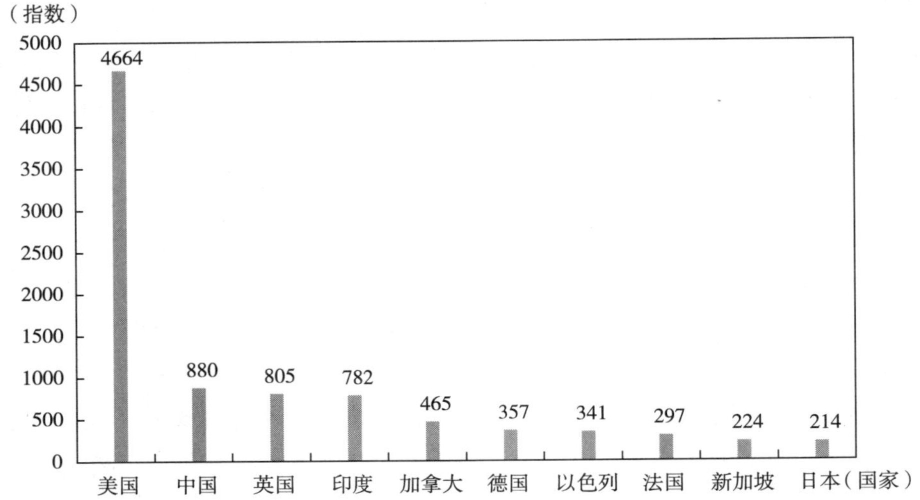

图 6-2　排名前十国家的全球人工智能创新指数

尽管目前我国数据产量和算力总规模位居世界第二，但我国企业相对更重视商业创新，产品和服务的高附加创新水平不高。专利的市场价值在一定程度上能够反映技术应用产品在产业价值链中的位置。以数字技术专利作为衡量指标，2012~2021 年，中国的数字科技专利总量全球第一，是排名第二的美国的 2.9 倍。中国数字技术高价值专利（市场价值 100 万美元以上）数量在全球排名第四，而美国的数字科技高价值专利数量是中国的 8 倍[①]。可见，我国数字技术产业总体尚处于全球价值链的中低端，数字技术赋值能力弱。

（三）数字贸易壁垒的不确定性难以应对

作为经济全球化的新引擎，数字贸易在迅速发展的同时也迎来了新挑战，数字领域的贸易保护主义倾向正与日俱增，并且即将成为阻碍全球化的最主要威胁（Van der Marel E，2019）。如前所述，各国数字贸易的侧重点和诉求不同，监管政策也不同，不同区域集团主导下的数字贸易规则竞争激烈。因此，国际上对数字贸易壁垒的认识并不统一，这就给我国开展数字贸易带来很大的不确定性。尤其是美国等发达经济体，对我国数字贸易设置的限制和

① 阿里研究院、智谱 AI 联合发布《2023 全球数字科技发展研究报告——全球科研实力对比》[EB/OL]. https：//gov. sohu. com/a/621128240_121123919.

歧视措施对中国企业影响很大。例如，2020 年，美国国务院推出了“清洁网络”（Clean Network）计划，集中限制中国信息通信和数字技术企业在美国的运营和发展（张薇薇，2021）。此外，美国还联合他国限制向中国出口高端半导体和芯片制造技术等。

三、促进我国数字贸易发展的对策建议

（一）提高数字贸易战略定位

随着全球数字贸易的飞速发展，其对各国经济发展的影响力不断加大，全球主要的数字贸易国家已将数字贸易纳入本国的发展战略。在积极参与全球数字贸易规则重构谈判的同时，这些主要国家从国家层面入手，出台相应的发展政策来鼓励和支持数字贸易的发展。虽然我国陆续制定数字经济发展战略和规划，如 2022 年发布的《“十四五”数字经济发展规划》、2023 年发布的《数字中国建设整体布局规划》等，对数字经济发展进行全面布局；还有北京、上海等部分省市出台了促进数字贸易发展的相应措施方案，但我国尚缺乏数字贸易的顶层战略，难以形成全面发展格局，易出现区域不协调发展和恶性竞争。因此，我国应紧抓发展机遇，加快部署数字贸易顶层战略，提升战略高度，明确总体发展方向。各省市再依据国家统一规划，结合自身竞争优势，加强政策协调，推动数字贸易相关产业配套协同发展，并制定落实行动方案。

（二）加快与国际接轨的数字贸易规则体系建设，完善数字贸易制度环境

数字贸易的经济特征给全球贸易治理带来了挑战。当前，全球数字贸易规则体系尚未建成，我国应抓住先择机会，把握自身数字贸易规模和部分数字技术应用领域的优势，发挥引领作用，积极参与国际组织有关数字贸易的经济议题的谈判，主动参加相关国际规则的制定与完善工作。这不仅能提高我国数字贸易国际规则话语权，还能为我国对接高标准的国际数字贸易规则做好准备，进而加快建设与国际接轨的数字贸易规则体系。同时，数据的安全性是数字贸易发展的关键。我国必须坚持安全与发展并重的原则，加快建立数据安全政策体系，建设以知识和信息为交易对象的知识产权体系，逐步完善国内数字贸易配套机制，如数据要素化过程中的数据确权、定价和交易等有关规则，数字贸易相关的产业标准、技术标准、安全管理标准、监管方

式等，为构建数字贸易生态奠定良好的制度环境基础。

（三）加强关键技术的研发和投入，提高数字技术转化能力

为掌握数字贸易的话语权，我国需鼓励和支持关键技术的基础研发和创新，尤其是攻克与数字产业相关的关键技术。首先，健全研发投入机制。在健全政府研发投入稳定增长机制的同时，完善市场投入、社会多渠道投入机制，加大数字关键技术的基础研究支持，增强其创新能力。其次，加大产业高端人才的引进和培育力度。发展数字贸易，技术是根基，人才是关键。有关研究报告显示，截至 2023 年 3 月，我国数字化人才缺口达 2500 万～3000 万人，尤其是产业中的数字技术研发人才和掌握传统行业发展方向兼具数字技能的复合型人才①。这就需要政府、高校、企业形成合力，加大对数字基础研究和技术研发人才的引进和培养，为数字贸易发展提供强有力的支撑。再次，扩大企业有效研发。发挥企业主体作用，鼓励和支持有实力的企业设立数字技术研发中心。鼓励企业增加研发投入，支持有条件的企业数字化转型发展。最后，推进产学研协同创新。鼓励和支持高等院校、科研机构和企业建立联合创新中心，共同突破核心技术难关。同时，建立高校和科研机构对企业的科技资源开放共享机制，促进我国数字科技的基础研究成果更多地实现应用转化，提高数字技术的转化和赋值能力。

（四）推动向价值链高端跃升，提高数字贸易国际竞争优势

数字贸易的发展对全球价值链重构产生巨大影响。以美国为代表的发达国家，试图强化其在全球价值链中的主导地位，而发展中国家希望依托数字赋能，推动自身向全球价值链中高端攀升。因此，对于我国而言，一是应抓住 5G、人工智能、物联网等技术应用领先机遇，加快推进传统产业数字化、智能化转型升级，加快传统产业的供给侧结构性改革，提升传统产业全要素生产率，减少产业链条中的低效、高耗供给；二是激发数据要素活力，鼓励企业生产、销售以及服务等各方面实现数字化升级，增强数字产品及服务供给能力；三是完善跨境数字服务贸易与跨境供应链体系，降低外贸运行成本，促进更多中小企业融入国际市场，进而提高贸易供应链韧性；四是不断优化产业布局，完善发展数字贸易产业链相关配套，逐步降低数据要素流动成本，

① 人瑞人才，德勤中国．产业数字人才研究与发展报告（2023）［M］．北京：社会科学文献出版社，2023.

夯实数字贸易产业基础，形成数字贸易产业集群，推动我国数字贸易产业向全球价值链高端跃升，进而提升我国数字贸易的竞争优势。

（五）构建数字贸易规则协调机制，降低数字贸易壁垒影响

面对各国差异化的数字贸易壁垒，应具有前瞻性，关注并把握数字贸易壁垒发展趋势，积极构建数字贸易规则协调机制，降低数字贸易壁垒的影响。首先，我国应利用 WTO 的多边谈判体制，主动参与国际治理，对 WTO 与数字贸易有关的条款和规定进行细化、补充和改进；其次，对我国参与的双边或区域贸易协定进行升级，争取纳入高标准的数字贸易规则；最后，扩大数字贸易“朋友圈”，打造数字贸易联盟。一方面，调整与发达经济体数字贸易领域的协调谈判策略，求同存异，力求在争议小的议题中形成初步共识，达到各方平衡点。另一方面，团结数字贸易成长国伙伴，打造数字贸易联盟。例如，建设数字丝绸之路，加强与和我国经贸往来紧密的国家在数字贸易领域的合作深度，提升各国的数字贸易开放水平。

第二节　数字贸易与我国外贸数字化转型

一、数字化转型的定义

“数字化转型”作为热门词汇，在很多场合被人们提及，然而，目前还没有相关组织或机构给予它权威的定义。数字化转型的概念最早由咨询机构 Gartner 于 2012 年提出。该机构认为，数字化转型是指从 IT 现代化，到数字优化，再到数字化业务模式的创新。在公共服务领域，该术语被广泛用于表示采取适度的举措，如将服务在线化或使旧的业务现代化。华为公司在《华为行业数字化转型方法论白皮书（2019）》中，对行业数字化转型的定义是：通过新一代数字技术的深入运用，构建一个全感知、全联接、全场景、全智能的数字世界，进而优化再造物理世界的业务。对传统管理模式、业务模式、商业模式进行创新和重塑，实现业务成功。中关村信息技术和实体经济融合发展联盟认为：数字化转型是深化应用新一代信息技术，激发数据要

素创新驱动潜能，建设提升数字时代生存和发展的新型能力，加速业务优化、创新与重构，创造、传递并获取新价值，实现转型升级和创新发展的过程。总的来说，虽然各组织或企业对数字化转型的定义不尽相同，但都有一个共性，即都强调通过数字技术实现业务变革。

二、我国外贸数字化转型的必要性

（一）应对复杂多变的市场环境

随着全球化深入发展，市场竞争愈发激烈，消费者对产品的需求日益多元化和差异化。同时，地缘政治风险加剧，我国外贸企业出口增速放缓。此时，数字经济的发展提供了更多数字化技术和工具，助力我国外贸企业实现数字化转型。这使我国外贸企业能够洞察市场趋势，具备快速响应市场变化的能力，还能更精准地把握客户需求，提供个性化的产品和服务解决方案，满足客户的多样化需求，进而在国际市场竞争中占据有利地位。

（二）推动产业升级与创新

我国外贸企业长期处于“微笑曲线”中低端位置，产品技术含量和附加值低。数字化技术如大数据、区块链、人工智能等在外贸领域的广泛应用，为外贸产业升级提供了强大动力。这些技术可以推动外贸企业在产品设计、生产、营销等方面进行创新，提升产品的技术含量和附加值。同时，数字化转型还推动外贸企业商业模式的创新。例如，通过跨境电商平台这种新型商业模式，我国外贸企业能够直接面向全球市场销售产品，拓展出口市场，实现线上线下融合、多渠道销售等。在外贸企业出口增长乏力背景下，跨境电商已是数字贸易的阶段性表现，成为拉动外贸出口的新增长点。

（三）提升运营效率与决策能力

外贸企业通过数字化转型，采用智能化数据分析、自动化业务流程、建立数字化营销平台以及实现信息化管理等方式，可以优化内部业务流程，减少烦琐的人工操作环节，提高企业运营效率。数字化技术可以显著提高数据处理的效率和精度，使企业能够更快速、更准确地获取和分析市场信息，以便响应市场变化和客户需求，减少沟通成本和错误率，为决策提供支持。数据分析技术的应用，帮助企业降低试错成本，从而做出更准确的决策。例如，联想集团与吉利汽车集团共同推出了一项高性能计算方案，搭建智能仿真平台，能够支持每辆车超过 12000 次的虚拟碰撞试验。通过数据分析优化产品设计，提升了新车研发的速度和效率，降低了全周期使用成本，提高了市场竞争力。

（四）提高外贸企业国际竞争力

数字化转型有助于外贸企业拓展国际市场，增强品牌知名度。例如，通过社交媒体、搜索引擎优化等手段，企业可以提升品牌的曝光度和影响力。数字化转型还可以帮助外贸企业更好地拓展国际市场。通过数字化平台和数字技术，企业可以更便捷地寻找和联系国际贸易伙伴，降低贸易壁垒和成本，提高国际市场的竞争力。如前所述，跨境电商平台的兴起，为外贸企业提供了直接触达全球消费者的渠道。例如，2023 年，我国跨境电商进出口额达 2.37 万亿元，同比增长 15.3%，显示了数字化转型在拓展国际市场方面的巨大潜力。

（五）适应绿色化发展趋势

随着全球对环境保护和可持续发展的重视，绿色化已经成为外贸发展的重要趋势。数字化转型有助于外贸企业实现绿色化生产和管理，减少资源消耗和环境污染，提升企业的社会责任感和可持续发展能力。一方面，数字化转型通过引入先进的信息技术和数据分析方法，使企业能够更精确地监测和掌握生产过程中的能源消耗和排放情况。这种精准的掌握能力有助于企业优化生产流程，降低能源消耗和污染排放，实现资源的优化配置。另一方面，数字化转型为传统外贸产业的绿色转型提供了重要支持。通过引入数字化技术，传统外贸产业可以实现生产过程的智能化、自动化和绿色化改造，降低能耗和排放，提高产品的附加值和市场竞争力。

三、我国外贸数字化转型遇到的问题

（一）巨大的市场竞争压力

随着经济全球化进程的加速和消费市场的不断扩大，消费者在选择商品时，更注重商品的质量以及购物体验。这就要求我国外贸企业不仅要加强品牌建设、优化购物体验和提高产品质量，还要通过数字化转型来更好地满足客户需求。我国外贸企业在数字化转型的同时，还需迎接来自全球电商平台的竞争挑战，这些平台拥有强大的技术实力和丰富的市场资源，对我国外贸企业构成了巨大的竞争压力。

（二）相对滞后的规则和标准

我国现有的法律法规主要是基于传统货物贸易与服务构建的，对于数字贸易的规制尚显滞后，这导致外贸企业在数字化转型过程中可能面临法律风险和合规难题。当前，围绕数字贸易及跨境数据流动的规则谈判，已成为国际经济秩序重构的重要内容。然而，我国在参与规则谈判的水平和制度准备方面尚显不足，被边缘化的风险不断加大，这可能导致我国外贸企业在国际竞争和数字化转型中处于不利地位。

（三）普遍不足的人才与技术水平

我国外贸企业大都集中在传统行业，普遍存在数字化转型的人才短缺和技术水平不足的问题，这导致企业在推进数字化转型时，难以快速适应新技术和新工具，影响了转型的进度和效果。例如，在外贸企业中，部分员工对数据分析系统的接受速度较慢，仍习惯用传统方式查看数据，对新的数据分析工具和系统存在抵触情绪。此外，外贸企业往往缺乏完整的数据培训体系，导致员工在数字化转型过程中难以快速掌握新技能。

（四）尚未整合的数据

外贸企业的数据通常来源于多个系统，如 ERP、CRM、电商平台等。这些数据大多独立存在于各个系统之中，没有实现集中和共享。即使业务名称相同，在不同系统中也可能有不同的含义，致使数据无法有效关联和整合，这就导致外贸企业在生产、营销与物流等方面的数据无法互联互通，内部信息共享与反馈不及时。这极大地制约了外贸企业业务协同和数据共享的效率，最终阻碍了外贸企业实现数字化转型。同时，由于系统的多样性和数据格式不统一，外贸企业在数字化转型过程中面临数据标准化难题。这不仅增加了数据整合的难度，还影响了数据分析的准确性和效率。

（五）缺乏数字化的企业文化与战略

我国外贸企业在数字化转型过程中需要建立“一切以数据说话”的企业文化。然而，很多企业高层对数据分析结果持怀疑态度，习惯用经验说话，这不利于数字化转型的推进。数字化转型不仅是技术层面的变革，更是企业战略层面的调整。外贸企业在推进数字化转型时，需要重新审视自身的业务模式和竞争优势，制定符合数字化时代要求的战略规划。

四、数字贸易推动我国外贸数字化转型的内在逻辑

（一）技术支撑

我国外贸出口增速放缓的内部因素是我国外贸结构正发生优化升级。我国的加工贸易出口占出口贸易的比重逐渐下降，从 2021 年的 55.4%下降到 2023 年的 20.6%，而高新技术产品出口增速明显。这体现出我国外贸商品的核心竞争力在提升，而技术始终贯穿于外贸企业结构优化和数字化转型的整个进程中。从本质上来看，强化数字贸易相关技术，支撑会给陷入增长困境的外贸企业带来新的突破点。首先，与数字贸易相关的云计算、大数据、人工智能等技术被广泛应用于我国外贸的各个环节，如物流仓储、支付结算、融资贷款、报关通关、收汇结汇、广告营销等，显著提升了我国贸易的效率和透明度。在贸易中引入的区块链技术，可以实现交易数据的不可篡改和可追溯，进而增强贸易的安全性和信任度。其次，数字贸易实际上是贸易模式的创新。跨境电商作为数字贸易的重要形式，外贸企业可以通过其直接与海外消费者进行对接，降低中间环节成本，提高市场响应速度，实现数字化转型。最后，数字贸易推动了外贸综合服务的发展，为中小外贸企业提供了一站式外贸服务，包括报关、退税、物流、融资等，帮助我国外贸企业更好地融入全球贸易体系。

（二）组织变革

数字贸易提供了丰富的数据资源，外贸企业可通过数据分析来洞察市场趋势、预测客户需求、评估经营风险。这些数据支持企业做出更加精准和科学的决策，能够提高决策的准确性和有效性。数字贸易还推动外贸企业引入数字化管理系统和工具，实现流程的标准化和自动化管理，不断优化管理流程和组织架构，提高管理效率和执行力，降低人力成本和管理风险。此外，数字贸易的发展促使外贸企业组织结构向扁平化方向发展，减少管理层级，加快决策速度，提高市场响应能力。这种变革有助于外贸企业更灵活地应对市场变化，提升竞争力。

（三）环境影响

在数字经济环境下，数字贸易使数据共享融合成为可能。原料供应商、外贸生产商、经销商甚至包括竞争对手之间，都能形成数据共享效应。各方

通过数字化手段优化外贸供应链管理，实现外贸供应链各环节的紧密协同和信息共享。外贸企业可以实时掌握供应链的状态和变化，快速响应市场需求，降低库存成本，提高生产效率。数字贸易打破了行业界限，促进了不同行业之间的跨界融合，这有助于形成新的商业模式和增长点，推动外贸数字化转型的深入发展。

五、数字贸易推动我国外贸数字化转型的路径

（一）提升数字基础设施建设水平

大力推进5G、区块链、数据中心、工业互联网等新一代技术的基础设施建设，提高信息传输的效率和质量。这不仅能够为数字贸易提供坚实的技术支撑，还能推动传统外贸产业的数字化改造和升级。例如，加快数据中心建设，形成多层次的数据中心体系，并大力发展云服务，推动SaaS（软件即服务）、PaaS（平台即服务）、IaaS（基础设施即服务）等云服务与产业的深度融合。这将为外贸企业提供更加便捷、高效的数据处理和存储服务，促进贸易活动的数字化和智能化。

（二）推动数字化与实体经济深度融合

首先，数字贸易推动了数字技术、互联网、大数据、人工智能等技术在实体经济领域的广泛应用。这些技术的应用不仅提高了生产效率和产品质量，还催生了新的业态和模式，为实体经济转型升级提供了强大动力；其次，数字贸易推动了传统产业与数字技术的深度融合，传统产业的数字化、网络化、智能化转型有助于提升产业附加值，增强产业竞争力，推动实体经济向高质量发展阶段迈进；最后，数字贸易通过构建数字化的产业链平台，实现了产业链上下游企业之间的信息共享、协同生产和资源优化配置。这有助于提升产业链的整体效率和竞争力，推动实体经济形成更加紧密、高效的产业生态系统。

（三）优化贸易环境和监管机制

制定和完善适应数字贸易发展的贸易政策和监管机制，为外贸企业提供更加公平、透明、可预期的贸易环境。加强国际贸易规则的制定和参与，推动建立更加开放、包容、平衡的数字贸易体系。在推动数字贸易发展的同时，建立健全数据跨境流动和安全监管机制，保障个人隐私和数据安全。这不仅

为数字贸易的健康发展提供了有力保障，还为外贸企业数字化转型创造了制度环境。

（四）培育和引进数字化人才

建立健全数字化人才培养体系，培养具备数字化技能和知识的专业人才，通过教育和培训等手段，提升外贸企业的数字化素养和能力，为外贸数字化转型提供有力的人才支撑。通过优惠政策和激励机制，吸引和引进高端数字化人才。这些人才将为外贸企业提供先进的理念和技术支持，推动外贸企业的数字化转型和创新发展。加强与共建“一带一路”沿线国家和地区及其他国际组织的数字人才国际交流，培养具有国际视野的骨干人才。

第三节　数字贸易赋能我国制造业国际竞争力的提升

一、制造业国际竞争力的内涵和衡量方法

（一）内涵

制造业国际竞争力是指一个国家在制造业领域中，相对于其他国家所展现出的综合竞争能力和市场优势。其核心要素包括生产效率、技术创新能力、产品质量和品牌影响力、市场响应速度、产业链完整度等。

高效的生产能力和成本控制能力是制造业国际竞争力的重要体现。通过优化生产流程、提高设备利用率、降低能耗和物耗等方式，企业能够降低生产成本，提高产品竞争力。同时，高效的生产能力还能够缩短产品交货周期，提高市场响应速度，满足市场快速变化的需求。

技术创新能力是制造业国际竞争力的关键。一个国家在制造业领域的技术研发能力、新技术应用能力以及技术创新能力，直接影响到其产品的技术含量和附加值，进而决定其在国际市场上的竞争力。技术创新能力强的国家，能够持续推出具有自主知识产权的新产品，满足市场不断变化的需求，从而在竞争中占据有利地位。

产品质量是制造业国际竞争力的基础。高质量的产品能够赢得消费者的信任和忠诚，提高市场份额和品牌影响力。品牌影响力则是提升制造业国际竞争力的关键手段之一。通过品牌建设，企业能够树立良好的企业形象和产品形象，从而提高产品的附加值和市场竞争力。

在全球化竞争日益激烈的背景下，市场响应速度和灵活性成为影响制造业国际竞争力的重要因素。企业需要具备快速响应市场变化的能力，及时调整生产计划和产品结构，以满足市场需求。同时，企业还需要保持高度的灵活性，以应对各种突发情况和市场挑战。

完整的产业链是提升制造业国际竞争力的重要保障。产业链涵盖了产品设计、原材料采购、生产制造、销售服务等各个环节。一个完整的产业链能够确保企业在各个环节中发挥最大优势，提高整体效率和竞争力。产业链完整度高的国家，能够在全球范围内优化资源配置，降低生产成本，提高产品质量和附加值，从而增强国际竞争力。

（二）衡量方法

制造业国际竞争力的衡量方法可分为直接衡量指标和间接衡量指标。

1. 直接衡量指标

直接衡量指标包括：一是国际市场占有率（CW）。具体指一个国家某种产品的出口额在整个世界产品出口额中所占的比重。计算公式为：CW＝某国制造业出口额/世界制造业出口总额。这一指标能够直观地反映一个国家的制造业产品在国际市场上的竞争地位。二是技术创新和研发投入指标。具体指研发经费占 GDP 的比例、高新技术产品的产出比例、专利数量和质量等指标。这些指标的提升能够显著增强制造业的国际竞争力。三是制造业产品质量和品牌价值。具体指通过一些国际性的质量认证和品牌评价指标，来评估制造业产品的质量和品牌价值。这些认证和评价往往由权威的国际机构进行，具有较高的公信力和参考价值。四是生产效率和成本优势。生产效率的高低直接影响到产品的成本和价格竞争力。较高的生产效率意味着更低的成本和更高的利润空间，从而增强制造业的国际竞争力。成本优势也是衡量制造业国际竞争力的一个重要方面，包括劳动力成本、原材料成本、能源成本等。

2. 间接衡量指标

间接衡量指标反映了制造业国际竞争力的衡量方法，首先是看制造业在国际市场上的盈利能力。这具体体现在销售利润率方面，反映销售收入的获利水平。计算公式为：销售利润率=利润总额/销售收入。总资产报酬率即反映运用全部资产获利的能力，计算公式为：总资产报酬率=（利润总额+利息支出+税金）/平均资产总额。其次是看制造业的市场占有率。除了直接衡量制造业在国际市场上的份额外，还可以通过产品销售率等指标来间接反映其市场占有率。产品销售率能够体现一个国家制造业产品在国内市场上的竞争力，进而影响其国际竞争力。最后是看制造业的国际化程度。国际化指数的计算公式为：国际化指数=跨国公司的国外机构数占总机构数的比率，或者国际化指数=国外市场销售收入占全部市场销售收入之比。国际化程度是衡量制造业国际竞争力的重要指标之一。较高的国际化程度意味着企业能够更好地融入全球产业链和价值链，参与国际竞争与合作。

3. 综合衡量方法

在实际操作中，为了更全面地衡量制造业国际竞争力，往往需要采用综合衡量方法。这包括将上述各项衡量指标进行综合考虑和权重分配，以形成一个综合评分体系。通过这一体系，可以对不同国家的制造业国际竞争力进行横向比较和纵向分析，为政策制定和产业发展提供有力支持。

二、我国制造业国际竞争力研究综述

近年来，有不少针对我国制造业国际竞争力方面的研究。刘磊和关权（2019）从技术层面客观评估了中国、日本、韩国三国的制造业国际竞争力。结果表明，三国的制造业在国际上都具有较强的国际竞争力。其中，中国制造业国内技术含量的增速要明显高于日本、韩国两国。但无论是制造业总体还是细分行业，中国的国内技术含量都要明显低于日韩两国，中国具有比较优势的行业集中在劳动密集型和资本密集型行业。杨勇（2019）构建了全球价值链收入及其要素分解方法，建立了基于全球价值链要素收入的显性比较优势指数来评价国际竞争力。研究发现，我国制造业全球价值链竞争力提升较快，但劳动和有形资本的显性比较优势正在弱化，无形资本的比较劣势仍然明显。余珮等（2020）对中国制造业国际竞争力脆弱性的新测度，表明中国制造业的国际竞争力是建立在其积极主动参与全球分工，并与其经济发展阶段相符的国家特定优势和企业特定优势的基础上，形成的一种特有的“中国制造”竞争优势。其中，高技术产业竞争力的脆弱性体现在实质和表现层面，而中低技术产业竞争力在实质和结果上呈现出稳固状态。丁纯和陈腾瀚（2021）的研究表明：近年来，中国制造业的国际竞争力快速上升。不过，相较于美欧的制造业优势，无论是在全球价值链地位，还是在比较优势领域，中国都集中于劳动密集型和资源密集型产业。在低端制造业中，中国的优势比较明显，中端制造业正在逐步赶超，但高端制造业与欧美相比仍有较六差距。孙禹和赵树宽（2022）用传统的总值核算法和贸易附加值法，对我国35个产业的14个制造业部门2009~2019年的相关数据进行分析。根据传统的总值核算法得出的结果显示：当前，我国在知识密集型和技术密集型制造业上获得了很大的成就。然而，贸易附加值的测算结果却表明，我国在这方面的优势并不明显，并且从长远来看，没有任何方面能够显示出有改善的趋势。对此，他们提出了发挥现有比较优势，积极向全球中端产业链发展，牢固比较优势，提高附加值等建议。

此外，许多学者从我国制造业国际竞争力的影响因素开展实证研究。例如，黄子龙和和军（2024）的实证分析表明，知识产权保护能够显著促进中国制造业国际竞争力的提升。李安等（2023）利用中国制造业2005~2018年的面板数据，实证分析技术创新对中国制造业国际竞争力的影响，并在此基础上进一步分析了数字化投入的调节作用。研究表明：自主创新对中国制造业国际竞争力的影响显著且系数为正，而数字化投入显著抑制了自主创新对中国制造业国际竞争力的积极影响，但对模仿创新和中国制造业国际竞争力的关系并未产生显著影响。因此，我国在不断提高制造业自主创新能力的同时，还要格外注重增强数字经济与技术创新的契合度。张长征和孟宪祺（2021）的研究表明：劳动力成本上升能够增强我国制造业的国际竞争力。其中，对资本密集型制造业的影响最为显著。同时，劳动力成本上升对劳动密集型、资本密集型制造业技术创新能力的提升作用，大于技术密集型制造业。

三、数字贸易赋能我国制造业国际竞争力提升的内在机理

（一）数字贸易为我国制造业国际竞争力提升创造了外部环境

数字贸易通过数据流动和技术创新，打破了传统贸易模式的地域限制，

为我国制造业提供了更广阔的市场空间和更多的发展机遇。同时，数字贸易还推动了制造业产业链的延伸和价值链的升级，使我国制造业在全球产业链中的地位更加稳固。我国政府高度重视数字贸易的发展，出台了一系列政策措施，为制造业企业提供了良好的制度环境和市场机遇。例如，放宽外商投资数字贸易行业的准入和股比限制、扩大数据领域开放、创新安全制度设计等，这些政策为制造业企业参与数字贸易提供了有力保障。

（二）数字贸易为我国制造业国际竞争力提升赋予了内驱动力

技术创新是数字贸易赋能制造业国际竞争力提升的核心驱动力。通过引入人工智能、大数据、云计算等新一代信息技术，制造业企业能够实现生产过程的数字化、网络化和智能化，降低运营成本，提高生产效率和产品质量。同时，这些技术推动了我国制造业硬件逐渐标准化，软件趋向个性化。数据成为制造业生产投入的新要素，而数字基础设施的投入推进我国制造业能够基于数据模型实现知识共享和技术提升，促进制造业产品的高质量标准化生产，提升了产品质量。

（三）数字贸易为我国制造业国际竞争力提升提供了人才支撑

数字贸易的发展对高素质人才的需求日益增加。通过对数字贸易人才的培养与引进，为制造业注入了具备跨文化沟通、数据分析及数字化运营能力的专业人才。这些能力对企业精准把握国际市场动态、优化供应链管理至关重要，能直接促进制造业国际竞争力的提升。数字贸易人才在推动技术创新与应用上扮演着不可替代的角色。他们不仅加速了云计算、大数据、人工智能等先进技术与制造业的深度融合，还促进了生产流程的智能化改造，提高了生产效率和产品附加值，使我国制造业在全球市场中占据技术领先地位。此外，数字贸易人才擅长运用数字营销工具和策略，有效拓宽了制造业产品的国际销售渠道，增强了品牌国际影响力。

四、数字贸易对我国制造业国际竞争力提升带来挑战

（一）增加贸易壁垒

数字贸易壁垒，如互联网接入不足、数字税、数据跨境流动限制、数字本地化要求、隐私和消费者保护等方面的限制性措施，不仅直接影响了数字贸易本身，增加了贸易壁垒的类型，还间接扩大了制造业企业的贸易成本。

例如，跨境数据的自由流动和授权互连是数字贸易合作往来的基础。然而，某些国家可能通过限制基础设施联通，增加我国企业在海外建立分销渠道的难度，进而提高分销产品成本。这导致中国企业开展出口贸易的意愿和可能性大大降低。同时，数字贸易壁垒不仅提高了我国制造业出口企业的运营成本，还可能压缩了其利润空间，抑制了研发投入，从而对出口产品质量产生负面作用。例如，数字服务贸易壁垒的增加可能抑制了作为制造业中间投入品的数字化产品和服务的贸易，增加了出口企业获得高质量中间数字服务投入品的成本。这导致出口企业可能选择以低质量的中间数字服务投入品替代高质量的投入品，进而抑制了制造业出口产品的质量升级。

（二）加剧市场竞争

数字贸易的发展降低了制造企业进入国际市场的门槛，使得更多中小企业能够参与国际贸易。企查查数据显示，截至 2024 年 9 月 25 日，中国工商信息中包含“跨境电子商务”的企业共有 74780 家。其中，61.8%的企业是近 3 年里成立的，并有 65.7%为小微企业。互联网市场的出现大幅降低了跨境展示商品、获取海外订单的成本，数字技术的应用使得跨境沟通、结算、物流协调更加便利。而中小企业由于组织结构简单、响应速度更快，具有更加明显的竞争优势。例如：在跨境电商行业，为了快速占据市场份额，新入场的商家往往采取低价策略，导致价格战不断升级。跨境电商平台的比价功能让消费者可以轻易找到价格更低的同类产品，进一步加剧了价格竞争。

（三）数据安全与隐私保护问题

数字贸易涉及大量的数据交换和传输，数据安全和隐私保护成为重要问题。一旦数据泄露或被滥用，将对企业和消费者造成重大损失，进而影响制造业国际竞争力。首先，制造业在数字化转型过程中，会产生大量涉及生产流程、设备监控、质量控制等环节的数据。这些数据不仅是企业运营的核心资产，还是智能制造系统决策和优化的重要依据。一旦数据发生泄露或被篡改，将直接影响智能制造系统的准确性和可靠性，甚至可能导致生产中断、产品质量下降等严重后果，从而增加生产成本并降低生产效率。其次，随着数字技术在制造业中的广泛应用，个人数据和敏感信息的收集和处理变得日益频繁。如果这些数据得不到妥善保护，不仅可能损害用户权益，还可能引发法律风险和合规问题，进而增加企业的运营成本。最后，在数字贸易环境中，消费者和合作伙伴对企业数据安全的信任度直接影响其购买决策和合作意愿。如果制造业企业在数据安全方面出现问题，将严重损害其市场信誉和品牌形象，进而影响其市场竞争力。同时，如果制造业企业在处理个人数据时，隐私保护方面做得不好，将引发消费者的不满和投诉，进而影响其市场口碑和长期发展。

（四）中小制造企业面临挑战

虽然数字贸易为众多中小企业提供了更多参与国际竞争的机会，但这也意味着中小制造企业需要面对来自全球范围内的竞争对手。由于中小企业在技术、资金、人才等方面相对薄弱，可能难以充分利用数字贸易的优势。首先，中小制造企业往往资金有限，而数字化转型需要投入大量资金用于技术采购、设备更新与硬件升级。市场上通用的生产设备往往难以满足特定行业或生产线的特殊需求，中小制造企业在选择设备时需要投入大量时间和资源进行技术适配，增加了转型的难度。同时，新旧设备之间的兼容性问题也日益突出。其次，中小制造企业往往难以通过传统融资渠道获得足够的资金支持，数字化转型所需的资金更是难以筹集。数字贸易使得供应链更加复杂和脆弱，一旦供应链中的任何一个环节出现中断，都可能对中小制造企业的生产经营造成严重影响。

五、数字贸易赋能我国制造业国际竞争力提升的对策

（一）推动贸易协定升级和数字贸易规则完善，降低数字贸易壁垒

有研究表明，签订数字贸易协定能弱化数字贸易壁垒的出口抑制效应（江涛等，2022）。因此，推动区域贸易协定升级，将增强数字贸易便利化的规则纳入协定内容，能进一步降低贸易成本，间接弱化数字贸易壁垒的出口抑制效应。与此同时，政府应加强与国际社会的合作，推动数字贸易规则的制定和完善，降低数字贸易壁垒。此外，制造企业应积极适应数字贸易的新规则和要求，提高自身的数字化水平和国际竞争力。

（二）加强市场监管，维护市场秩序

政府应加强市场监管，打击不正当竞争行为，为企业创造良好的经营环境。尤其是针对跨境电商行业，电商平台和相关部门应加强对其监管力度，

打击低价恶性竞争行为，维护市场秩序和消费者权益。同时，企业应通过品牌建设、技术创新、差异化竞争等策略应对市场竞争的挑战。首先，制造业企业应重视品牌建设，通过提升产品质量和服务水平来增强品牌影响力，从而摆脱低价竞争的困境。其次，商家应积极探索差异化竞争策略，通过创新产品、优化服务等方式来满足消费者的多样化需求，避免陷入价格战。

（三）加大保证数据安全的技术投入，建立数据安全管理制度

首先，我国制造业企业应加大在数据加密、访问控制、漏洞修复等方面的技术投入，提升数据安全防护能力。例如，采用先进的加密技术对敏感数据进行加密存储和传输；部署防火墙、入侵检测系统等网络安全设备；定期进行安全漏洞扫描和渗透测试等。其次，建立健全的数据安全管理制度和责任体系，明确数据安全的责任主体、管理流程、防护措施等，加强对员工的数据安全培训和教育，提高员工的数据安全意识和操作技能。最后，我国制造业企业应制定清晰、易懂的隐私政策，明确说明数据收集、使用和共享的方式和目的。同时，尊重用户的隐私权利，提供便捷的数据访问、更正和删除渠道。在处理个人信息时，我国制造业企业应严格遵守相关法律法规和隐私政策的要求，限制收集范围、明确使用目的、确保数据安全。对于敏感个人信息的处理，需要获得用户的明示同意，并加强保护措施防止数据泄露和滥用。

（四）加大对中小制造企业的扶持力度，加强自身的数字化建设

政府可以通过提供财政补贴、税收优惠等方式，降低中小制造企业数字化转型的成本；还可以设立专项资金，支持中小制造企业在技术研发、人才培养、市场开拓等方面的投资。政府和企业可以通过合作开展技术培训和指导活动，帮助中小制造企业掌握数字化转型所需的技术和知识。相关行业应针对中小制造企业的特点，开发更加适合其需求的数字化产品，降低技术门槛和成本。中小制造企业可以通过优化供应链管理，降低库存成本和运营成本，提高资金运作效率。此外，中小制造企业还可以积极探索数字贸易融资方式，如供应链金融、应收账款融资等，解决资金短缺问题。

第四节 跨境电商与我国外贸转型升级

一、跨境电商的内涵、特征和全球发展格局

（一）内涵

跨境电子商务是指：分属不同关境的交易主体，通过电子商务平台达成交易、进行电子支付结算，并通过跨境电商物流及异地仓储送达商品，从而完成交易的一种国际商业活动。国际环境的复杂性倒逼传统贸易方式创新改革，跨境电商就是在数字技术和互联网平台迅速发展下的一种新型国际贸易方式，是数字贸易发展的初始形态，属于广义的数字贸易范畴。

（二）特征

1. 跨境电商是一种国际商业活动

跨境电商涉及分属不同关境的交易主体，这些主体通过电子商务平台达成交易并进行电子支付结算。商品通过跨境电商物流及异地仓储送达，从而完成整个交易过程。这种交易模式不仅简化了传统的交易流程，还大大提高了交易效率。

2. 为消费者和企业提供了更加便利的购物和销售方式

跨境电商通过线上平台完成交易。消费者在网络条件允许的情况下，在家中、办公室或其他场所，可以随时随地浏览和购买来自世界各地的商品。企业则可以通过跨境电商平台发布商品、拓展业务，从而扩大市场份额。

3. 跨境电商平台上汇聚了来自不同国家的商品

跨境电商平台的商品种类丰富，涵盖日常用品、服装、饰品，以及高端的电子产品、奢侈品等。消费者可以在一个平台上购买来自不同国家和地区的商品，满足不同的消费需求。同时，跨境电商平台上的商品价格、质量等信息相对透明，消费者可以通过比较不同平台和商家的价格和质量，选择性价比高的商品。

4. 跨境电商模式多种多样

跨境电商模式包括 B2C 模式（企业向消费者销售商品）、C2C 模式（消

费者之间进行跨境交易）、B2B 模式（企业之间进行跨境交易）、O2O 模式（线上和线下结合）以及 F2C 模式（工厂直接向消费者销售商品）。这些模式为跨境电商的发展提供了更多可能性。

（三）全球跨境电商发展格局

当前，全球贸易面临多种风险和不确定性因素，贸易保护主义抬头，各国之间的贸易争端不断升级，关税和非关税壁垒层出不穷，地缘政治紧张局势也使得国际贸易环境变得不稳定。此时，跨境电商不仅降低了贸易成本，提升了贸易效率，推动了贸易自由化，还推动了全球产业的升级和转型，成为全球贸易的新亮点并逐渐重塑世界贸易格局。目前，全球跨境电商格局呈现以下特点：

1. 市场规模持续增长

由于信息技术和互联网经济的快速发展，线上购物越来越受到全球消费者的欢迎，全球跨境电商市场规模持续增长。据统计，全球跨境电商行业交易额 5 年间翻了一倍，2023 年，全球跨境电商的行业交易总额达 2.8 万亿美元。在线上渠道的迅速扩张和数字化转型的推动下，全球电商市场稳步向好，跨境电商行业渗透率平稳增长。2019～2023 年，全球跨境电商行业渗透率从 5.2%增长至 8.0%。这一增长趋势表明，跨境电商已成为全球经济的重要组成部分，并将继续保持强劲的发展势头（见图 6-3）。

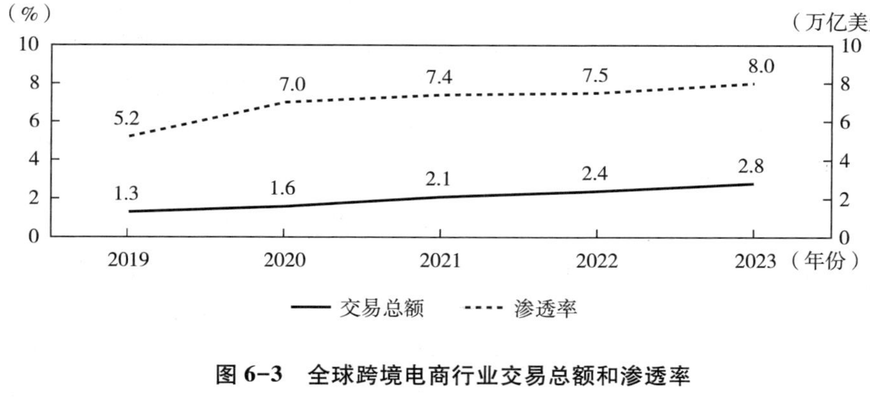

图 6-3 全球跨境电商行业交易总额和渗透率

2. 中美电商市场处于领先地位

根据电商销售额排名，2023 年，全球电商市场排名前 15 位的分别是中国、美国、日本、英国、德国、韩国、法国、印度、加拿大、意大利、印度尼西亚、巴西、墨西哥、澳大利亚、俄罗斯。其中，中国连续 11 年成为全球最大的网络零售市场，2023 年，线上销售额已经超过了 3 万亿美元，占全球电商市场总销售额的一半以上。在国内，中国拥有着世界上最大的数字买家群体，网购普及率已经超过了 80%。2023 年，超过 1/4 的中国消费品在网上销售，远高于全球平均水平。除了深耕国内市场，中国电子商务公司也不断向国际市场拓展平台，如阿里旗下的 AliExpress（速卖通）、拼多多跨境电商平台 Temu、抖音国际版 TikTok Shop 以及快时尚独角兽 SHEIN，海外影响力不断扩大。而全球排名第 2 的美国，2023 年的线上销售额也达到了 1 万亿美元，但仅相当于中国市场的 1/3 左右，其余市场份额则被其他国家占据。

3. 发展中国家新兴市场电商增速亮眼

随着发展中国家新兴市场消费者购买力不断提升，对优质商品和服务的需求日益增长。发展中国家新兴市场，如东南亚、拉美等地区的电商销售额增速处于全球领先地位，成为跨境电商行业的重要增长点。以东南亚市场为例，受益于年轻人消费红利释放和电商配套设施的不断完善，东南亚电商市场快速发展。据统计，2022 年东南亚电商交易规模达到 1310 亿美元，同比增长 17%。其中，印度尼西亚电商交易规模为 590 亿美元，泰国电商交易规模为 220 亿美元，越南、马来西亚、菲律宾电商交易规模均为 140 亿美元。虽然整体规模较中国、美国等市场来说较小，但成长速度较快。此外，2019~2023 年，拉丁美洲的电商交易量平均增速达 28.6%，2023 年电商交易量将达 5090 亿美元，持续保持强劲的增长态势。

4. 跨境电商行业竞争日益激烈

全球跨境电商行业竞争格局日益激烈。首先是跨境电商平台，如亚马逊、阿里巴巴、京东等在全球范围内展开激烈竞争。这些平台通过优化用户体验、提升物流效率、降低运营成本等手段来吸引和留住消费者。同时，一些跨境时尚零售商，如 SHEIN 等，也在全球范围内迅速崛起，通过提供高性价比的时尚产品来赢得市场份额。这些平台和零售商之间的竞争不仅体现在价格上，更体现在品牌、服务、物流等多个方面。其次是跨境电商产品和服务同质化竞争日益严重。部分跨境电商企业采取价格战和虚拟拉锯战的形式，强调产品价格，仅仅停留在低价竞争上，造成利润不足的负面影响。这种同质化竞争不仅降低了跨境电商行业的整体利润率，更限制了整个行业的创新和发展。

5. 全球化供应链更紧密地整合

首先，跨境电商使得企业能够接触和满足全球范围内的消费者需求。这要求供应链更加灵活和敏捷，能够快速响应市场变化。企业可以通过跨境电商平台收集和分析大量数据，以更准确地预测全球各地的消费者需求，从而优化生产和库存管理。其次，跨境电商通过在线平台使得企业可以直接与国外供应商进行合作，避免了中间环节的费用和时间成本。这就降低了企业的整体运营成本，企业能够更高效地整合全球供应链资源。再次，跨境电商平台为供应链中的不同环节提供了信息共享和合作的平台。供应商、制造商、物流公司等参与者可以通过跨境电商平台进行实时的信息共享和协同工作，从而更加紧密地整合在一起。最后，大数据、云计算、人工智能等技术应用不仅提升了跨境电商的用户体验和运营效率，还推动了供应链和物流的智能化水平。采用区块链和物联网等先进技术，增强了供应链的透明度和可追溯性，有效降低跨境电商的运营成本，提高了整体效率，进而促进跨境电商全球供应链进一步紧密地整合，加强了各个环节的协同作用。

6. 新兴模式发展迅速

随着市场竞争的加剧和消费者需求的多样化，传统的跨境电商模式已经无法满足市场的需求，跨境电商新兴模式应运而生。例如：社交电商模式。这是一种基于社交媒体平台的电商模式。它通过社交平台与消费者建立互动关系，以增强消费者的参与度和黏性。这种模式可以利用社交媒体的流量优势，为跨境电商企业提供了更多与消费者互动和沟通的机会，同时也为企业提供了更多的销售渠道。直播电商模式。它通过直播的方式展示商品，消费者可以在直播中与主播互动，提出自己的疑问和需求，从而获得更加真实和个性化的购物体验。这种模式显著降低了国际贸易专业化门槛，使一大批小微主体成为新的贸易主体。内容电商模式。这是一种以内容为驱动的电商模式。它通过优质的内容吸引消费者，并在内容中植入广告或商品信息，引导消费者进行购买。这种模式可以通过内容营销的方式，提高品牌知名度和美誉度，同时也能够提高消费者的购物体验和忠诚度。这些跨境电商新兴模式将成为未来发展的趋势，并在不断创新升级中适应国际市场的变化和全球消费者的需求（见图 6-4）。

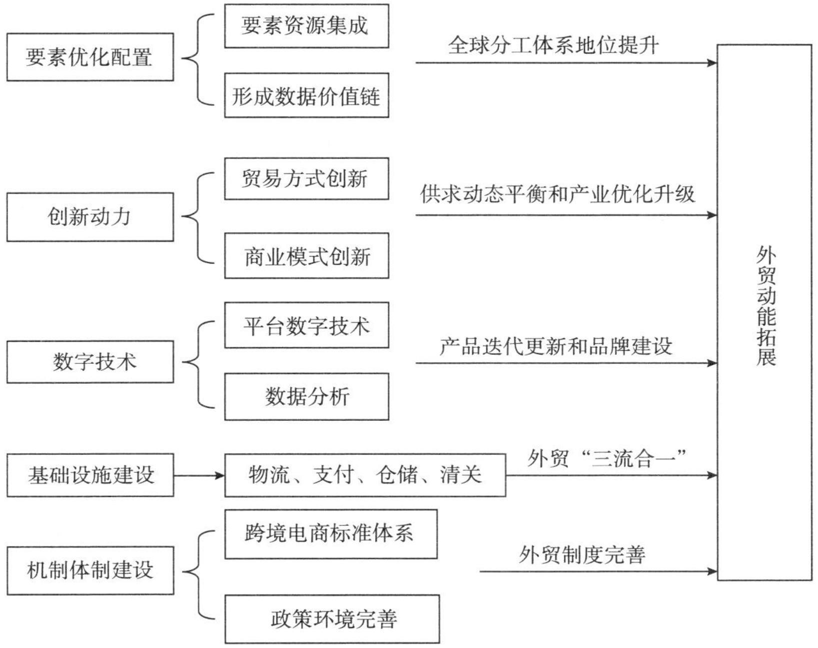

图 6-4 跨境电商拓展外贸动能的作用机制

二、跨境电商拓展外贸动能的作用机制

（一）通过要素优化配置提升全球分工体系地位

随着数字化、网络化、智能化等新技术的发展，跨境电商不断改变各生产要素的参与度和重要性，改变各国或地区资源禀赋优势，进而影响全球产业分工格局的形成。一是跨境电商促进全球要素资源集成，实现价值创造。在跨境电商平台交易中，通信网络技术使得数据规模迅速扩大，不仅推动数据与传统要素集成，赋能传统外贸提高全要素生产率，如跨境电商突破传统贸易限制，将小额化、碎片化的外贸订单进行整合形成规模优势，促进消费者能够以更低的价格购买到多样化的商品，有利于提高消费者的福利水平；

还形成新的数据价值链，创造新的价值，如跨境电商平台的数据积累和流动，与资本结合形成数字货币，与劳动力、技术要素结合则形成数据技术新的应用场景等。二是跨境电商推动要素资源优化配置，促进我国深度融入全球要素分工体系。跨境电商缩短了消费链条，释放了消费需求，推进我国消费升级。我国超大规模的市场优势和不断优化的营商环境，对国外高端要素产生虹吸效应。跨境企业需要充分考虑我国内需潜力，并将优势要素配置向我国倾斜，促进我国深度融入全球要素分工体系，在生产布局方面实现全球分工地位的攀升。

（二）通过创新动力实现供求动态平衡和产业优化升级

跨境电商根据交易主体的不同可以划分为B2B、B2C、C2C、B2B2C、O2O、M2C等多种交易方式；根据商业模式的不同又可以分为跨境直邮、跨境代购、跨境直播电商、海外仓配等形式。因此，跨境电商以丰富的创新模式，不断缩短外贸流程，提高产业链、交易链上各参与主体的协同能力，来实现供求的动态平衡。由于创新是跨境电商发展的重要动力源泉，它通过主体创新、渠道创新、服务创新、规制创新等，与传统外贸相融合，重构产业链、驱动产业创新，来实现外贸持续发展和优化升级。

（三）通过数字技术促进产品迭代更新和品牌建设

在数字时代，跨境电商将与大数据、人工智能、物联网等数字技术相融合，通过数字技术促进产品迭代升级和品牌建设。一是跨境电商运用平台数字技术，促进消费者与生产者能够直接沟通交流，为企业提供了更多的市场反馈和需求信息。通过分析海量数据，可以更精准地掌握市场趋势和消费者需求，激发出口企业不断提高产品的技术含量和质量水平，并以数字化研发设计重塑个性化定制和柔性生产等新型生产模式，促进产品迭代更新。二是跨境电商将传统外贸与互联网深度融合，让消费者更加注重质量、服务、文化、体验等品牌内涵，促使外贸企业更加重视产品的品牌建设，提升产品的附加值和差异化，实现代工贴牌生产向自主品牌建设转型。

（四）通过基础设施建设提高外贸“三流合一”

跨境电商基础设施建设涉及物流、支付、仓储、清关等多个方面，关系到外贸运行的信息流、资金流和物流的流动与协调。首先，外贸物流是最为关键的一环。物流的高效运转，直接决定了商品的交付速度和客户满意度。

跨境电商采用物联网、云计算等技术手段，提高物流的智能化和自动化程度，降低物流成本，提高运输效率，从而加快商品交付速度，提高了客户满意度。其次，外贸企业需要面对不同国家和地区的支付体系。跨境电商将逐步建立一个全球支付体系，除了快速、便捷地处理各种支付方式外，还需要建立完善的支付安全体系，提高支付的安全性和效率。再次，与传统外贸相比，海外仓储不仅是跨境电商业务流程的重要环节，还是新型外贸的基础设施。因此，跨境电商将建立全球性的仓储网络，以保证商品的存储和管理。该仓储网络通常需要采用物流信息系统和仓储管理系统对商品的实时监控和管理，进而提高仓储效率和管理水平。最后，外贸企业在清关环节需要面对各国（或地区）不同的法律和税收规定。跨境电商将建立完善的清关体系，以便商品快速便捷通关。因此，跨境电商通过以上基础设施建设实现进出口信息流、资金流、货物流“三流合一”。

（五）通过机制体系建设推动外贸制度完善

跨境电商作为数字经济时代外贸发展的新模式，面临跨越多个领域的技术、管理以及法律法规等问题。因此，相关标准、机制仍处于探索建设阶段，以推动外贸制度进一步完善。一是构建跨境电商相关标准体系。跨境电商涉及商品分类、交易流程、质量安全、税收、知识产权、数据安全、售后服务、风险防控等标准体系建设，不仅是为跨境电商发展提供支撑和保障，还是推动外贸新业态健康发展的重要内容。截至 2023 年 12 月，我国已陆续发布了 22 项跨境电商行业国家标准（见表 6-3）。二是完善跨境电商商品流通和监管的政策环境。打通海关、金融、税务、商务、工信等部门，逐步完善跨境电商商品流通和监管的政策环境。

表 6-3　跨境电商领域国家标准

序号	发布时间	实施时间	标准名称
1	2018 年 12 月 28 日	2019 年 4 月 1 日	跨境电子商务电子订单基础信息描述
2	2018 年 12 月 28 日	2019 年 4 月 1 日	跨境电子商务电子仓单基础信息描述
3	2020 年 7 月 21 日	2021 年 2 月 1 日	跨境电子商务产品溯源信息管理规范
4	2020 年 7 月 21 日	2021 年 2 月 1 日	跨境电子商务平台商家信用评价规范
5	2020 年 11 月 19 日	2021 年 6 月 1 日	跨境电子商务交易类产品多语种分类与命名（鞋类产品）

续表

序号	发布时间	实施时间	标准名称
6	2020 年 12 月 14 日	2021 年 7 月 1 日	跨境电子商务产业园服务规范
7	2020 年 12 月 14 日	2021 年 7 月 1 日	跨境电子商务物流信息申报和支付信息申报电子单证
8	2021 年 5 月 21 日	2021 年 12 月 1 日	跨境电子商务交易要求
9	2021 年 5 月 21 日	2021 年 12 月 1 日	跨境电子商务电子运单规范
10	2021 年 5 月 21 日	2021 年 12 月 1 日	跨境电子商务进口商品信息发布规范
11	2021 年 8 月 20 日	2022 年 3 月 1 日	跨境电子商务物流信息交换要求
12	2021 年 10 月 11 日	2022 年 5 月 1 日	跨境电子商务产品追溯信息共享指南
13	2021 年 10 月 11 日	2022 年 5 月 1 日	跨境电子商务产品质量评价结果交换指南
14	2021 年 12 月 31 日	2022 年 7 月 1 日	跨境电子商务在线争议解决单证规范
15	2021 年 12 月 31 日	2022 年 7 月 1 日	跨境电子商务出口经营主体信息描述规范
16	2021 年 12 月 31 日	2022 年 7 月 1 日	跨境电子商务出口商品信息描述规范
17	2022 年 11 月 8 日	2023 年 6 月 1 日	中小微企业跨境电商综合服务业务管理规范
18	2022 年 11 月 8 日	2023 年 6 月 1 日	跨境电子商务交易类产品信息多语种描述智能手机
19	2022 年 11 月 8 日	2023 年 6 月 1 日	跨境电子商务交易类产品多语种分类与命名（陶瓷产品）
20	2022 年 11 月 8 日	2023 年 6 月 1 日	跨境电子商务交易服务质量评价
21	2023 年 3 月 17 日	2023 年 3 月 17 日	跨境电子商务进口商品质量风险评估指南
22	2023 年 11 月 27 日	2023 年 11 月 27 日	跨境电子商务海外仓运营管理要求

资料来源：根据国家市场监督管理总局、全国标准信息公共服务平台等官网公布的数据整理获得。

三、我国外贸向跨境电商转型的发展历程和现状

（一）我国外贸向跨境电商转型发展历程

1. 跨境电商起步和我国外贸迅速发展阶段

改革开放初期，我国外贸集中在少数经济特区和沿海城市。2001 年，我国加入 WTO，标志着我国外贸进入一个新阶段。这一时期，以阿里巴巴、环球资源网、中国制造网为代表的跨境电商出口平台应运而生。此时，中国的跨境电商处于起步阶段，以互联网平台展示供给端和需求端信息的模式为主，主要作用是降低供需间搜索和交流成本，促成线下贸易。我国的外贸企业大

多以“展会+平台”双模式获取客户资源，开拓国际市场。

2. 跨境电商衍生和我国外贸转型阶段

随着互联网技术升级，跨境电商出口从单一的信息展示平台发展到在线交易平台。如今，这些平台不仅能让用户在线搜索信息，还能在线交流、线上下单、提供全球物流、线上支付以及对应信贷服务等。业务模式也从 B2B 小额批发业务，逐渐衍生出 B2C 零售业务。具有代表性的 B2C 中国跨境出口企业有：敦煌网、速卖通、兰亭集势、SHEIN 等。我国众多中小外贸企业抓住跨境电商衍生发展机会，迅速转型并成为跨境电商平台大卖家。跨境电商出口进入爆发性增长阶段。

与此同时，随着我国消费需求日益多样化，跨境电商抓住机遇，依托互联网平台将全球优质产品送到国内消费者手中，出现跨境电商进口热潮。具有代表性的平台有：天猫国际、京东全球购、唯品会、洋码头、苏宁易购、考拉海购等。但中国消费者对商品品质和个性需求的要求越来越高，跨境电商进口行业也由快速增长阶段逐步进入全产业链发展阶段。

3. 跨境电商全链条和我国外贸升级阶段

随着跨境电商政策的逐步完善，跨境电商从爆发性的快速增长阶段进入全产业链发展阶段。目前，我国跨境电商行业全产业链已逐步成熟，进出口、物流、支付、运营、人才等各个环节都已打通，形成跨境电商规模化发展模式。跨境电商已成为我国常态化的外贸方式，对于我国外贸升级和全球价值链地位的提升具有重要作用。然而，随着跨境电商卖家数量激增，竞争环境日益严峻。首先表现在跨境电商平台规则逐步成熟，对卖家监管更加严格；其次表现在全球原材料价格上涨，原先的价格优势逐渐消失。我国外贸行业一方面以标准化、流程化等的管理和优化来节省生产和物流环节的综合成本；另一方面将重心放在提高产品的质量、多样性和品牌塑造上。

（二）当前我国跨境电商呈现的特征

1. 跨境电商进出口规模逐渐扩大但增速有所放缓

近年来，我国跨境电商进出口规模逐年扩大。如图 6-5 所示，我国的跨境电商进出口总额从 2017 年的 0.09 万亿元增至 2023 年的 2.38 万亿元，增长超 25 倍①。但从增速来看，跨境电商的增长率从两位数降至个位数，这表明其已从爆发性增长迅速进入稳步增长阶段。由于全球市场辐射范围广以及互联网具备便利性，使跨境电商卖家能够迅速触及全球消费者，导致大量卖家迅速涌入市场。当前，跨境电商市场竞争日趋激烈，这对我国跨境电商企业的专业运营能力和创新能力提出了更高的要求。

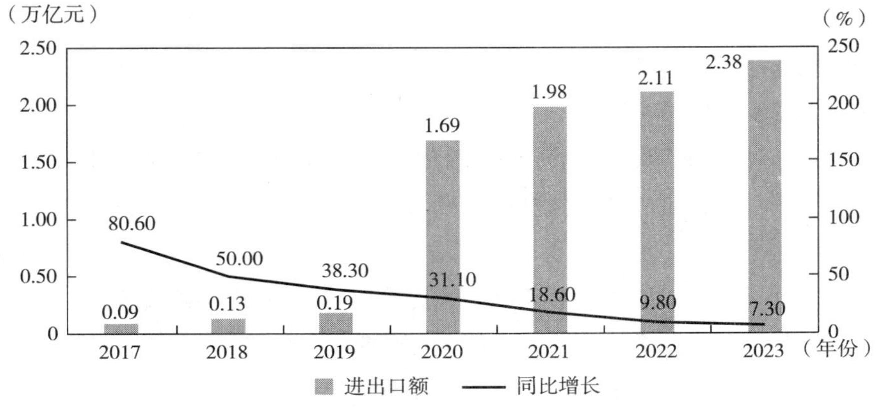

图 6-5　2017~2023 年中国跨境电商进出口总额

资料来源：根据中国海关总署公布的数据整理获得。

2. 市场主体不断壮大为跨境电商发展提供有力支撑

随着跨境电商市场主体不断壮大，为全球跨境电商的发展提供了有力支撑。我国跨境电商平台企业、物流企业、支付企业等在技术创新、服务优化、市场拓展等方面都取得了显著的成果，推动了我国跨境电商行业的快速发展。首先，我国的跨境电商平台企业，如阿里巴巴、京东、拼多多等，通过构建完善的电商平台，提供便捷的商品展示、交易、支付、物流等服务，为国内外卖家和买家搭建了高效的交易桥梁。这些平台还利用大数据、人工智能等技术，提供方便快捷的购物体验、购物保障、售后服务，以及个性化推荐和社交分享等功能，拥有数量庞大的用户群体。其次，我国的物流企业，如顺丰、中通、圆通等，在跨境电商物流方面发挥了重要作用。它们通过建立完

① 资料来源：中国海关总署。

善的物流网络、提高物流效率、降低物流成本等方式，为跨境电商提供了快速、稳定、可靠的物流服务。此外，这些企业还积极探索海外仓、边境仓等新型物流模式，进一步提升了跨境电商的物流体验。最后，我国的支付企业，如支付宝、微信支付等，为跨境电商提供了安全、便捷的支付服务。它们通过技术创新和风险控制，保障了交易资金的安全和快速到账，提高了跨境电商的支付效率。同时，这些支付企业还积极拓展海外市场，与多个国家和地区的支付机构建立合作关系，为跨境电商的全球化发展提供了有力支持。

3. 跨境电商平台与独立站双轨模式凸显优势

跨境电商平台企业的迅速发展，为全球商家和消费者搭建了交易的桥梁。在我国，亚马逊、阿里巴巴国际站、全球速卖通、Wish、eBay 是跨境电商企业偏好入驻的平台。在全球不同区域，存在着各自具有影响力的跨境电商平台，如东南亚地区的 Lazada 和 Shopee，印度最大的电商零售商 Flipkart，新西兰的 Trade Me，以及日本的乐天等。这些第三方平台也是我国跨境电商企业进入国际市场的重要选择。然而，随着跨境电商平台管理逐步规范、运营成本不断增加，独立站强势兴起。与第三方平台相比，独立站具有独立的域名、品牌和经营权，跨境企业可以自主控制和管理整个销售过程。除海外服务商 Shopify、Yeahpages 中国业务外，我国的 ShopExpress、PingPong、连连国际等独立站服务商近年来增长迅速。有研究显示，2022 年，中国跨境出口电商自营独立站规模占总规模的比例为 13.3%，呈现上涨趋势。目前，很多跨境电商企业倾向于选择多渠道，即选择第三方平台和独立站双轨并行模式，实现两者优势互补。

4. 跨境电商相关政策措施不断完善

跨境电商从无到有，已经成为我国外贸发展的新动能。为推动我国跨境电商高质量发展，截至 2023 年底，我国已设立 165 个跨境电商综合试验区，覆盖全国 31 个省份。在这些试验区中，既有外贸优势明显的城市，又有产业特色突出的城市；既有沿边沿海城市，又有内陆枢纽城市。其中，广东、江苏、浙江等外贸大省，以及北京、天津、上海、重庆等直辖市均已实现全覆盖。各试验区积极在海关监管模式、税收征管模式、业务模式以及服务要素等方面开展创新探索。一方面大力推进跨境电商相关规则和标准建设，另一方面不断完善跨境电商配套支持政策，如优化跨境电商零售进口商品清单，便利跨境电商进出口退换货管理，研究制定跨境电商知识产权保护指南等。此外，我国根据外贸形势变化，持续跟进支持跨境电商的政策措施。例如，2022 年，商务部印发的《商务部中国出口信用保险公司关于加大出口信用保险支持做好跨周期调节进一步稳外贸的工作通知》《关于用好服务贸易创新发展引导基金支持贸易新业态新模式发展的通知》等，这些政策从不同层面为推动跨境电商稳定发展提供了有力支撑。

（三）我国外贸向跨境电商转型存在的问题

1. 信用和风险防范体系需加强建设

相较于欧美发达国家，我国的信用体系建设稍显滞后，信用风险已成为制约我国跨境电子商务的瓶颈之一。一是我国与其他国家或地区的信用管理合作尚处于初步阶段。在外贸信用管理领域，我国已取得一定成效，如我国海关持续深化海关信用管理制度改革，构建以信用为基础的新型海关监管机制，不断推动 AEO 国际互认合作。截至 2023 年 12 月，中国已经与新加坡、韩国、欧盟等 26 个经济体 52 个国家（地区）签署 AEO 互认协议。其中，共建“一带一路”沿线国家和地区增加至 35 个，互认协议签署数量和互认国家（地区）数量居全球“双第一”。但我国与其他国家或地区相互之间缺乏对方企业和消费者的信用数据，导致本国消费者和企业在开展电子商务时缺乏信用参考依据。而且，各国法律既存在差异，又缺乏统一的信用标准，一些跨境交易因信用服务缺失而被监管部门制止的情况时有发生。二是我国不同部门的信用数据难以实现互联共享，失信惩罚机制也不完善。电子商务服务提供商分别建立了各自的信用评价体系，但是这些信用数据仍无法共享。

2. 跨境物流面临新困境

跨境电商发展到新阶段，更加注重商品的快速流通。跨境物流配送的及时性、安全性和成本高低等成为影响跨境电商发展的重要因素。一是跨境物流的及时性。由于国际航运、海关清关等环节的复杂性，跨境物流往往面临较长的交付周期和不确定的送达时间。既给消费者带来了不便，又增加了经营者的库存压力。二是跨境物流“最后一公里”难度大。由于不同国家和地区的交通、地址规范等差异，以及居民收货时间和配送需求的多样性，有效地完成“最后一公里”配送成为一大难题。三是跨境物流的成本高。跨境电商物流中包含了多个环节的成本，除国际运输费用外，还会出现仓储费用、包装费用、关税和税费等。这些成本的累积使得跨境电商物流的总体成本较高，影响了跨境电商企业的利润空间和产品价格竞争力。四是我国跨境物流企业信息处理能力较低，跨境物流可追溯性有待提高。跨境电商物流涉及多个环节和参与方，如果信息流动不顺畅、不透明，将给消费者带来信任问题，也会限制供应链的可控性和反向追溯能力。与发达国家相比，我国第三方物流企业的信息处理能力水平较低。在配送中心选址、货物配送方案设计与选择、库存优化控制等方面还处于半人工状态，这不仅降低了货物配送的及时性与准确性，导致售后服务能力也相应不足，还提高了物流的成本。尽管中国邮政、物流企业、第四方资源整合服务商，甚至电商平台，都通过资源整合提供集约化服务，以应对跨境电子商务中的物流瓶颈。然而，这些企业在国际覆盖范围、物流配送效率、物流信息采集等方面，与国际物流快递公司相比仍存在较大差距，无法有效满足我国跨境电商企业的需求。

3. 跨境电商综合配套服务能力有待提升

跨境电子商务涉及支付、物流、税收、售后、管理等多个环节。随着我国跨境电子商务的迅速发展，这些环节存在的问题也日益凸显，跨境电子商务的综合配套服务能力有待提升。据统计，目前，我国跨境电商出口商大都选择亚马逊、eBay 等平台进行跨境交易，亚马逊全球开店的调研结果显示，超过 80%的中国卖家认为，亚马逊是他们最满意的出海平台。在支付方面，目前，在跨国交易中，超过 90%的卖家和超过 85%的买家认可并正在使用 PayPal 电子支付业务，我国跨境电商企业就是以使用 PayPal 为主。此外，我国在第三方物流、海外仓储、分销售后、金融服务等方面严重依赖国外平台或国外企业。

4. 外部环境变化多端，市场竞争日趋激烈

跨境电商正在从外贸新业态转变为外贸新常态，国内、国际的线上消费习惯已经形成，为跨境电商发展奠定了市场基础。然而，跨境电商面临的外部环境变化很快，不确定因素仍有很多。为保护本国中小企业和线下实体经济，印度、泰国、印度尼西亚等东南亚国家纷纷出台了限制和禁止电商发展的措施；美国、欧盟等宣布禁止或限制直播电商。除了电商领域的限制措施外，各国针对贸易的限制措施也一直层出不穷，如澳大利亚 2024 年宣布禁止进口电子烟。此外，跨境电商平台规则变化快且监管越发严苛。例如，亚马

逊多次调整平台规则，造成了多次封店潮，给跨境电商行业尤其是中国卖家带来了极大冲击。

目前，全球已有很多大型跨境电商平台，如亚马逊、eBay、AliExpress 等，各国基本上有各自市场份额占比高的本土电商（见表 6-4）。这些平台为消费者提供了广泛的选择，同时也使得跨境电商竞争变得更加激烈。而我国跨境电商中小企业较多，产品、价格、运营策略变革快，行业整体竞争压力较大。

表 6-4　2023 年各国电商市场头部电商平台销售额

单位：万亿美元

中国企业	销售额	美国企业	销售额	英国企业	销售额
京东	1327.6	亚马逊	1302.7	亚马逊英国	153.6
天猫	221.9	沃尔玛	524.0	Sainsbury's	70.4
唯品会	163.8	苹果	309.9	乐购	70.4
日本企业	销售额	韩国企业	销售额	印度企业	销售额
亚马逊日本	128.3	Coupang	182.5	AJIO	21.5
苹果	36.1	Himart	13.4	Reliance Digital	13.7
Yodobashi	25.0	SSG	13.3	JioMart	12.4
德国企业	销售额	印度尼西亚企业	销售额	加拿大企业	销售额
亚马逊	161.0	京东	10.2	亚马逊加拿大	115.1
OTTO	50.6	Blibli	6.9	沃尔玛	41.5
Zalando	29.2	Orami	3.7	Costco	25.5
法国企业	销售额				
亚马逊法国	51.4				
Shein	17.5				
Veepee	15.7				

资料来源：SN 跨境营销．盘点 2023 年国家及地区的电商市场规模情况［EB/OL］．［2023-12-05］．https：//baijiahao. baidu. com/s？ id=1784321857215377611&wfr=spider&for=pc.

四、优化跨境电商发展助力我国外贸发展路径

（一）建设和完善跨境电商信用评价和风险防范体系

由于跨境电商涉及不同国家和地区的交易双方，因此，首先需要建立一

套完善的信用评价标准，对交易双方的信用状况进行评价。在此基础上，由政府或行业协会主导，确立统一的行业对接标准，形成权威的跨境电商信用数据库。同时，构建跨境电商行业失信惩罚机制，将失信企业和个人录入信用数据库，逐步推进数据互联共享。在我国已发布的22项跨境电商行业国家标准中就有数项有关信用评价标准，如果能提高其适用性，形成跨境电商行业信用数据库，将有利于我国跨境电商信用管理体系建设。其次加强与其他国家或地区的信用管理合作，继续推动AEO国际互认合作。由于通过AEO认证的跨境电商企业属于高信用等级，不仅能获得中国海关的优惠便利，更能在境外互认国家取得便捷通关等其他政策优势。因此，应继续推动我国跨境电商企业提升信用等级，对标AEO认证标准。最后健全跨境电商相关规则，完善跨境电商监管制度。加快跨境交付、个人隐私保护、跨境数据流动、消费者权益等领域的国内与国际规则衔接。有序推进数据立法进程，健全数据产权制度。细化数据安全和个人信息保护标准规则，完善跨境电商知识产权保护制度。同时，改善跨境电商监管环境，完善跨境电商政策主体协同机制，建立有效的多部门沟通协作机制，提升政府监管效能，加强跨境电商市场秩序的重点监管，提高监管的智慧化水平。

（二）推动政策优化、技术创新和数字化转型，提高跨境物流效率

针对跨境物流当前的发展困境，首先，推动政策优化。政府可以加大对跨境电商物流的政策支持力度，简化海关清关流程，提供税费减免政策，并促进物流基础设施建设，以降低物流成本和提高效率。其次，推动跨境物流技术创新和数字化转型。运用物联网、大数据分析等技术手段，提高物流管理和运营效率，实现物流信息的实时监控和预测。同时，推广电子商务平台和数字支付工具，简化交易环节，提升用户体验。再次，强化供应链风险管理。建立健全的供应链风险管理机制，包括订单跟踪、风险识别与评估、库存管理和备货策略等，以减少运营风险，解决“最后一公里”配送问题。最后，建立信息共享机制，提高跨境物流信息透明度和可追溯性。跨境电商关联行业加强协同合作，建立多方参与的信息共享机制，共享信息和资源，提高物流的信息透明度和可追溯性。同时，可以共享物流资源和仓储设施，优化配送网络，以此来降低成本。

（三）培育多元化平台，提高综合服务能力

支持我国跨境电商平台企业做大做强，鼓励各企业通过创新发挥独特的

核心优势，做强特色服务。在相互借鉴的基础上实现错位发展，共同建设良好的跨境电商生态。培育具有竞争力的跨境电商综合服务企业，推动构建整体性跨境服务网络，提升跨境服务能力。支持银行机构以系统直联模式，与跨境电商平台、市场采购贸易联网信息平台对接，加强贸易真实性审核，提升跨境电商人民币结算效率。支持有实力的跨境电商企业建设海外仓，推动海外仓运营服务向标准化、数字化发展。加快我国国际物流企业嵌入全球供应链、物流链的进程。提升我国跨境电商公共服务平台效能，支持专业服务机构提供通关、物流、品牌营销、融资、法律等服务。发挥我国跨境电商产业园的作用，并将其建设成为一个集平台、货源、仓储、物流于一体的跨境电商聚集生态群落。

（四）实施市场多元化布局战略，深化高水平对外开放

随着国际贸易摩擦不确定性增加，为提高外贸企业在国际市场上的竞争力和适应能力，一方面，针对成熟市场，需从加强产品创新、品牌建设、优化供应链等方面巩固竞争优势；另一方面，可借助跨境电商开拓新兴市场。随着 RCEP 的生效与实施，跨境电商企业可以接触到更广阔的市场。关税减免、规则统一、物流便利以及供应链优化等因素，也为我国跨境电商“出海”提供了良好的贸易便利条件，创造了有利的电子商务环境。共建“一带一路”沿线国家和地区具有巨大的经济发展空间和市场潜力，对跨境电商需求旺盛，为跨境电商提供了广阔的市场空间。“一带一路”倡议通过降低关税、提高通关效率等措施，促进了我国与沿线国家的贸易往来，提高了跨境电商的物流效率和用户体验。总之，在巩固成熟市场的同时，我国跨境电商企业也需充分利用这些机遇，加强自身的竞争力，从而实现可持续发展。

（五）提升跨境电商运营能力，培育国际竞争优势

当前，跨境电商行业已从野蛮式增长步入更为成熟稳定的发展新阶段。行业进入门槛将大幅提升，新进入者主要以外贸企业以及国内品牌等类型的企业为主。此外，地域冲突、海外通胀以及消费疲软等因素依旧存在。跨境电商需要持续围绕产品、品牌、供应链、组织管理及资金等方面提升跨境电商运营能力，培育竞争优势，以提升抵抗风险的能力。首先，在激烈的跨境电商市场竞争中，选品是关键。在了解目标市场及消费者需求后，刚需大、潜力大、属于“蓝海”类项目、可持续性强、体积小、重量轻、材质好等，

是跨境电商选品的标准。同时，要遵守平台规则和当地法律规定。例如，Lazada 是将 6 个国家归集于同一平台的软件。卖家日常不仅要遵守平台的规则，还需特别留意每个国家的法律法规，因此，在上传商品前，应认真阅读《所有国家禁售产品一览表》等规则。其次，产品品质依然是跨境电商的核心。与可靠的供应商及第三方物流开展合作，可以提高产品品质管理的可靠性和透明度；在产品进入国际市场之前，要进行严格的品质控制和检测；建立品质管理体系，提高产品品质和品牌声誉；加强包装和运输管理，建立消费者反馈机制，及时了解和解决消费者关于产品品质的问题。再次，跨境电商企业需要根据自身实力和市场需求，选择合适的商品品类和品牌定位，并进行有效的品牌管理和推广，以树立品牌形象，赢得消费者的信任与忠诚。最后，供应链直接影响跨境电商企业的竞争力。优化跨境电商供应链，最关键的就是调整运营、库存、采购和分销方式，为企业降本增效，创造竞争优势。企业还应与供应商保持良好的沟通，确保能及时满足市场需求，并通过分析产品的销售数据及未来的需求趋势，提升库存管理水平。此外，企业要合理管理内部资源，保证员工、系统以及所投资的技术与公司发展节奏一致。

第五节　数字服务贸易推动我国贸易高质量发展路径

一、数字服务贸易的定义和范围

一般来说，数字服务贸易是数字技术赋能服务贸易、服务贸易数字化转型的表现，归属于服务贸易范畴。由于各国数字技术的应用程度以及所处的时期不同，数字服务贸易所涵盖的范围和细分领域在不同时期也存在差异。美国商务部经济分析局（USBEA）在 2012 年首次定义“数字服务贸易”的概念，即由信息通信技术参与且发挥重要作用的跨境服务贸易。具体包括版权和许可费、金融和保险服务、通信服务、专业和技术服务（Borga and

Bruner，2012），但当时提出的数字服务贸易的范围不够全面。2015 年，联合国贸易和发展会议发布的《国际信通技术服务贸易和信通技术带动的服务：衡量信通技术促进发展伙伴关系的拟议指标》，在分析信息通信技术对服务贸易支持程度的基础上，提出了“数字交付服务”的概念。数字交付服务是保险和养老金服务，金融服务，知识产权使用费，电信、计算机和信息服务，其他商业服务以及视听和相关服务的集合。相较于之前的定义，该定义更加全面、细化。经过实践，各国际组织及各国，陆续对数字服务贸易的概念进行了扩展，而我国最新规定出自在商务部服务贸易和商贸服务业司于 2022 年发布的《中国数字贸易报告 2021》，该报告提出了数字服务贸易的定义和范围。为了便于开展国际比较分析，我国提出了数字贸易概念框架，将数字服务贸易定义为：“以全部或部分通过数字形式交付的跨境服务贸易，包括互联网平台服务、数字金融与保险、远程教育、远程医疗，以及管理与咨询等传统服务的数字交付部分。”

二、全球数字服务贸易发展概况

全球互联网时代，在大数据、云计算、物联网和人工智能等数字技术的强力推动下，服务贸易的数字化进程明显加快，数字服务贸易展现出强大的韧性和潜力。如图 6-6 所示，2018~2022 年，全球数字服务贸易额从 2.93 万亿美元增长到 3.82 万亿美元，年均增长率为 7.5%，全球贸易的数字化进程大大加快。以 2022 年为例，从数字服务贸易细分行业来看，增长较快的是 ICT 服务、其他商业服务、个人文娱服务，分别同比增长 6.1%、6.0% 和 5.9%。从经济体来看，区域数字服务贸易增长出现分化。数字服务出口增长较快的地区有拉美和加勒比海地区、中东、亚洲、非洲，分别同比增长 22.0%、15.3%、10.0% 和 8.0%；增长较慢的地区主要是北美和欧洲，分别同比增长 4.9% 和 -0.3%。2022 年，全球数字服务贸易排名前 10 的经济体构成与 2021 年一致。其中，印度、美国、中国增长最快，分别同比增长 22.6%、5.9%、3.2%，日本、德国、英国、法国出现了负增长[①]。

---

① 资料来源：国务院发展研究中心对外经济研究部和中国信息通信研究院发布的《数字贸易发展与合作报告 2023》。

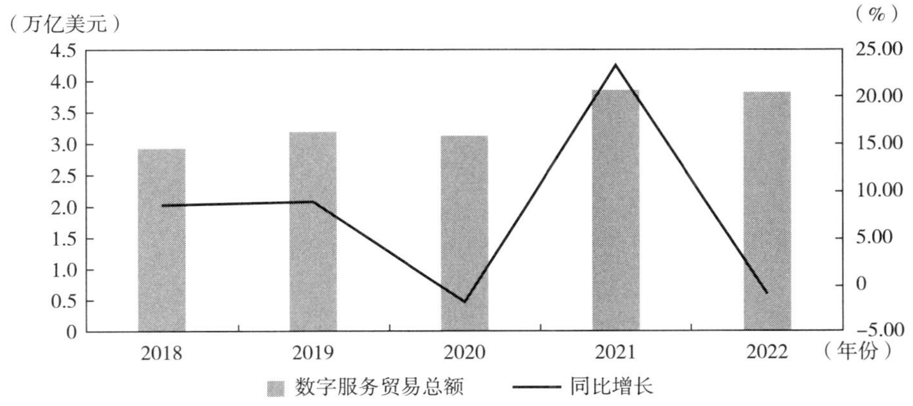

图 6-6　2018~2022 年全球数字服务贸易额

资料来源：国务院发展研究中心对外经济研究部和中国信息通信研究院发布的《数字贸易发展与合作报告 2023》。

目前，全球数字服务贸易主要参与者包括发达国家和发展中国家，但发展存在较大不均衡。发达国家如美国、英国等，在数字服务贸易领域具有显著优势，其数字基础设施完善，技术创新能力强，拥有众多全球领先的数字服务企业。中国信息通信研究院 2023 年发布的《全球数字治理白皮书》数据显示，发展中经济体参与跨境数字服务贸易的程度普遍较低。2021 年，发达经济体数字服务出口在世界的占比达到 77. 8%，而发展中经济体和最不发达经济体仅分别占比 22%和 0. 2%。

三、我国数字服务贸易现状

得益于庞大的电商市场容量和强大的制造能力，我国跨境电商发展居于世界前列。然而，相较于跨境电商，我国数字服务贸易尚处于起步阶段。据 WTO 公布的数据显示，近 20 年来，美国长期占据全球约 20%的数字交付服务出口份额，欧盟份额长期维持在 40%左右，中国数字交付服务出口在全球份额中提升较快，从 2005 年的 1. 4%提升至 2022 年的 5. 2%，但还未达到世界一流水平。如前所述，自 2018 年起，我国数字服务贸易连续 5 年保持顺差。2022 年，我国数字服务出口占全球份额同比上升 0. 2 个百分点，净出口规模达 467. 5 亿美元，同比增长 55. 8%。值得一提的是，据统计，“一带一路”沿线国家是我国可数字交付服务贸易顺差最大来源国。在细分数字服务贸易中，我国知识产权使用费增速领先。其中，在出口方面，知识产权使用费、其他商业服务、ICT 服务增长最快，分别同比增长 13.3%、7.9%和 7.7%；在进口方面，保险服务增长最快，同比增长 30.2%。数字服务出口产品从工具类向多品类拓展，排名前 20 的互联网应用已涵盖短视频、游戏、电商、金融、移动出行等多个领域，不再局限于早期的杀毒软件和浏览器等工具。

因此，虽然我国数字服务贸易尚处于起步阶段，但已显现出强大的发展潜力，成为推进我国服务贸易规模扩大、结构优化和高质量发展的重要抓手。同时，这对于促进我国从数字贸易大国向数字贸易强国转变，推动我国贸易高质量发展来说，具有重要的现实意义。

四、数字服务贸易推动我国贸易高质量发展的理论机理

（一）数字服务贸易积累沉淀的数据成为新的生产要素

由于数字服务贸易是以全部或部分通过数字形式交付的跨境服务贸易，大量数据将伴随着数字服务贸易的数字化交互产生，成为一种新的生产要素，与资本、劳动、技术等传统生产要素共同创造价值。数据要素还可以作用于其他要素，提高其他要素的效率和效果，实现要素的优化组合和配置。数据要素具有高效的流通性，复制和传输成本非常低。同时，数据要素的规模越大，数据之间的联系就越丰富，数据的价值就越高。数据要素呈现规模报酬递增的特征。数据要素对各国经济增长有明显的拉动效应。据麦肯锡公司预测，数据流动量每增加 10%，将带动 GDP 增长 0.2%。预计到 2025 年，全球数据流动对经济增长的贡献将达到 11 万亿美元。根据经济合作与发展组织（OECD）测算，数据流动对各行业利润增长的平均促进率在 10%，在数字平台、金融业等行业中可达到 32%。数据要素在我国经济中发挥着越来越大的作用，据 2022 年《中国数据要素市场发展报告》显示，2021 年，数据要素对 GDP 增长的贡献率和贡献度分别为 14.7%和 0.8%。

（二）数字服务贸易推动制造业转型

全球数字贸易发展加速数据要素集聚，带动全球生产要素再配置，推动全球传统产业生产方式调整。首先，数字服务贸易提高资本配置效率。在数字经济背景下，数字服务贸易帮助制造业通过网上互联互通，节约中间投入，

简化交易前、交易中、交易后的交易成本。这对制造业企业来说，将有可能把资本配置到更需要资金的环节。其次，数字服务贸易加快劳动力调整效率。一方面，数字服务贸易加快了人力资本的协调交流效率，促进劳动力要素市场向着高效化、开放化方向完善，解决制造业用工难问题；另一方面，数字服务贸易创造了更多新岗位，倒逼传统劳动力向数字化劳动力转型，为制造业自动化、智能化转型提供数字化人才。最后，数字服务贸易促进技术和知识在制造业中的积累。数字服务贸易本质上是技术密集型和知识密集型的新业态模式，因此，数字服务贸易的发展将促进技术和知识等新的生产要素在制造业中的积累，作用于制造业发展的全过程，进而促进制造业的绿色转型升级。

（三）数字服务贸易促进服务型制造创新发展

数字服务贸易大幅增加了服务供给种类和范围，出现了更多的生产性服务，推动制造业向服务型制造转变。随着数字技术的赋能加持，服务型制造极大地拓展了其发展空间。许多大型传统制造企业不仅完成了自身的数字化升级，还逐步向服务业拓展，为上下游生态企业的数字化改造提供解决方案。同时，我国还出现了一批新锐企业。这些企业在细分领域深耕专业化、高技术的生产性服务业，赋能高端制造业的快速发展。我国服务型制造将数字化技术与网络化、智能化、绿色化技术跨界集成应用，将其作为提升产业竞争力的技术基点。通过以数字化模型应用为基础的虚拟制造技术，来推进信息化和工业化的融合。

（四）数字服务贸易提升服务贸易全球价值链地位

首先，数字服务贸易扩大了服务贸易的规模，提升了国际贸易中服务贸易的比重。互联网通信技术的发展提高了数字网络的效率，降低了服务产品的时空限制，使得原本局限于现场的医疗、教育、艺术表演等服务可以面向全球客户，增强了服务的可贸易性。同时，平台企业的发展，以数据为核心要素的数据服务产品不断创新，丰富了服务产品的种类，拓展了服务贸易的空间，促使国际贸易结构中服务贸易的相对份额提升。其次，数字服务贸易通过降低交易成本促进服务贸易多链融合，提升了国际竞争力。数字服务贸易有效缓解了贸易中的信息不对称，进而降低了交易成本。基于提供数据服务的互联网平台将生产者、供应商、零售商和消费者联结在一起，通过生产与需求的精准匹配，提高了资源配置效率和产业分工效率，促进了服务贸易产业链、供应链和价值链的多链协同发展。同时，数字服务贸易通过数字技术促使服务贸易向数字化和智能化转型，服务贸易产业链和价值链不断走向高端，进而提高我国服务贸易在全球价值链中的地位，提升我国贸易的竞争力。

五、我国数字服务贸易面临的挑战

（一）各类贸易壁垒阻碍数字服务贸易规模扩大

由于各国数字服务贸易发展水平不同，各国在数字服务贸易市场准入、监管水平以及利益诉求等领域存在差异。无论是发达经济体还是发展中经济体，数字服务贸易壁垒普遍存在，具体体现在数据境内存储、跨境数据流动限制、数字服务企业的市场准入限制、数字服务税的征收管理等。例如，俄罗斯要求实现信息数据的强制本地化，其国家通讯社的操作规则是要求电子通信和网络提供商配备数据留存设备来实现数据的收集操作，并且数据要在服务器上保留 12 小时以上；澳大利亚则专门针对个人医疗数据做出了禁止出境的立法规定；从 2018 年开始，美欧国家通过一系列规定限制中国数字服务企业的数字产品进入其市场；英国从 2020 年 4 月 1 日开始征收数字服务税，其课税对象是通过提供搜索引擎服务、社交媒体服务以及在线商城服务这三类服务而获取的源自英国用户的营业收入；法国从 2019 年 1 月 1 日开始对两类数字服务营业收入征收数字服务税，课税对象包括用户间联络和互动的平台类服务、基于用户数据的广告服务。有研究表明，各国数字服务贸易限制性措施主要集中在基础设施和连通性方面，且呈现不断增长的趋势。相较而言，发展中国家数字服务贸易限制措施多于发达国家（王拓、徐然，2022）。因此，在一定时期内，数字服务贸易壁垒是阻碍全球数字服务贸易规模扩大的主要原因。

（二）数字服务贸易核心技术与发达国家尚有差距

数字服务贸易是数字技术与服务贸易融合产生的新业态新模式。因此，要看一个国家在国际数字服务贸易市场上是否具备竞争优势，关键在于其是否掌握了创新性核心技术。尽管在人工智能技术、语音和人脸识别技术等数字应用技术方面，我国已处于领先地位，但我国数字技术领域基础还很薄弱。数字基础设施的相关核心技术主要依靠进口，落后于发达国家。突破关键核心技术需要人才，而我国数字服务贸易人才领域匮乏。一方面，我国在人工智能、信息通信、大数据、物联网、云计算、5G 等数字基础研究和应用技术方面，人才缺口很大。另一方面，数字服务业发展和企业数字化转型升级也急需专业的人才。因此，若数字核心技术无法实现突破，就难以破解数字服务贸易发展中的核心困境。

（三）数字服务贸易结构尚待优化

虽然我国数字服务贸易呈现出顺差趋势，但数字服务贸易结构并不均衡。我国数字服务贸易主要依赖于其他商业服务和信息通信服务，在高附加值的技术密集和知识密集型数字服务出口方面，与占据科技主导地位的国家相比，不具备很强的竞争力。高红伟（2023）的研究显示，2008~2019 年，我国信息通信服务国际市场占有率位居全球第一，其他商业服务和知识产权收费服务也较为乐观，在国际市场上拥有一定的竞争力。但保险和养老金服务，个人、文化和娱乐服务以及金融服务在国际市场上占有率偏低。《中国数字服务贸易发展报告 2018》显示，在由公共云服务提供商、高科技公司使用和运营的全球范围内拥有 5 万~10 万以上服务器数量的超大规模数据中心数量中，中国占比仅为 8%；以云计算、区块链和人工智能为代表的新一代信息技术应用服务占信息技术服务外包的比重仅为 2.7%，其中软件出口占比仅为 1.84%。目前，我国数字服务贸易细分行业的国际竞争力状况基本未变。2022 年，我国数字可交付服务贸易顺差项主要为 485 亿美元的其他商业服务和 449 亿美元的信息通信服务，逆差项则主要为 309 亿美元的知识产权服务和 163 亿美元的保险服务。可见，我国数字服务贸易结构还有待优化，需要提升高附加值数字服务产品的出口竞争力。

六、推动我国高质量数字服务贸易发展路径

（一）打造数字服务贸易规则体系，提升我国国际话语权

目前，数字服务贸易是具有较高竞争力的发达经济体，并根据本国特点，强化知识产权和数字资产保护，改善对个人数据隐私的保护，建立起比较完备的法规体系。发展中国家数字服务贸易壁垒之所以高于发达经济体，很大程度是由于数字服务贸易制度供给不足。而我国也尚未建立起一套比较完备的数字服务贸易规则体系。因此，我国应对数字服务贸易壁垒，首要任务是健全数字服务贸易的监管体系，构建自身的数字服务贸易规则体系。除此之

外，要密切关注全球数字服务贸易壁垒的动态，积极参与国际服务贸易规则的制定和修订工作，提升我国在国际上的话语权和影响力。2022 年 12 月 20 日，中国、美国、欧盟等世贸组织主要谈判参加方正式启动《服务贸易国内规制参考文件》在世贸组织的生效程序。该规则有助于世贸组织成员进一步增强服务业领域的政策透明度，提高许可和资质审批的效率，从而减少企业跨境服务贸易成本，将有利于保障我国服务贸易企业的合法权益。

（二）促进技术和人才要素发展，奠定数字服务贸易发展产业基础

为夯实数字服务贸易发展产业基础，一是推进关键核心技术攻关。发挥科研机构和头部数字企业的作用，提高原始技术创新能力，突破底层技术架构等关键核心技术瓶颈。目前，我国在数字化领域已取得不少成绩，但仍有一些关键项目需攻克，如光刻机、EDA 软件、操作系统、智能算法、5G 商用、工业基础软件等。二是建立数字人才全链条生态体系，加大数字化技术人才和创新型人才的培养。首先是构建系统化数字人才培养体系，实现专业和课程设置、师资配备、招生规模等方面向数字产业需求看齐。具体如义务教育阶段数字技术等课程的普及与推广，高等教育阶段加强数字经济关键技术研发人才的培养。加强产教融合，促进数字人才培养与产业需求之间的有效衔接，搭建数字人才国际交流合作平台，加强数字人才国际化培养等举措。其次是打造多元化数字人才培训机制。例如，充分利用产学研合作机制推进数字技能人才的定制化、定向化培养。引导社会职业培训机构设置人工智能、大数据分析、数据库运营管理等数字技术相关培训课程。最后是完善数字人才保障措施。通过构建数字人才评价标准、数字人才激励政策等措施，来完善数字人才的保障体系建设。

（三）提高知识密集型产业发展效率，优化数字服务贸易结构

自 2018 年以来，我国数字服务贸易顺差扩张较为迅速，未来可能成为我国服务贸易顺差的重要支柱。在细分行业上，我国信息通信服务和其他商业服务贸易顺差扩张最为明显，但与印度相比仍有较大差距。同时，我国的金融服务、知识产权贸易差额也均低于发达国家。因此，通过科技创新、人才发展、服务提升来提高知识密集型服务产业的发展效率，是增强我国数字服务贸易国际竞争力的重要方向。首先，高水平的知识产权保护不仅能激励科技创新，保护知识密集型服务业的创新成果和企业的权益，还能有效地促进

产业联合和知识共享，为创新发展积累更多的新知识，为知识密集型服务业的集聚效应提供强有力的支撑。其次，把握数字经济发展机遇，以数字创新技术推动数实融合，进一步发展生产性服务业和生活性服务业，提高服务的可贸易性，从而为知识密集型服务业快速发展提供动力支撑。最后，政府可出台政策引导企业向知识密集型服务业转型，如出台税收减免、技术支持、人才引进等相关政策。

如表 6-5 所示，我国数字交付服务贸易顺差来源主要为美国、“一带一路”沿线国家和地区以及日本等国。尤其是其他商业服务顺差，“一带一路”沿线国家和地区排第一位，其次才为美国。可见，“一带一路”倡议是我国数字服务贸易的重要机遇。我国需加快推进“数字丝绸之路”建设，加强与金砖国家的数字贸易合作，提升服务贸易标准化水平，以促进我国数字服务贸易出口。

表 6-5　2022 年我国数字服务贸易顺差项目主要国家（或地区）来源

单位：百万美元

排名	信息通信服务	金额	其他商业服务	金额
	国家（或地区）		国家（或地区）	
1	美国	10460	共建“一带一路”沿线国家和地区	7798
2	共建“一带一路”沿线国家和地区	7771	美国	6356
3	日本	3517	日本	3624
4	拉美国家	2112	荷兰	2713
5	澳大利亚	1508	德国	2660
6	荷兰	1453	瑞士	2423
7	德国	1172	法国	1405
8	瑞士	1083	拉美国家	1356
9	意大利	1018	瑞典	1298
10	中国台湾	945	韩国	1161

资料来源：OECD。

第七章　区域数字贸易与外贸动能拓展

第一节　区域数字贸易研究综述

一、数字贸易的测度和统计

数字贸易相关数据是开展数字贸易研究的重要基础。然而，由于各国对数字贸易的测度和统计方法尚未统一，给数字贸易研究带来了一定难度。目前，数字贸易可按广义和狭义区分，统计分为宽口径和窄口径两种。宽口径统计以联合国贸发会议（UNCTAD）、经合组织（OECD）、世界贸易组织（WTO）和国际货币基金组织（IMF）共同发布的《数字贸易测度手册》为代表。该手册对数字贸易的测度提出了指导性框架和方法，既涵盖所有数字化服务贸易，也包括跨境电商货物贸易。而窄口径统计以我国商务部发布的测度数字贸易口径为代表。按照国际收支平衡表（BOP）对经常项目下“服务”的12个分类（见表7-1），其中只有第6～11类属于数字可交付服务，于是将这些类别的贸易额作为测度数字贸易规模的指标。因此，学者们在开展数字贸易研究时首先要选择统计口径，其次再根据数据的可获得性选择合适的方法。当前，对数字贸易发展现状的分析主要分为以下两类：第一类主要使用社会网络模型分析全球数字贸易网络的竞争性、互补性等特征。第二类主要采用集成指标评价的方法对跨境电子商务发展情况和数字贸易发展水平进行综合性评价（金泽虎、蒋婷婷，2022）。

表 7-1　国际收支平衡表（BOP）经常项目的服务分类

序号	服务分类	具体内容	是否属于数字贸易（窄口径）
1	加工服务	货物的所有权没有在所有者和加工方之间发生转移，加工方仅提供加工、装配、包装等服务，并从货物所有者处收取加工服务费用	否
2	维护和维修服务	居民或非居民向对方所拥有的货物和设备（如船舶、飞机及其他运输工具）提供的维修和保养工作	否
3	运输	将人和物体从一地点运送至另一地点的过程以及相关辅助和附属服务，以及邮政和邮递服务	否
4	旅行	旅行者在其作为非居民的经济体旅行期间消费的物品和购买的服务	否
5	建设	建筑形式的固定资产的建立、翻修、维修或扩建，工程性质的土地改良、道路、桥梁和水坝等工程建筑，相关的安装、组装、油漆、管道施工、拆迁和工程管理等，以及场地准备、测量和爆破等专项服务	否
6	保险和养老金服务	各种保险服务，以及同保险交易有关的代理商的佣金	是
7	金融服务	金融中介和辅助服务，但不包括保险和养老金服务项目所涉及的服务	是
8	知识产权使用费	居民和非居民之间经许可使用无形的、非生产/非金融资产和专有权，以及经特许安排使用已问世的原作或原型的行为	是
9	电信、计算机和信息服务	居民和非居民之间的通信服务以及与计算机数据和新闻有关的服务交易，但不包括以电话、计算机和互联网为媒介交付的商业服务	是
10	其他商业服务	居民和非居民之间其他类型的服务，包括研发服务，专业和管理咨询服务，技术、贸易相关等服务	是
11	个人、文化和娱乐服务	居民和非居民之间与个人、文化和娱乐有关的服务交易，包括视听和相关服务（电影、收音机、电视节目和音乐录制品），其他个人、文化娱乐服务（健康、教育等）	是

续表

序号	服务分类	具体内容	是否属于数字贸易（窄口径）
12	别处未提及的政府服务	在其他货物和服务类别中未包括的政府和国际组织提供和购买的各项货物和服务	否

资料来源：国家外汇管理局官网《国际收支平衡表编制原则与指标说明》。

二、区域数字贸易研究现状

数字贸易作为一个新兴领域，正呈现出蓬勃发展的态势。数字经济和对外贸易相对发达的区域，具有外贸数字化转型的先发优势。因此，关于这些区域数字贸易的研究数量较多。金泽虎和蒋婷婷（2022）通过构建数字贸易和制造业高质量发展的指标评价体系，分析数字贸易对长三角制造业高质量发展的影响机制和作用渠道。他们的研究表明，数字贸易水平的提高显著促进了长三角制造业高质量发展。段丁允和冯宗宪（2023）也通过构建数字贸易发展评价指标体系，测度我国 10 个城市群的数字贸易发展水平。研究结论是，珠三角、京津冀和长三角城市群的数字贸易发展较好。并提出提高各城市数字贸易水平、推动城市群内数字贸易共同发展、促进城市群之间数字贸易协同发展的政策建议。罗晶（2022）基于数字贸易基础设施建设、数字产业化贸易和产业数字化贸易三个维度，构建了数字贸易发展水平指标体系。并以长江经济带沿线 11 个省域经验数据为例，考察了数字贸易发展对省域产业结构升级的影响效应。结果表明，数字贸易发展水平在长江经济带沿线省域表现为“下游高，上游低”的特征。我国各省都有其自身的优势和产业定位，而数字贸易是一个能够摆脱地缘限制、发挥后发优势的领域。目前，出现了不少有关省际层面的数字贸易文献资料。通过梳理，截至 2024 年 3 月，已有学者对福建、山东、黑龙江、河南、浙江等省的数字贸易开展相关研究。但由于数字技术变革极为迅速，数字贸易规则和政策还在持续更新和颁布，因而有必要继续深化省际层面数字贸易的发展研究。根据所处地域和研究基础，本书选择福建、广东、浙江、江苏四省为研究对象，开展关于数字贸易与外贸发展的研究。

第二节　福建省数字贸易与外贸动能的拓展

一、福建省数字贸易发展现状

（一）福建数字经济为数字贸易发展夯实基础

自习近平同志提出“数字福建”建设目标以来，福建省以“数字福建”战略构想为指导，大力发展数字经济。2018~2023年，福建数字经济增加值从1.4万亿元增长至2.9万亿元。2023年，该增加值占全省地区生产总值的比重超53%，高于全国平均水平（见表7-2）。从硬环境来看，福建数字基础设施水平位于全国前列。截至2023年6月，全省建成5G基站8.9万个，建成10G-PON端口57.1万个，乡镇及以上区域实现“千兆到户”能力普及。截至2023年末，福建在100%县域地区5G覆盖的基础上，实现了93.4%行政村、海岸沿线30千米5G网络覆盖。全省固定宽带用户达2261.2万户，固定宽带家庭普及率达到129%，全国排名第二。从软环境来看，福建产业数字化成效显著。深入开展“上云用数赋智”行动，新一代信息技术与制造业加快融合发展，数字化产品和服务在智能制造、智慧农业等领域推广应用加速。截至2023年4月，福建省现有工业互联网领域6个国家级平台、27个省级示范平台、2家世界灯塔工厂，建设数字农业创新应用基地50个、农业物联网应用基地700个①。数字福建（长乐）产业园、数字福建（安溪）产业园、福州软件园、厦门软件园、马尾物联网基地、泉州芯谷、武夷智谷软件园等数字经济产业集聚区，为福建产业数字化提供有力保障。福建省数字经济良好的发展态势夯实了其数字贸易的产业基础。

表7-2　2018~2023年福建数字经济增加值

年份	数字经济增加值（万亿元）	占地区生产总值比重（%）
2018	1.4	40

① 加快数字福建建设，全面赋能高质量发展［N］. 人民日报，2023-04-26（09）.

续表

年份	数字经济增加值（万亿元）	占地区生产总值比重（%）
2019	1.7	41
2020	2.0	45
2021	2.3	47
2022	2.6	49
2023	2.9	53

资料来源：福建省人民政府网站。

（二）跨境电商成为福建数字贸易发展的亮点

福建省是我国经济外向度较高的省份，2022 年的进出口总额达到 19828.55 亿元，比上年增长 7.6%，全国排名第 7 位[①]。其中，作为传统外贸转型的新模式，福建的跨境电商优势凸显。有关数据显示，2018～2022 年，福建省跨境电商出口规模年均增长近 4 倍，占同期外贸出口总额比重从 2018 年的 0.1‰提高到 2022 年的 10.6%。2022 年，福建省跨境电商卖家数量位居全国第四，跨境电商已经成为福建外贸的新增长点和福建数字贸易发展的亮点。首先，福建具有跨境电商发展的政策优势。自 2018 年 7 月厦门获批福建省首个跨境电子商务综合试验区以来，福州（含平潭）、泉州、漳州、莆田、龙岩、南平、宁德 7 个城市先后获准设立跨境电子商务综合试验区，基本实现省内区域全覆盖。这意味着福建获得通关的便利化、税务的无票免税、4% 企业应税所得率等最具红利的政策优势。其次，福建已具备完善的跨境电商物流条件。目前，福建多式联运的国际物流通路已逐步贯通，相继开通了至欧美主要国家的洲际货运航线，如连接亚欧大陆的厦门至德国汉堡、武夷山至哈萨克斯坦阿拉木图、泉州至俄罗斯莫斯科中欧班列。截至 2023 年 6 月，“丝路海运”航线已通达全球 43 个国家的 117 个港口，联盟成员已超过 300 家。截至 2023 年 11 月，福建省已建成跨境电商海关监管场所 23 个，面积近 15 万平方米，培育跨境电商企业 9000 余家[②]。淘宝海外、Shopee、Lazada 等知名电商平台和京东、菜鸟、纵腾、泛鼎等物流中心均落地福建。特别值得

① 福建省人民政府．福建省国民经济和社会发展统计公报［Z］．2022.

② 福建省统计局．福建统计年鉴（2021）［Z］．2021.

一提的是，福建不断拓展对台海运专线，稳固加密班次，做强对台海运优势，支持对台（经台）跨境电商发展。以福州、平潭、厦门为中心的三大对台跨境电商集货枢纽逐步形成。再次，福建不断推进海外仓等跨境电商海外营销体系的建设。福建企业已在欧美主要国家、30 个共建“一带一路”沿线国家和地区设立跨境电商海外仓，总面积超 200 万平方米。例如，福建石狮发挥海外侨商资源，成立福建侨商海外仓联盟，打造面向华侨的跨境电商平台“侨易邦”。2022 年，“侨易邦”的交易额超 150 亿元①。最后，福建省已形成初具竞争力的跨境电商产业集聚区。例如，福州现有美迈跨境电商产业园、新创跨境电商产业园等。截至 2022 年，泉州拥有 20 多个跨境电商园区，形成运营、客服、物流、金融和知识产权等服务生态圈。作为国家电子商务示范基地，厦门跨境电商产业园已是福建省内跨境电商要素聚集度高、服务要素齐全的跨境电商全产业链综合服务平台，该平台的跨境生态圈及公共服务体系位于全国前列。

（三）福建数字服务贸易潜力巨大

近年来，福建省服务业发展迅速，服务业增加值从 2010 年的 6027. 39 亿元增长到 2022 年的 24955. 45 亿元，占国内生产总值的比重由 2010 年的 30. 2%增长至 2022 年的 47%②。但是从服务贸易规模和整体竞争力来看，福建省与沿海其他省份还有差距。而从服务贸易竞争力指数（TC 指数）来看，与数字贸易相关的服务领域如通信、计算机和信息服务、其他商业服务，TC 指数实现了由负转正（林瑞琪，2021）。这在一定程度上说明，福建数字服务贸易竞争力在不断提升，展现出较强的发展动力。以软件和信息技术服务业为例，2020~2022 年，福建省软件业务收入在全国各省的排名从第 10 位上升至第 9 位，软件业务出口额排在全国各省第 6 位。其中，厦门市在全国 15 个副省级城市中实现软件业务收入排名第 10。厦门软件园作为首批国家数字服务出口基地之一，截至 2023 年 3 月，已培育中国软件百强企业 6 家、全国互联网百强 8 家，四三九九、点触科技、梦加网络等企业多次上榜全国游戏出口 30 强，已成为福建发展数字贸易的重要载体和数字服务出口的集聚区。

---

① 福建省统计局．福建统计年鉴（2021）［Z］．2021.

② 刘荷．福建省服务贸易竞争力的测度分析与提升策略［J］．集美大学学报，2022（1）：43-53.

二、数字贸易拓展福建省外贸动能的瓶颈问题

（一）数字贸易形式单一，数字服务贸易规模有限

尽管从跨境电商发展相关指数来看，福建省位于全国前列，但跨境电商仅仅是数字贸易的形式之一。而且，福建的跨境电商交易标的大多是小、轻、价值不高的有形商品，交易内容有限，品牌影响力不强。在调研中发现，福建存在不少中小传统外贸企业，固暂时不缺订单而转型意识不强烈，加之对跨境电商流程不熟悉、跨境电商人才短缺等各种原因，尚未加入跨境电商行列。此外，福建的跨境电商国际物流体系和监管系统还不够完善，与广东、浙江等跨境电商强省相比，还存在明显的差距。

此外，数字贸易还包括附加值高的知识型、技术性服务，福建省通过数字渠道实现的这类服务贸易额不高。如前所述，福建省仅厦门、福州软件和信息技术服务业初具竞争力，数字服务贸易具有增长潜力。但其对周边城市的溢出效应有限，这也在一定程度上影响了福建省数字贸易整体发展的协调性。

（二）支撑数字贸易的核心技术有待提升

物联网、大数据、工业互联网、人工智能等现代信息技术的运用与发展是数字贸易的技术基础。福建在这些新兴领域中不具技术优势，与国内其他先进省市相比尚有差距。有关统计数据显示，福建省软件和信息技术服务业的企业数量从 2020 年的 2230 家减少至 2022 年的 1260 家，两年内减少了 43. 5%。其在全国的排名也从 2020 年的第五位下滑至 2022 年的第十位，企业数量不到排在第一位的山东省的 1/5，差距较大。可见，福建省对数字贸易相关企业投资吸引力有待提升。同时，作为数字经济大省，福建省的企业原始创新能力不足，大多数企业侧重于应用层，研发工作聚焦于有限的几个领域，且实力也普遍处于较低水平。“缺核少芯”的核心技术缺失问题，不仅制约着我国数字经济发展，也是福建省面临的一大难题。

（三）融入全球价值链新型数字贸易大平台比较缺失

目前，在国际上有影响力的数字贸易企业，其中国区总部或发源地在中国的，大多集中在北京、深圳、杭州、南京等具有特有资源优势的城市。以发源地在中国的跨境电商企业为例，中国知名品牌跨境电商平台和运营企业

发源城市以杭州、深圳居多，其余则分布在上海、北京、南京、太原等城市（见表 7-3）。虽然福建这几年也涌现出表现不俗的跨境电商平台和运营企业，如厦门雨果跨境、厦门俊亿等，但与广东、浙江相比，福建省尚缺乏融入全球价值链的新型数字贸易大平台，对传统产业数字化转型的带动作用受到局限，也无法充分发挥数字贸易和数字经济产业聚集的创新效应。

表 7-3　中国知名品牌跨境电商企业

序号	企业	类型	发源城市
1	阿里巴巴国际站	B2B 跨境电商平台	杭州
2	全球速卖通	跨境电商平台	杭州
3	SHEIN（希音）	全球快时尚电商平台	南京
4	Lazada	东南亚跨境电商平台	深圳
5	敦煌网	B2B 跨境电商平台	北京
6	中国制造网	B2B 电子商务服务平台	南京
7	跨境通宝	跨境电商服务平台	太原
8	Jollychic	跨境移动电商	杭州
9	Aukey（傲基科技）	B2C 电子商务运营	深圳
10	赛维时代	出口跨境品牌电商公司	深圳
11	Banggood	跨境 B2C 电子商务公司	深圳
12	有棵树	跨境电商公司	深圳

资料来源：2022 年跨境电商十大品牌榜中榜［EB/OL］.［2022-08-25］. https://www.maigoo.com/best/26714.html.

（四）数字贸易骨干人才短缺

福建省在近年来加大了数字贸易人才的培养和输出，但仍存在中高端人才不足的问题。一方面缺乏战略管理、数字化运营、数字营销、大数据分析等能处理大量数字化产品开发及数字贸易运营的复合结构型人才。以职友集显示的厦门跨境电商运营专员薪酬水平为例，厦门该岗位平均工资水平位于全国第六（前五名分别为上海、杭州、东莞、宁波、广州），这在一定程度上反映出厦门在跨境电商人才方面存在较大缺口。另一方面缺少顶级基础研究人才。从人才总量来看，福建数字贸易骨干人才数量远低于数字贸易强省。例如，2022 年，福建省软件企业数量全国排名第九，但从业人员数仅排第

11，与粤江浙差距较大（见表7-3、表7-5）。从增量上看，福建软件和信息技术服务业从业人员从2020年到2022年不升反降，由273324人下降至257136人，下降幅度为5.92%。同时，福建的软件和信息技术服务业从业人员集中在福州、厦门两市。软件和信息技术服务业相关人才短缺，也是制约福建省其他城市数字贸易产业发展的主要原因。

三、数字贸易拓展福建外贸新动能的途径

（一）增强数字技术与产业融合的能力，积极开拓数字技术型、数字知识型服务业

“十四五”时期，福建将聚焦新一代信息技术与制造业融合创新，深入实施智能制造、工业互联网、服务型制造三大工程（刘荷，2022）。在融合创新过程中，进一步扩大与制造业相关的数字服务贸易规模，促进研发设计、软件和信息技术服务、知识产权、咨询、远程维修等数字服务的进出口。

福建要把握服务贸易向数字化转型机遇，积极开拓游戏、动漫、演艺、网络视听、数字阅读等数字产业，把握产业发展趋势，逐步推动数字内容产业从重渠道向重内容转变，从PC端向移动端转移，从形式单一向多元融合转换。例如，福建的9个城市既存在文化共通性，又各具差异性。可通过数字化手段推动各具区域特色的“福建文化”品牌建设，鼓励通过数字载体和形式讲述各地“福建故事”，提升福建原创内容的海外影响力。同时，福建应紧抓“一带一路”数字服务贸易市场机遇，不断拓展数字服务贸易新业态，提高数字内容出口能力。值得一提的是，游戏软件作为数字贸易的新兴业态，成为国际文化交流的重要载体，在一定程度上有利于提升我国的国际影响力。而厦门市在游戏产业发展上呈现出极大的潜力，海外影响力和市场地位不断提升。尤其是近年来，厦门研发的游戏产品在共建“一带一路”沿线国家和地区创造了引人注目的成绩，多款产品在共建“一带一路”沿线国家和地区的下载榜和畅销榜排名前列。厦门市的目标是成为全球新兴的游戏研发地。

（二）完善数字贸易新兴基础设施，加强人工智能生态建设

数字贸易基础设施建设是数字贸易发展的基石。福建省应加速以5G通信为代表的先进技术的应用和产业深耕，加快培育数字新基建应用场景，推

动数字新基建与实体经济各行业的融合发展。尤其是应加大对福建制造业的数字基础设施的投入，以网络信息化、数字化和智能化推动福建制造业数字化转型，不断扩大工业互联网应用范围，着力解决工业互联网应用过程中的安全问题，打造工业互联网赋能福建制造业转型的良好环境。加强高端芯片和核心产品的研发与技术攻关，全面提升福建省技术创新能力，构建安全可控的产业链、供应链、创新链。

福建省电子信息产业基础发展态势良好。福建的大数据开放共享领域已有一定基础，这将有利于推动福建省人工智能的发展。因此，福建需进一步加强人工智能生态建设，做好政策措施和配套资金的协调，通过技术引进和自我研发、培养人工智能高级人才、打造人工智能产业聚集区等措施推动福建人工智能产业与国际主流人工智能发展水平对接，提升国际竞争力。

（三）建设数字贸易产业集聚区，培育壮大数字贸易龙头企业，打造具有国际竞争力的数字贸易平台

为实现福建数字贸易产业资源的优化配置，应以厦门软件园、福州软件园等产业集聚区为核心，建设数字贸易产业集聚区，带动区域内软件产业、信息产业的数字化转型升级。同时，结合福建自贸区建设，推动建设数字贸易跨境服务集聚区，如依托厦门自贸片区、国家文化出口基地等政策优势，以厦门软件园为载体，建设厦门跨境数字贸易港。培育壮大若干引领行业的数字贸易龙头企业，加强对数字贸易独角兽企业的多元化融资支持。

充分发挥福建传统制造业转型和跨境电商快速发展的优势，营造开放、公平、有序的数字贸易营商环境，引入具有国际竞争力的数字贸易企业。尤其是应争取将数字跨国公司总部设在福建，并支持其将核心业务和部门设在福建，进而带动福建搭建具有国际竞争力的数字贸易平台。

（四）完善数字贸易人才培养体系，优化区域人才环境

数字贸易在福建乃至全国都属于人才紧缺的行业领域，要充分整合“政、校、行、企”资源，完善数字贸易人才培养体系。第一，提升高端数字贸易人才政策的吸引力。当前，各城市对高端人才的争夺愈演愈烈。福建省一方面可以通过打造广阔的发展平台，提供优厚的待遇来吸引数字贸易高端人才；另一方面可以发挥福建海外留学、华侨华人数量庞大的优势，吸引更多海外高端人才回乡创业。第二，推动福建高校与行业协会、省内外龙头

企业、社会培训机构等多方资源开展产学研合作。通过联合培养、共建数字贸易人才培养课程、开展数字贸易前沿理论与实践研究等方式，不断完善福建数字贸易人才培养体系。第三，数字贸易产业集群投入人力资本。借鉴浙江人才培养经验做法，由当地龙头企业主导或引领产业数字贸易人才培养。例如，依托阿里巴巴、网易等产业链龙头企业，有效集聚产业最优秀、最前沿的实战专家资源，动态地给企业和高校数字贸易人才及时开展针对性的培训和提供校企合作的实战平台（吴旻，2020）。福建已涌现出本地数字贸易优秀企业，如雨果跨境电商、米多多科技等企业，它们积极与福建各高校合作共建专业群。然而，目前这种合作所产生的影响力和长期成效并不明显，尚未形成良性数字贸易人才生态圈。

第三节　广东省数字贸易发展现状、问题及对策

一、广东省数字贸易发展现状

（一）数字贸易规模迅速扩大

广东省是我国改革开放的排头兵、先行地，兼具贸易强省和数字强省双重优势，广东省数字贸易成为其外贸动能拓展的新引擎。近年来，广东省数字贸易规模迅速扩大。据广东省商务厅数据显示，2017～2021 年，广东数字贸易进出口额从 438 亿美元增长至 812 亿美元，占全省服务贸易整体比重为 56%。广东数字贸易进出口额年均增长率为 17%，比货物贸易年均增速高出 12 个百分点。2022 年，广东数字贸易进出口额已达到 821 亿美元，跨境电商进出口额达到了 6450 亿元。随着广东数字技术与实体产业的进一步融合，数字经济与服务贸易的相互促进，以及对粤港澳大湾区全球贸易数字化领航区建设的规划推动，广东数字贸易呈现良好的发展前景。

（二）具备良好的产业基础和数字基础设施

广东省数字贸易发展具备良好的基础条件。一是广东经济活力强，产业基础深厚，为数字贸易发展奠定了良好的基础。2022 年，广东地区的 GDP

超过 12 万亿元，居全国首位。尤其是广东省数字经济驱动性强，为数字贸易奠定了坚实的产业基础。2021 年，广东省数字经济规模为 6.41 万亿元，占地区 GDP 的比重达 49.7%，连续 6 年居全国首位。二是数字基础设施位居中国先进水平，为数字贸易的发展提供了技术支持。截至 2023 年 6 月，广东省的固定宽带接入端口总数为 10147.8 万个、5G 基站 30.9 万座，数量全国领先。广东是我国主要数据中心集聚区之一。截至 2022 年，广东已投产的数据中心机柜超过 30 万架。

（三）跨境电商是广东省数字贸易发展重点领域

作为数字贸易的初始阶段，跨境电商已经成为广东外贸高质量发展的重要推动力量。2015～2022 年，广东省跨境电商进出口值从 148 亿元增至 6454 亿元，规模扩大近 43 倍，年均增速 71.5%。广州、深圳、佛山、东莞、珠海、汕头 6 个城市在 2022 年跨境电商进出口值合计 6087 亿元，占广东省进出口值的 94%。作为外贸领域领跑者之一，广东省跨境电商产业居中国首位，已经形成较成熟的跨境电商产业链。2022 年，其在全国跨境电商进出口总值中的占比近五成，达 43.4%。广东省跨境电商综试区总数位居全国第一，21 个地级市实现了全覆盖，截至 2022 年 9 月底，广东省共有相关跨境电商企业 3423 家。此外，除了亚马逊、全球速卖通、eBay、天猫国际等国内外知名的电商平台，广东省本土创建的如洋码头、唯品会、蜜芽宝贝等跨境电商平台已初具竞争力。

（四）数字经济规划和政策配套逐步完善

广东数字经济发展规划和政策配套逐步完善，推动广东数字经济规模和发展水平继续保持全国领先。2021 年 9 月 1 日起，《广东省数字经济促进条例》正式实施。2022 年 12 月广东省工业和信息化厅发布《广东省数字经济发展指引 1.0》，提出了广东数字经济发展的“2221”总体参考框架。其中，两大核心为数字产业化、产业数字化，两大要素为数据资源、数字技术，两大基础为核心基础数字产品和新型数字基础设施，它们是数字经济发展的重要基础。一个保障体系包括数字政府改革建设和服务支撑体系，为数字经济高质量发展提供保障。广东省逐步探索出适用性强、特色化程度高的数字经济发展模式和路径，为其数字贸易发展创造了良好的配套环境。

二、广东省数字贸易发展的瓶颈问题

（一）数字贸易区域发展不平衡，呈现两极分化的态势

广东省数字贸易发展规模在我国位居首位，然而其数字贸易产业的区域发展并不平衡，两极分化较为明显。位于数字贸易发展水平第一队列的城市主要分布在珠三角周围城市，分别是广州、佛山、肇庆、深圳、东莞、惠州、珠海、中山、江门9个城市，而其他地区数字贸易发展水平则相对较低。广东省数字贸易产业区域发展不平衡，很大一部分原因在于各地区外贸实力存在差异。以2021年和2022年的数据为例（见表7-4），珠三角广东、深圳、东莞地区的进出口总额位于广东省前列，而阳江、潮州、云浮等其他地区的进出口贸易与这3个城市差距很大，差距近10倍以上。同时，广东其他地区进出口额增长率较高，但波动较大，尤其在2022年较为明显。而珠三角地区增长率较低，但趋于平稳状态。

表7-4　广东各地区外贸进出口总额和同比增长率

地区	进出口总额（亿元）		同比增长（%）	
	2021年	2022年	2021年	2022年
深圳	35435.57	36737.52	16.20	3.70
东莞	15200.00	13900.00	14.60	-8.70
广州	10825.90	10948.40	16.70	1.10
佛山	6160.70	6637.80	21.70	7.70
惠州	3055.10	3091.00	22.80	1.20
珠海	3320.10	3053.50	21.50	-8.00
中山	2496.90	2798.70	22.00	3.90
江门	1789.50	1772.60	25.20	0.90
汕头	753.60	771.00	10.60	2.30
湛江	541.70	624.80	21.40	14.70
清远	537.10	552.60	25.70	3.00
肇庆	405.40	226.34（上半年）	-1.90	1.30（上半年）

续表

地区	进出口总额（亿元）		同比增长（%）	
	2021 年	2022 年	2021 年	2022 年
河源	306.90	243.80	4.70	-20.60
阳江	268.90	268.70	48.20	0.10
潮州	241.50	261.20	32.70	8.20
茂名	229.30	257.10	15.00	12.10
韶关	220.50	104.30（上半年）	18.10	4.10（上半年）
汕尾	203.24	161.90	19.80	-20.40
揭阳	168.00	122.20	-5.20	-19.30
云浮	133.10	139.40	12.80	4.70
梅州	121.80	110.00	23.00	-9.60

资料来源：广东省统计局。

根据 2021 年数字贸易出口情况等指标，广东省评选出前 100 强广东省数字贸易龙头企业。如表 7-5 所示，前 100 强数字贸易企业主要分布在深圳，广州、佛山、珠海、惠州这 5 个珠三角城市中。可见，珠三角城市数字贸易的基础设施比广东省其他地区相对完善，数字贸易竞争水平较高。

表 7-5　广东省数字贸易龙头企业地区分布

排名	城市	龙头企业数量
1	深圳	43
2	广州	35
3	佛山	14
4	东莞	5
5	珠海	2
6	惠州	1
	合计	100

资料来源：广东省商务厅。

（二）数字贸易相关人才供给尚不能满足需求

随着广东省数字产业和数字贸易的迅速发展，相关人才需求急剧上升。以跨境电商为例，《2021 外贸行业人才形势研究报告》显示，2021 年第一季度，跨境电商运营招聘需求规模同比增长 190. 9%。其中，深圳人才需求量占全国的 36. 2%，居全国首位。此外，跨境电商运营岗位的人才需求主要来自广东省，占全国的 51. 6%，而仅深圳的占比就达到 36. 2%。与 2020 年第一季度相比，深圳与广州的跨境电商运营人才需求量分别以 224. 3%、158. 2%的速度增长。广东省跨境电商企业在招聘管理、支付结算、运营管理、IT 技术等领域的岗位上，普遍存在人才供需失衡和人才短缺的情况。此外，数字贸易还包括数据内容服务、搜索引擎服务、社交网络服务以及其他数字服务。虽然广东省近年来加大了这些领域数字贸易人才的培养和输出，但依然供不应求。例如，2022 年，广东省软件和信息技术服务业的期末从业人数约 125. 5 万人，较 2020 年增长约 12 万人。虽然从业人数在一定条件下有所增长，但增长率并不高，仍无法满足数字贸易企业的需求。因此，可以看出，广东省数字贸易人才仍存在供需矛盾和缺口。

（三）数字贸易企业国际竞争力有待提升

作为崭新的全球化形态，以网络和数字平台为载体，以跨境流动数据和信息为关键要素，以数字贸易为主要内容的数字全球化进程正处于加速的状态，数字经济、数字贸易是全球大国激烈竞争的新领域。目前，美国数字企业整体上主导着新一轮数字全球化进程。与美国的数字企业相比，尽管当前中国数字企业国际化程度仍相对较低，但是中国的数字企业发展态势良好，潜力无限。例如，福布斯中国发布的“2022 年全球数字贸易行业企业 TOP100 榜单”，入选企业覆盖了中国内地、中国香港、北美、欧洲、日本、印度等国家或地区。其中，海外企业有 55 家，以美国为主导（美国 36 家）；中国内地企业 43 家，占比接近一半（见表 7-6、表 7-7）。如图 7-1 所示，从中国内地各区域看，在 43 家中国内地企业中，浙江省入选企业总数位列第一，占比约 37%；其次是北京市，入选企业总数位列第二，占比约 16%；上海市位于第三，占比约 14%。而广东省入选企业数量排名第四，占比约为 12%。这与广东省数字经济与数字贸易总量排名全国第一的情况不太相符，广东省数字贸易企业的国际竞争力仍有很大的提升空间。

表 7-6　2022 年全球数字贸易行业企业 TOP100 榜单（上市企业）

序号	企业名称	国家和地区	行业	序号	企业名称	国家和地区	行业
1	亚马逊	美国	零售	20	网易	中国浙江	IT 软件及服务
2	沃尔玛	美国	零售	21	苹果	美国	科技
3	家得宝	美国	零售	22	三星集团	韩国	科技
4	开市客	美国	零售	23	思科系统	美国	科技
5	百思买	美国	零售	24	戴尔科技	美国	科技
6	阿里巴巴集团	中国浙江	电子商务	25	惠普	美国	科技
7	京东	中国北京	电子商务	26	小米集团	中国北京	科技
8	拼多多	中国上海	电子商务	27	京东方	中国北京	科技
9	Alphabet	美国	IT 软件及服务	28	富士通	日本	科技
10	微软	美国	IT 软件及服务	29	联想集团	中国香港	科技
11	Meta	美国	IT 软件及服务	30	科大讯飞	中国安徽	科技
12	IBM	美国	IT 软件及服务	31	康卡斯特	美国	媒体
13	甲骨文	美国	IT 软件及服务	32	华特迪士尼	美国	媒体
14	SAP	德国	IT 软件及服务	33	Netflix	美国	媒体
15	埃森哲	爱尔兰	IT 软件及服务	34	派拉蒙影业	美国	媒体
16	Adobe	美国	IT 软件及服务	35	Naspers	南非	媒体
17	印孚瑟斯	印度	IT 软件及服务	36	分众传媒	中国宁波	媒体
18	腾讯控股	中国广东	IT 软件及服务	37	华数传媒	中国浙江	媒体
19	百度	中国北京	IT 软件及服务				

资料来源：福布斯中国。

表 7-7　2022 年全球数字贸易行业企业 TOP100 榜单（非上市企业）

序号	企业名称	国家和地区	行业
1	Shein	中国南京	电子商务
2	极兔速递	中国上海	电子商务
3	Faire	美国	电子商务
4	得物	中国浙江	电子商务
5	车好多	中国江苏	电子商务
6	白贝壳	中国浙江	电子商务

续表

序号	企业名称	国家和地区	行业
7	Back Market	法国	电子商务
8	SSENSE	加拿大	电子商务
9	Meesho	印度	电子商务
10	Vented	立陶宛	电子商务
11	Weee	美国	电子商务
12	Mirakl	法国	电子商务
13	Patpat	中国广东	电子商务
14	菜鸟网口	中国浙江	物流
15	Lineage Logistics	美国	物流
16	Flexport	美国	物流
17	Instacart	美国	快递
18	Getir	土耳其	快递
19	Rappi	哥伦比亚	快递
20	The Crownx	越南	零售
21	Thrasio	美国	零售
22	蕉下	中国浙江	零售
23	KK 集团	中国广东	零售
24	华为	中国广东	科技
25	蚂蚁集团	中国浙江	科技
26	Stripe	美国	科技
27	币安	中国浙江	科技
28	Databricks	美国	科技
29	微众银行	中国广东	科技
30	京东科技	中国北京	科技
31	Chekout. com	英国	科技
32	Revolut	英国	科技
33	Chime	美国	科技
34	Plaid	美国	科技
35	Brex	美国	科技

续表

序号	企业名称	国家和地区	行业
36	Ripple	美国	科技
37	Opensea	美国	科技
38	Rapyd	英国	科技
39	Klama	瑞典	科技
40	万得	中国山东	科技
41	空中云汇	中国香港	科技
42	银联商务	中国上海	科技
43	连连数字	中国上海	科技
44	PingPong	中国浙江	科技
45	小红书	中国上海	IT 软件及服务
46	新华三	中国浙江	IT 软件及服务
47	Klaviyo	美国	IT 软件及服务
48	ConsenSys	美国	IT 软件及服务
49	明略科技	中国四川	软件及服务
50	第四范式	中国北京	IT 软件及服务
51	能链集团	中国浙江	IT 软件及服务
52	同盾科技	中国浙江	IT 软件及服务
53	盘石	中国吉林	IT 软件及服务
54	数梦工厂	中国浙江	IT 软件及服务
55	观远数据	中国浙江	IT 软件及服务
56	珊瑚跨境	中国浙江	IT 软件及服务
57	抖音	中国北京	社交媒体
58	Clubhouse	美国	社交媒体
59	新潮传媒	中国四川	媒体
60	喜马拉雅	中国辽宁	娱乐
61	Patreon	美国	娱乐
62	米哈游	中国上海	游戏
63	Sky Mavis	越南	游戏

资料来源：福布斯中国。

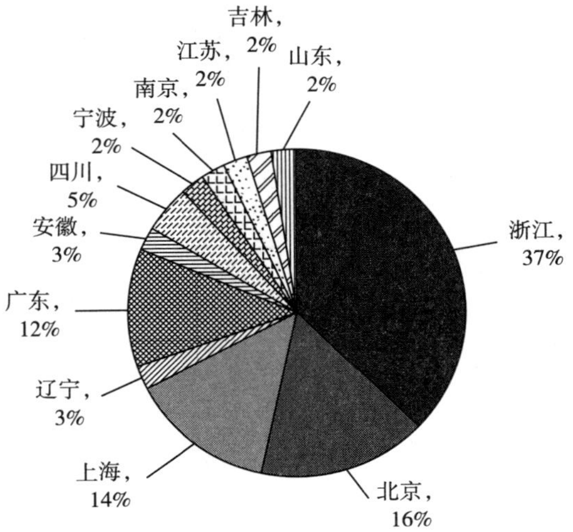

图 7-1　中国各地入选企业占中国内地入选企业的比重

资料来源：福布斯中国。

（四）数字贸易核心技术存在短板

广东省数字贸易大多重点行业的关键产品与核心技术存在短板。据工信部统计，2023 年，我国集成电路产量达 3514 亿块，同比增长 6.9%。其中，2023 年广东省生产集成电路产量排名全国第二，较 2022 年上升一位，产量达 685.7 亿块。从国内情况来看，广东省芯片产业产量排名虽然靠前，但与发达国家的技术相比，差距依然较大。以高端芯片为例，在新一代信息技术、超高清视频、机器人、智能网联汽车等产业中，我国高端核心芯片制造能力严重不足，90%的高端芯片依赖进口。在人工智能关键技术方面，广东的研发目前仍落后于欧美发达国家。在 2022 年中国新一代人工智能科技产业发展区域竞争力排名中，广东也落后于国内的北京市（排名前五的省市分别是北京、广东、上海、浙江和江苏，属于第一梯队。排名第六至第十的省份分别是山东省、四川省、安徽省、辽宁省和湖南省）。在四大都市圈排名中，排名第一的是长三角，排名第二的是京津冀，排名第三和第四的分别是珠三角和川渝地区。可见，广东虽然拥有庞大的数据资源，但目前并未得到充分的开发和利用，创新驱动中的数据驱动能力不足。

三、促进广东省数字贸易发展的路径

（一）完善粤西地区的数字基础设施，促进区域协调发展

广东省虽已拥有较完善的新兴数字基础设施，但主要集中于东部地区，西部地区的新兴基础设施还有待完善。通过完善广东西部地区的基础设施，尤其是增强其信息化基础设施水平，将有利于引进外商直接投资，吸引更丰富的人力资源，进而优化广东西部地区的营商环境，促进西部地区数字贸易发展，缩小东西部之间的区域发展不平衡。同时，在加速构建以功能区为引领的广东省“一核一带一区”的区域发展新格局下，广东省东部地区可以凭借已有的数字资源优势带动西部地区数字产业的发展，如引导数字贸易资金、技术等要素向西部地区流动，进而实现数字资源在区域间更加合理的配置。

（二）优化人才发展环境，提升数字贸易人才培养成效

首先，制定数字贸易相关人才标准，优化广东省人才发展环境。数字贸易发展需要大量从事数字化产品与服务的高级人才和复合型人才，具体包括数字技术人才、数字运营人才、数字分析人才等。在制定和完善数字贸易相关人才标准的同时，开展分层分类人才认定与补贴，拓宽数字贸易人才发展道路，优化人才发展环境。其次，提升数字产业人才的政策吸引力。广东省可以在已有的政策基础上优化人才吸引政策，努力打造更广阔的平台、更优厚的待遇以及更优越的发展空间，来吸引具有国际视野和经验的海内外数字产业人才和团队的加盟。最后，整合“政、校、行、企”资源，完善人才培养体系，提升数字贸易人才培养成效。虽然相较于其他省份，广东省已经形成较为完善的数字贸易人才培养体系，多数高校都设有国际贸易相关专业。但是其在数字贸易人才的培养方面，还跟不上数字贸易的快速发展，数字贸易的人才培养体系还有待完善。鉴于数字贸易人才需求的紧缺型与知识密集型特征，政府要积极引导高等院校、行业协会、龙头企业、社会培训机构等多方资源，通过广泛的产学研合作和深度的产教融合，有机整合线上线下优势资源，共建共享数字贸易人才培养所需的课程开发、理论研究以及实践服务等最新的教学资源，有效打造新型的数字贸易人才培育发展体系。

（三）提升数字企业全球创新能力，有效增强数字贸易企业国际竞争力

首先，以广东自由贸易区、全覆盖的跨境电商综试区等为载体，加快贸

易全链条数字化赋能，继续推进跨境电商等新业态创新发展，培育壮大更多面向国际市场、具备竞争优势的外贸企业。其次，培育壮大广东省已有的一流数字龙头企业和专精特色新中小数字企业，对标世界一流数字企业，实施数字企业梯队培育计划，精准制定差异化扶持政策，解决企业升级的数字化、创新、人才、空间等问题，打造世界级的数字产业企业集群。最后，重点支持创新能力突出、国际竞争力强的广东数字企业，加强国际化布局，着力提高全球优质资源要素整合能力，构建自主可控的数字经济创新发展生态，全面增强产业链和创新链的影响力和控制力，提升优势数字企业全球创新竞争能级和水平。

（四）推动全省数字化转型协调发展，构建数字贸易发展的良好生态

为构建广东发展新优势，全面推进广东省经济社会各领域数字化转型，提升数字化生产力，营造有利于数字贸易发展的良好生态。首先，要加快数字化与产业融合，推进数字化转型，如商贸中心要向商贸数字中心转变，要把贸易汇聚形成的大数据资源塑造成新的国际贸易优势。其次，要强化企业间的联动创新，形成区域数字贸易体系，促进数字贸易高质量发展。最后，要培育大数据产业，提高数据驱动能力。广东已拥有相当丰富的数据流，因此，要统筹汇集广东全省数据资源，推动数据的开放、整合与共享，以数据流引领人才流、技术流和资金流，最终形成以数据流为引领，构建广东数据驱动发展新方式，培育大数据产业。

（五）围绕数字产业链布局创新链，突破关键技术瓶颈

对广东省乃至全中国而言，突破“卡脖子”关键技术难题刻不容缓。我国数字贸易领域的底层技术，如数字技术的基础理论、核心算法、关键设备等，与发达国家差距较大。广东省作为数字经济大省，是我国突破数字贸易核心科技瓶颈的主力军。首先是围绕产业链所需，加大研发投入。广东省应加快核心攻关，深入实施广东省重点领域研发计划，如在芯片与集成电路方面已取得阶段性成果。其次是协同创新。构建完善的协同创新体系，打造全球创新聚集地，凭借科技创新核心竞争力，来推动广东数字贸易产业提高创新竞争力。最后是加快企业技术创新能力建设，进一步提升创新效能。在技术需求的牵引下，各类创新主体应主动对接，从而促进创新成果高效转化。

第四节　数字贸易赋能浙江省外贸高质量发展的挑战与对策

一、浙江省数字贸易发展现状

（一）数字经济和实体经济深度融合，为数字贸易发展奠定基础

早在2003年，浙江省就开始部署“数字浙江”工程，一直是全国数字经济的先行者和领跑者，其数字经济和实体经济融合度更是跻身全国前列。根据《中国数字经济发展指数报告（2022）》，浙江省以81.9分位居全国第一。浙江省的数字经济规模达5.4万亿元，占GDP比重达54.6%，居全国第二。浙江省的数字经济核心产业增加值达1.8万亿元，占GDP比重达18.8%，居全国第三。浙江省在数字经济方面也展现了强大的创新能力和竞争力。浙江省拥有阿里巴巴、网易等一批世界级的互联网企业，也有海康威视、大华股份等一批国内领先的智能制造企业。数字经济已经成为浙江省经济高质量发展的重要推动力量，也为浙江省数字贸易发展奠定了良好的基础。

（二）数字贸易快速增长，跨境电商优势明显

浙江省数字贸易发展迅速。2019～2022年，浙江省的数字贸易进出口总额从2057.73亿元增长到6336亿元，连续四年实现两位数增长。其中，2022年，浙江省数字服务贸易进出口额达2113亿元，同比增长6.9%，占其服务贸易总额的比重达41.5%。浙江省率先实现跨境电商综试区省域全覆盖。2022年，跨境电商进出口总额达到4222.8亿元，规模居全国第二。浙江省的跨境电商产业具有明显优势。以杭州为例，杭州集聚了全国2/3的跨境电商进出口零售平台。2014～2022年，杭州跨境电商规模增长了1000余倍。杭州跨境电商卖家数量从获批之初的200多家增加至5.5万家，增加了近275倍。规模达到2000万元以上的跨境电商企业达到了832家。

（三）数字贸易产业集群初具规模，地区发展相对均衡

近年来，浙江已初步形成数字贸易产业集群。随着跨境电商这一新兴模

式的兴起，依托原有传统外向型制造产业基础，浙江省已形成初具规模的跨境电商产业集群，实现传统产业带的数字化转型升级。如表 7-8 所示，浙江省已有 10 个城市建立了不同产品的跨境电商产业集群。浙江省跨境电商产业地区发展相对均衡，即便是舟山、衢州等较小的城市，跨境电商出口规模均超过 20 亿元（见图 7-2）。此外，以杭州钱塘智慧城、宁波“材芯端贸软”、义乌数字贸易产业园等为代表的数字产业集群稳步形成。横店影视城、华策影视、网络游戏、网易公开课等数字出版、传媒、娱乐、教育的数字内容产业基础发展较好。以杭州城西大走廊的梦想小镇、数字贸易博览会、世界互联网大会、数字贸易创客大赛等为载体的数字贸易发展生态圈也日趋完善。相较而言，浙江数字贸易产业发展态势良好，各地区形成了各具特色、定位明确的数字贸易产业集群。

表 7-8 浙江省各市跨境电商产业集群

序号	城市	跨境电商产业集群
1	杭州	余杭家纺服装产业集群；萧山区羽绒及床上用品产业集群；建德市电器工具产业集群；临安区灯具照明和纺织用品产业集群；余杭区休闲产品产业集群；建德市电器工具产业集群
2	宁波	慈溪家电产业集群；宁海文具产业集群；海曙服饰家纺产业集群；余姚家电产业集群；鄞州五金工具产业集群；江北区汽车零部件产业集群；镇海区五金工具产业集群；北仑区文具用品产业集群；鄞州区汽车零部件产业集群
3	绍兴	诸暨市珍珠产业集群；嵊州市领带产业集群；上虞区伞业产业集群；越城区休闲纺织产业集群
4	温州	鹿城区鞋类产业集群；瓯海区眼镜产业集群；瑞安市汽摩配产业集群；永嘉县教玩具产业集群；龙湾区制笔产业集群；瓯海区鞋产业集群；瑞安市鞋类、箱包产业集群；平阳县宠物用品、皮革皮件、按摩器具产业集群；乐清市电气产业集群；苍南县针织内衣产业集群；龙港市礼品产业集群；温州经济技术开发区五金卫浴产业集群
5	嘉兴	桐乡市毛衫、皮草、蚕丝被等产业集群；平湖市箱包产业集群；海宁经编产业集群
6	台州	天台县汽车用品工艺品产业集群；椒江区家电产业集群；临海市休闲用品产业集群；黄岩区模塑产业集群；路桥区水暖卫浴产业集群；温岭市泵和电机产业集群；玉环市汽摩配和水暖阀门产业集群；仙居县工艺礼品产业集群；台州湾新区园艺机械制品产业集群

续表

序号	城市	跨境电商产业集群
7	湖州	吴兴区纺织服装（童装）产业集群；安吉县绿色家居产业集群；南浔区木业产业集群；德清县休闲文化产业集群；长兴县纺织产业集群；秀洲区家居家具、毛衫、集成吊顶产业集群；海盐县紧固件产业集群；海宁市袜子、家具和家纺产业集群
8	金华	义乌小商品产业集群；永康现代五金产业集群；兰溪市纺织产业集群；东阳市箱包皮具、渔具渔线产业集群；义乌市饰品产业集群；婺城区五金产业集群；金东区电动园林工具和智能家居产业集群；武义县电动工具和运动休闲用品产业集群
9	衢州	柯城区休闲用品产业集群；衢江区特种纸产业集群；龙游县五金机械产业集群；江山市木门产业集群
10	丽水	缙云县文化运动休闲产业集群；莲都区轻工时尚产业集群

注：收集资料时间截至 2023 年 12 月。

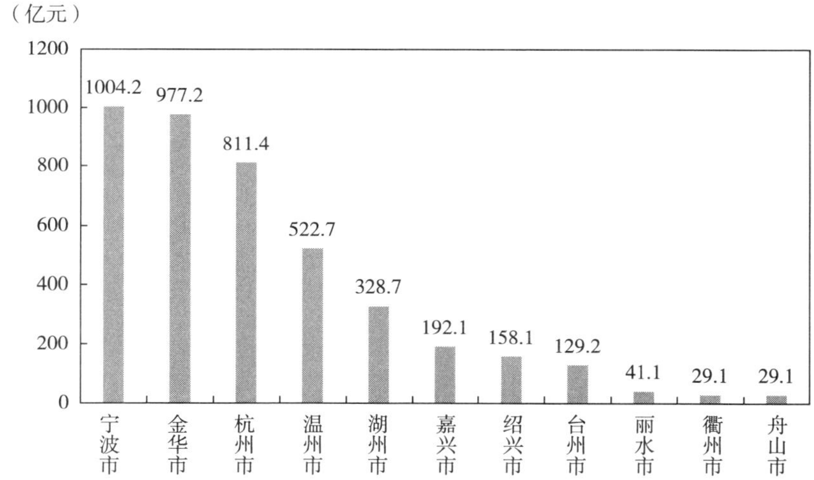

图 7-2 2022 年浙江省各地市跨境电商进出口额

（四）数字贸易龙头企业部分领域实现全球“领跑”或“并跑”

福布斯中国发布的“2022 年全球数字贸易行业企业 TOP100 榜单”中，入选中国内地企业里浙江省数量最多，占比 37%。其中，有阿里巴巴、网易、分数传媒、华数传媒 4 家上市企业，以及得物、白贝壳、菜鸟网络、蕉下、币安、蚂蚁集团、PingPong、新华三、能链集团、同盾科技、数梦工厂、观远数据、珊瑚跨境13家非上市企业。作为数字经济发展的先行省，浙江省拥有一批在国内具有重大影响力的数字贸易企业。有电子商务行业龙头阿里巴巴集团，IT软件及服务行业龙头网易，媒体行业龙头分众传媒、华数传媒，还有在物流行业、科技行业、零售行业等其他数字贸易行业的龙头企业，总体而言，浙江省数字贸易龙头企业数量居全国首位，代表着浙江在这些领域实现了全国甚至全球范围的“领跑”或“并跑”。

二、数字贸易赋能浙江外贸高质量发展的多重挑战

（一）全球需求萎缩对浙江外贸的冲击

目前，浙江省的出口市场主要集中于欧盟、美国、东盟等国家及地区。然而，受多方因素影响，各区域市场风险不断攀升。例如，当前，欧盟内部需求疲软，经济增长缺乏动力。美国经济展望虽然总体积极，但存在很多不确定性。随着我国与东盟签订的贸易协定（RCEP）的生效实施，为浙江与东盟增进贸易往来带来一定程度的利好。但由于地缘政治紧张局势升级等因素，东盟经济复苏仍面临障碍和潜在风险，这给浙江与东盟的贸易往来增添了不确定性。总之，全球经济增长持续放缓的预期，对浙江外贸带来很大的挑战。

（二）相关法律规定尚不健全

大力发展数字贸易已成为世界各国把握数字时代机遇、应对复杂经济形势的“金钥匙”。然而，在国际上，统一的数字贸易国际规则尚未形成；在国内，相关法律规定尚不健全，无法适应数字贸易发展的速度；在省际层面，法律法规仍在实践中不断探索、细化和完善。浙江省出台多个省级数字贸易政策文件，如2020年11月制定了《浙江省数字贸易先行示范区建设方案》，杭州市于2023年11月提出了《数字贸易促进条例（草案）》，率先开展数字贸易地方立法工作。浙江省在数字贸易标准领域实现了多项首创，在2022年颁布了《数字贸易标准化白皮书》和《数字贸易 通用术语》双团体标准。浙江省还率先建立服贸、数贸省级统计体系。然而，与数字贸易发展的速度相比，这些规则还远远不够。数字贸易如何能走在全国前列甚至世界的前沿，浙江省的数字贸易地方促进和监管政策仍需一段时间的积累和完善。

（三）中小外向型制造企业数字化转型整体处于起步阶段

长期以来，量多面广的中小企业是浙江经济的活力与特色所在。浙江民营企业中，中小企业占企业总数的90%以上。2022 年，浙江有实绩的进出口企业达 10.2 万家，较上年增加 5.9%。其中，民营企业实现进出口值 3.67 万亿元，占全省进出口总值的 78.3%。因此，提高中小企业数字化程度和国际竞争力是浙江数字贸易和拓展外贸动能的关键。近年来，浙江省制造业在研发设计、原料采购、生产制造、物流、销售及售后服务等各环节的数字化水平显著提升，制造业数字化转型已经取得了一定成效。浙江数字贸易进出口额占 GDP 的比例从 2019 年的 3.30%上升到 2023 年的 9.34%。然而，浙江省绝大多数制造企业是位于产业链低端的中小企业，资金、技术及人才等因素制约了其数字化转型的进程，还处于起步阶段。因而，浙江外向型制造业数字化规模整体较小。如果能解决浙江众多中小外向型制造企业数字化转型的困境，浙江省数字贸易将有巨大的提升空间。

（四）数字贸易相关人才缺口依然很大

浙江省数字贸易展现出强大的竞争力和潜力。但与中国整体情况类似，数字贸易相关人才缺口大仍然是影响浙江数字贸易进一步发展的重要因素。对此，浙江省政府和企业努力加大投入，提供更多的培训和实践机会，以提升现有的人才素质和数量。浙江的高校和研究机构也纷纷开设数字贸易相关专业和课程，以培养更多的数字贸易紧需人才。然而，数字贸易市场竞争激烈，涉及的领域广泛，技术更新迭代快，现有的浙江省人才供给依然不能满足数字贸易发展的要求。

三、数字贸易拓展浙江外贸动能的对策建议

（一）加强顶层设计，创新政策机制

数字贸易是数字经济的重要组成部分，是畅通我国双循环的重要载体。浙江省数字贸易还处于成长初期，增长空间巨大。为了充分发挥数字贸易增强外贸韧性和拓展外贸动能的作用，浙江省需要强化顶层设计，创新政策机制，引导和规范数字贸易推动浙江贸易高质量发展。首先，从浙江省外贸产业基础出发，将数字贸易作为重塑外贸竞争优势的核心战略，制定和完善符合数字贸易推动贸易高质量发展的政策和机制，深入推进相关战略实施和政

策机制落地；其次，率先实施数字贸易高标准，探索构建省域内数字贸易规则体系，为提高我国在数字贸易领域的话语权增添力量。

（二）促进资源共享和整合，加快中小企业数字化转型

浙江省一方面应通过税收优惠或专项拨款等政策支持浙江中小企业数字化转型，促进中小企业能尽快融入全球数字贸易价值链。另一方面应加强企业合作和共享，促进制造业资源整合。建议开展中小企业对外贸易数字伙伴计划：鼓励数字领域领先的企业，设立数字化外贸产业赋能中心，在数字化体系建设、人才培养等方面加大力度；打造覆盖数字内容全链条的外贸服务平台，不断扩大溢出效应，帮助中小外贸企业融入数字化浪潮。例如，浙江不仅有阿里巴巴、阿里云、执御网、全麦网等数字贸易龙头企业，而且中国制造网、敦煌网、亚马逊、Wish、eBay 等国内外跨境电商平台也在浙江发展火热（王瑞荣，2021）。这些平台为中小外贸制造企业从营销端、销售端、服务端提供数字化整合服务，助力企业实现组织与经营模式升级，进而降低成本、提升销量，使其能更好地适应国际市场。

（三）培养高技能数字贸易人才，打造数字贸易高端人才集聚地

数字贸易对人才的要求具备三个特点：一是涉及领域广泛，涵盖电子商务、网络安全、大数据等多个领域，这使得人才培养需具备跨学科的知识和技能。二是数字贸易技术更新快，要求人才培养需要不断跟进最新的发展动态。三是数字贸易市场竞争激烈，需要培养具备创新能力和国际视野的人才以增强竞争力。这三个特点体现了数字贸易赋能浙江省外贸高质量发展所需的人才标准。对此，基于浙江省外贸行业的特点，可以构建政府—行业—企业—高校联动的人才培养机制。加强政府指导和引导，促进外贸制造行业、数字贸易企业的人才需求与高校人才培养精准对接，构建全方位的数字贸易人才培养体系，培养浙江省外贸高质量发展所需的高技能数字贸易人才。

为抢占数字贸易制高点，全球数字化人才争抢将更加激烈。浙江省拥有数家数字贸易部分领域的头部企业，对人才吸引更具优势，应把握数字贸易新发展趋势，加大对高层次数字贸易人才的引进力度，将浙江省打造成数字贸易高端人才集聚地。

第五节 江苏省数字贸易发展的对策

一、江苏省数字贸易发展的优势

(一) 数字经济和可数字化交付服务贸易规模稳步扩大

近年来，江苏省的数字经济和可数字化交付服务贸易规模均稳步扩大。2017~2021 年，江苏数字经济产业规模从 2.39 万亿元增长到 5.10 万亿元(见图 7-3)。2022 年，这一规模依然超 5 万亿元，核心产业增加值达 1.2 万亿元，占地区生产总值比重为 10.6%，位居全国第二。据统计，2022 年，江苏省可数字化交付的服务贸易规模达 307.5 亿美元，占全省服务贸易比重 53.9%，高于全国 12 个百分点，规模升至全国第四位，同比增长 12.1%，增速高于全国 8.7 个百分点。其主要领域包括电信计算机和信息服务、知识产权服务、文化娱乐服务、设计研发服务等。

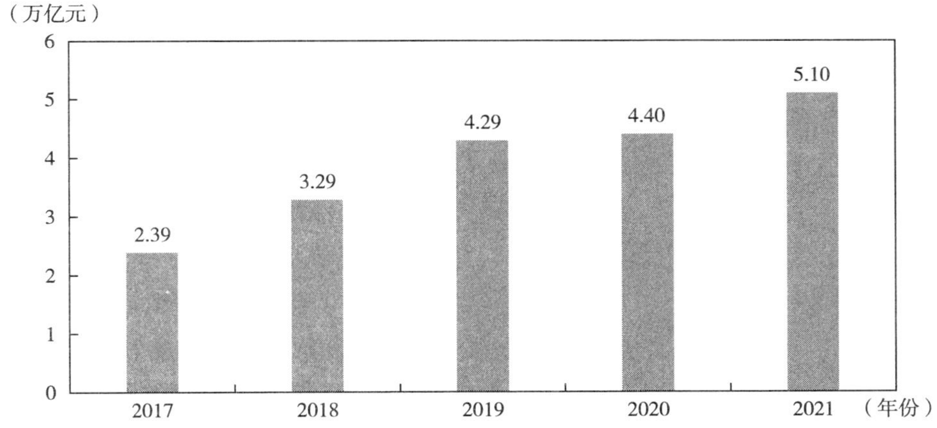

图 7-3 2017~2021 年江苏省数字经济规模

资料来源：根据各年《数字江苏发展报告》及江苏省人民政府网站公告发布的数据整理获得。

（二）离岸服务外包竞争力强

服务外包是数字贸易的重要组成部分和重要支撑。江苏省是我国服务外包强省。据统计，江苏省服务外包执行额、离岸执行额等主要数据约占全国的1/4。以信息技术、生物医药研发、工业设计等业务领域为主的离岸服务外包，自2010年起连续14年位居全国第一。江苏省的国家级服务外包示范城市、数字服务出口基地、文化服务出口基地、知识产权服务出口基地、语言服务出口基地等数字贸易载体达17家，全国数量领先、覆盖领域最广。例如，2023年，南京市承接服务外包总合同额2349.4亿元，同比增长50.6%；总执行额1541.2亿元，同比增长15.7%。两项指标均居全国首位。截至2023年12月，南京拥有5个国家级特色服务出口基地，位居全省第一、全国前列，涵盖数字服务、知识产权服务、语言服务、中医药服务4个领域。

（三）数字基础设施完备

近年来，江苏省不断优化网络基础设施布局，数字基础设施加速升级，为数字贸易发展奠定了坚实的基础。据统计，截至2024年5月，江苏省累计建成5G基站24.3万座，在全国率先实现5G行政村全覆盖，千兆固定宽带用户数、万兆无源光网络端口数均保持全国第一，IPv6活跃用户数超0.52亿；建成工业互联网标识解析二级节点56个，工业互联网标识解析体系规模居全国首位，为江苏省制造业数字化转型注入了强劲动能；在用算力规模达到18EFLOPS，综合算力评价排名全国第二，国家超级计算无锡中心“神威·太湖之光”超级计算机曾经4次登上世界超级计算机TOP500榜单首位。

（四）数字产业支撑能力强

江苏省的科教资源丰富，支撑其数字产业走在全国前列。江苏省拥有计算机科学、数学等一批与数字技术相关的ESI全球前1%的学科，建有国内网络内生安全研究的先行者紫金山实验室、国家第三代半导体技术创新中心、信息高铁综合试验装置等数字技术重大平台。苏州获批国家新一代人工智能创新发展试验区、区块链创新应用试点。南京、无锡积极创建国家人工智能创新应用先导区。截至2023年底，江苏省信息化和工业化的深度融合发展水平连续9年全国第一。2022~2023年，江苏省实施数字化、智能化改造项目约 5 万个，累计创建国家级数字领航企业 8 家、智能制造示范工厂 32 家、5G 工厂 97 家，苏州入选首批全国中小企业数字化转型试点城市。

二、江苏省数字贸易发展的劣势

（一）数字贸易发展水平区域存在差异

江苏与其他省份类似，数字贸易发展水平在区域上存在差异。苏南地区的南京、苏州、无锡，其数字贸易发展水平综合指数平均值均大于 0.2，处于高水平第一梯队。这是由于这些城市的制造业基础好，数字经济起步早，从而带动了其数字贸易快速发展，例如，南京依托坚实的制造业基础，推动数字技术与实体经济深度融合。2023 年，南京数字经济规模超 9000 亿元，数字经济核心产业增加值占比在江苏省位居第一。同时，软件和信息产业是南京的优势产业，入选了首批国家级先进制造业集群，成为南京市首个突破万亿级规模的产业集群。2023 年，南京市软件业务收入达到 8000 亿元。目前，苏州市已建成一批技术领先、竞争力强、辐射带动作用突出的数字贸易创新发展集聚区。2020~2022 年，苏州可数字化交付的服务贸易年均增长率为 15%，高于全市服务贸易增速 4.6 个百分点，占服务贸易总额比重已达到 62.9%。无锡市的可数字化交付的服务贸易也呈现快速增长态势。据统计，2022 年，无锡可数字化交付的服务贸易规模达 317.13 亿元，同比增长 19.2%，对全市数字经济的拉动作用呈上升趋势。同时，无锡市实施“一板块一特色”品牌出海行动，其跨境电商领域也发展迅猛，逐步形成了纺织服装、电动车、汽摩配等一批跨境电商特色产业。

如图 7-4 所示，2013~2021 年，江苏省的南通、常州、徐州，其数字贸易发展水平综合指数均高于 0.1 但小于 0.2，属于第二梯队。其中，南通市作为国家服务外包示范城市，已建成 6 个省级服务外包示范园区、4 个省级服务贸易特色基地。2022 年，南通市服务外包执行额、离岸执行额分别为 89.9 亿美元和 45.4 亿美元。常州市依托智能制造基础，正积极探索“制造服务化—服务数字化—数字贸易化”的数字贸易发展特色。2022 年，常州市可数字化交付的服务贸易规模达 12.83 亿美元，占全市服务贸易比重 52.7%。徐州正处于数字经济发展和数字化转型加速期。2022 年，徐州数字经济核心产业增加值占比跃升 0.9 个百分点，在二类地区考核得分同位居组第一，按统一权重折算后的得分在江苏省内排名第一。在此基础上，徐州积极发展外贸新业态，2023 年，跨境电商交易额达 57.99 亿元。徐州市正努力探索并积极打造徐州—东盟数字贸易平台，建设从生产到出口的全链条数字化贸易体系。

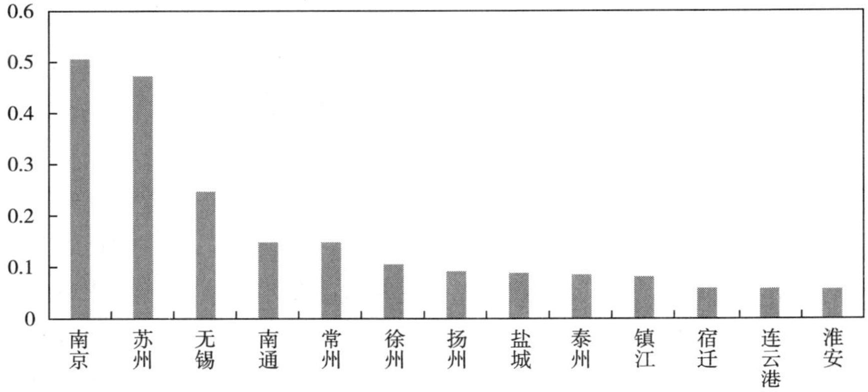

图 7-4　2013~2021 年江苏省各设区数字贸易发展水平综合指数平均值

资料来源：倪德慧，田文，赵佳雯．江苏省数字贸易发展水平和地区差异研究［J］．流通经济，2023（10）：13-16.

第三梯队是扬州、盐城、泰州、镇江、宿迁、连云港和淮安，其数字贸易发展水平综合指数均小于 0.1（见图 7-4）。该梯队紧抓机遇，大力发展外贸新业态，拓展制度型开放新空间，大力招引和培育跨国公司地区总部。它们的数字贸易发展潜力很大，与第二梯队的差距逐步缩小。以盐城为例，该地区实施跨境电商高质量发展三年行动，研究制定跨境电商发展规划，完善跨境电商发展生态；围绕光伏电池、家纺等盐城优势产业，推动“跨境电商+产业带”融合发展；打造跨境电商自主品牌 10 个以上，并创建一批省级跨境电商产业园和公共海外仓；加快建设高质量实施 RCEP 地方经贸合作示范区，持续释放 RCEP 政策红利；对标 CPTPP、DEPA 等国际高水平经贸规则，探索数字贸易、绿色贸易等新兴领域的发展。

（二）数字贸易头部企业尚为缺乏

江苏省数字产业具备强项优势，这也是数字贸易发展核心竞争力的体现。

但与此同时，江苏省也存在突出短板。从重点企业布局来看，数字经济领域的软件类企业数量较少，且产业链高端环节尚未形成核心竞争力，缺乏有影响力的行业龙头企业和跨界融合企业。从整体来看，江苏省各市本土软件企业数量较多，但缺乏如工业富联、用友网络等工业互联网龙头企业，在综合实力、创新能力、人才积累方面，与全国相比仍存在一定差距。从数字贸易领域来看，江苏省头部企业少，国际竞争力弱。例如，深圳有华为、腾讯，上海有喜马拉雅、爱奇艺，浙江有阿里巴巴、海康威视等龙头企业。江苏省虽然有一批细分行业的领先企业，但头部企业偏少，对数字贸易产业链的集聚带动效应明显不足。例如，2022 年，福布斯中国数字经济 100 强榜单中的数字经济企业大多来自上海、香港和深圳，江苏无企业上榜。在 2022 数字经济创新企业前 50 名中，也无缘江苏。

（三）关键技术仍待突破

目前，江苏省在集成电路、第三代半导体等数字关键技术上已取得了一定突破，但企业自主研发仍面临诸多壁垒，在一些关键技术上对外依存度高。江苏省是我国高端机床发展最好的地区之一，但中高端产品在结构、技术、研发等方面较制造业强国还有较大差距，如智能化成套加工设备开发能力不足；江苏省生物医药产业发展迅速，部分细分领域已从“跟跑”实现“并跑”甚至“领跑”。然而，在产业链上游，从研发到生产过程中所使用的培养基、酶制剂等重要原材料，传感器、光电倍增管等关键零部件大多还需进口；在集成电路产业，我国在应用层面走在世界前列，但从设计到材料，再到装备和制造，每个环节都高度依赖于国外技术，特别是电子设计自动化工具，几乎完全被国外垄断。

三、江苏省数字贸易的发展对策

（一）统筹布局，促进区域数字贸易协同发展

如前所述，江苏省的数字贸易区域发展大致分为三个梯队。相较于其他省份，江苏省内各区域间数字贸易差距并不明显。尤其是第二梯队和第三梯队，在数字贸易发展方面，各有自己的特色和优势。因此，本书重点针对第二和第三梯队如何缩小与第一梯队的差距，提出对策建议。首先，继续提升各市数字基础设施水平，拓展数字贸易发展新领域。推动传统产业数智化转

型，强化产业研究，做好招商引资，完善数字人才培养机制。其次，南京、苏州等作为数字经济创新高地，应着力打造数字产业集群，加速数字产业耦合。再次，建设江苏省数字贸易标杆城市，深化数字贸易创新发展试点或示范区，不断探索数字贸易创新实践，为其他城市发展数字贸易提供经验。最后，采取倾斜性政策支持数字贸易相对滞后的第二和第三梯队的发展。例如，继续深入实施区域协调发展战略，区域互补、南北联动，加强地区间的深层合作，促进区域数字要素畅通流动，实现数字贸易协调、一体化发展。

（二）提升数字产业集群发展能级，构建数字贸易开放合作生态体系

提升江苏省数字产业集群发展能级，打造一批数字产业链“链主”企业和细分行业头部企业，带动产业链上下游数字核心企业汇聚，营造良好的平台生态；加速生产要素流动，扩大要素流动范围，实现产业链不断延伸、供应链高效畅通、价值链有力提升。同时，重点围绕人工智能、云计算、物联网等领域，建设一批数字产业特色园区，打造一批具有国际竞争力的数字产业创新集群，构建与江苏数字经济发展相匹配、与国际高标准经贸规则相衔接的数字贸易开放合作生态体系。

（三）增强数字产业化的源头供给能力，产教融合推进数字产业发展

江苏省为突破数字领域关键核心技术，推进核心软件、高端芯片、智能传感器等产业关键核心技术攻关，可依托长三角地区聚合资源，开展联合攻关。同时建设一批数字经济领域实验室，全方位引育并用好数字经济人才，增强数字产业化的源头供给能力。数字经济产业具有高度的知识密集性，产教融合有助于推进产业发展。江苏省各高校要加强相关高水平人才的培养和基础研究，加强校企合作，实现成果转化。例如，南京大学成立了集成电路产教融合平台，江苏省科技厅 2022 年设立了共性技术联合实验室，南京大学将集成电路相关项目作为首批平台申报成功。高校的科研力量将积极融入产业链，共同推进集成电路产业发展。

第八章　结论

在全球信息化和数字化浪潮的推动下，数字贸易作为国际贸易的新兴形态，正逐步成为全球经济增长的新引擎。本书通过对新发展阶段数字贸易对我国外贸动能的拓展作用进行深入探讨，旨在为我国外贸高质量发展提供理论支撑和实践指导。通过综合分析国内外数字贸易发展的现状、特点、趋势以及其对我国外贸的影响，本书得出以下主要结论：

第一，数字贸易的崛起为全球经济贸易发展带来了深刻变革。随着大数据、云计算、人工智能等新一代信息技术的飞速发展，数字贸易以其全球性、数据驱动、高效性和创新性等特点，正逐步改变着传统贸易方式和商业模式。数字贸易不仅涵盖了通过数字形式交付的产品和服务，还涉及跨境电子商务、数字服务贸易等多个领域，其规模和影响力持续扩大。这种新型贸易形态的出现，为全球贸易注入了新的活力和动力，推动了全球贸易的数字化转型和高质量发展。

第二，数字贸易对我国外贸发展具有显著的拓展作用。一方面，数字贸易通过优化贸易结构、降低贸易成本、提高贸易效率等方式，有效提升了我国外贸的国际竞争力。另一方面，数字贸易还为我国外贸企业提供了更广阔的发展空间和市场机遇，促进了外贸新业态、新模式的快速发展。例如，跨境电商作为数字贸易的重要组成部分，已成为我国外贸增长的新亮点和新动能。通过跨境电商平台，我国企业可以更加便捷地触达全球市场，拓展海外业务，实现贸易的快速增长。

第三，数字贸易的发展离不开政策支持和创新驱动。政府在推动数字贸易发展中扮演着重要角色，通过制定相关政策、优化营商环境、加强基础设施建设等方式，为数字贸易的发展提供了有力保障。同时，企业作为数字贸易的主体，也需要不断创新商业模式、提升技术水平、加强品牌建设，以适应市场变化和消费者需求。在数字贸易的快速发展中，创新已成为推动其持续前进的重要动力。

第四，区域数字贸易的发展呈现出不平衡的特点。由于各地经济基础、技术水平、市场环境等因素的差异，我国区域数字贸易发展存在明显的不平衡性。一些经济发达、技术先进、市场成熟的地区在数字贸易发展中占据领先地位，而一些经济相对落后、技术水平较低、市场环境欠佳的地区则面临较大的发展压力。因此，需要针对不同地区的实际情况，采取差异化的发展策略和政策措施，以促进区域数字贸易的协调发展。

第五，数字贸易的发展还面临着诸多挑战和问题需要解决。例如，数字贸易壁垒的存在限制了贸易的自由流动和公平竞争；数据安全和隐私保护问题日益凸显，对数字贸易的健康发展构成威胁；同时，数字贸易的监管和法律法规体系尚不完善，需要进一步加强建设和完善。针对这些问题，需要国际社会共同努力，加强合作与协商，推动建立公平、开放、透明的数字贸易规则体系，为数字贸易的健康发展提供有力保障。

第六，数字贸易与工业互联网、智能制造等产业的深度融合，将进一步推动我国经济的高质量发展。工业互联网作为新一代信息技术与工业经济深度融合的新型基础设施，将为数字贸易的发展提供有力支撑。通过工业互联网平台，企业可以实现生产流程的数字化、网络化和智能化转型，提高生产效率和产品质量，降低成本和资源消耗。同时，工业互联网还将促进供应链上下游企业的紧密合作与协同创新，推动产业链的优化升级和价值链的重构。智能制造作为工业 4.0 时代的核心特征之一，也将为数字贸易的发展注入新的活力。通过智能制造技术的应用，企业可以实现个性化定制、柔性化生产和服务化转型，提高产品的附加值和市场竞争力。数字贸易与工业互联网、智能制造的深度融合，将推动我国制造业向高端化、智能化、绿色化方向发展，实现经济的高质量增长。

第七，数字贸易的发展对于提升我国在全球价值链中的地位具有重要作用。随着全球价值链的不断延伸和拓展，数字贸易已成为连接各国经济的重要纽带和桥梁。通过参与全球数字贸易竞争与合作，我国企业可以积极融入全球价值链体系，提升在全球价值链中的地位和影响力。同时，数字贸易的发展还将推动我国外贸从数量扩张向质量提升转变，从价格竞争向价值竞争转变，实现外贸的可持续发展和高质量发展。

第八，在区域合作与全球治理方面，数字贸易也发挥着越来越重要的作用。通过加强区域合作与协调，可以推动区域内数字贸易的自由流动和公平竞争，促进区域内经济的共同繁荣与发展。同时，在全球治理层面，数字贸易的规则制定和谈判也成为国际社会关注的焦点之一。我国应积极参与全球数字贸易规则的制定和谈判工作，推动建立公平、开放、透明的数字贸易规则体系，为维护我国在国际贸易中的合法权益和推动全球贸易的健康发展作出积极贡献。

综上所述，数字贸易作为新时代国际贸易的新形态和新引擎，正在深刻改变着全球贸易的格局和趋势。我国应紧紧抓住数字贸易发展的历史机遇期，加强政策支持、创新驱动和区域合作，不断完善相关法律法规体系和监管机制建设，促进人才培养和引进，推动我国外贸高质量发展迈上新台阶。同时，我们也需要清醒地认识到数字贸易发展面临的挑战和问题，并积极寻求解决方案和途径。只有这样，我们才能在激烈的国际竞争中立于不败之地并实现可持续发展目标。

参考文献

［1］ Bernard, A. B., Jensen, J. B. Exporters, Jobs, and Wages in U. S. Manufacturing: 1976–1987 ［J］. Brooking Papers on Economic Activity, Microeconomics, 1995 (1): 67–119.

［2］ Bernard, A. B., Jensen, J. B. Exceptional Exporter Performance: Cause, Effect, or Both? ［J］. Journal of International Economics, 1999, 47 (1): 1–25.

［3］ Borga M, Bruner J. Trends in Digitally–Enabled Trade in Services ［R］. Bureau of Economic Analysis US Department of Commerce, 2012.

［4］ Erik van der Marel. Sources of Comparative Advantage in Data–Related Services ［J］. Robert Schuman Centre for Advanced Studies Global Governance Programme, 2020 (1): 393.

［5］ Ferracane M. F., Restrictions on Cross–Border Data Flows: A Taxonomy ［R/OL］. ECIPE Working Paper No. 1/2018, https://ecipe.org/publications/restrictions–to–cross–border–data–flows–a–taxonomy/.

［6］ Freund C., Weinhold D. The Internet and International Trade in Services ［J］. American Economic Review, 2002, 92 (2): 236–240.

［7］ McKinsey Global Institute (MGI). Internet Matters: The Net's Sweeping Impact on Growth, Jobs, and Prosperity ［R］. May, 2011.

［8］ Pihlajamaa M, Malmelin N, Wallin A. Competence Combination for Digital Transformation: A Study of Manufacturing Companies in Finland ［J］. Technology Analysis & Strategic Management, 2021 (11): 1–14.

[9] Robert Wolfe. Learning about Digital Trade: Privacy and e-commerce in CETA and TPP [R]. EUI Working Paper RSCAS, 2018.

[10] Van der Marel E. Old Wine in New Bottles—How Protectionism Takes Hold of Digital Trade [J]. Global Policy, 2019 (10) 4: 737-739.

[11] World Trade Organization. Trade, technology and jobs [EB/OL]. World Trade Report 2017, https://www.wto.org/english/res_e/book-sp_e/world_trade_report17_e.pdf.

[12] 阿里研究院、智谱AI联合发布《2023全球数字科技发展研究报告——全球科研实力对比》[EB/OL]. https://gov.sohu.com/a/621128240_121123919.

[13] 白洁，张达，王悦．数字贸易规则的演进与中国应对 [J]. 亚太经济，2021 (5): 53-61.

[14] 曹宗平，黄海阳．中国数字贸易发展的协同关系与路径探索 [J]. 华南师范大学学报，2022 (1): 130-140.

[15] 陈超凡，刘浩．全球数字贸易发展态势、限制因素及中国对策 [J]. 理论学刊，2018 (9): 48-55.

[16] 陈飞翔，吴琅．由贸易大国到贸易强国的转换路径与对策 [J]. 世界经济研究，2006 (11): 4-10.

[17] 陈红娜．数字贸易比较优势来源研究 [D]. 中国社会科学院大学博士学位论文，2021.

[18] 陈亮，毛顺宇，胡文涛．国际经贸新形势下我国外贸高质量发展的挑战与对策 [J]. 国际贸易，2021 (7): 10-18.

[19] 陈思萌，王维．基于三维视角的贸易强国建设：理论逻辑及中国实践 [J]. 学海，2022 (6): 158-167.

[20] 陈曦，卞靖．我国外贸结构调整的战略重点和政策选择 [J]. 宏观经济管理，2017 (11): 40-45.

[21] 陈泽星．中国贸易业绩指数 (1996—2000) [M]. 北京：对外经济贸易大学出版社，2004.

[22] 陈昭．建立质量效益导向型的外贸促进新体系 [J]. 红旗文摘，2017 (18): 24-26.

［23］戴龙．数字经济产业与数字贸易壁垒规制［J］．财经问题研究，2020（8）：40-47.

［24］砥砺奋进新时代 智能制造推动机械行业智能化转型升级［EB/OL］．［2022-10-19］．https：//mp. weixin. qq. com/s？__biz=MjM5MzM3NjExMQ==&mid=2448146193&idx=2&sn=690686ded1321301c829bb80abdd0f60&chksm=b288ed1185ff6407c0e782c07d69b67b49a6832a82e49b269327053b0e746d85f5240f93a947&scene=27.

［25］丁纯，陈腾瀚．中美欧制造业竞争：现状、政策应对与前景［J］．欧洲研究，2021（5）：6-35.

［26］段丁允，冯宗宪．中国城市群数字贸易发展水平测度［J］．西安交通大学学报，2023（3）：44-60.

［27］福建省人民政府．福建省国民经济和社会发展统计公报［Z］．2022.

［28］福建省统计局．福建统计年鉴-2021［Z］．2021.

［29］高红伟．中国数字服务贸易的国际竞争力分析［J］．统计与决策，2023（4）：158-162.

［30］高运胜，朱佳纯，康雯雯．高质量视角下我国对外贸易发展的动能塑造与路径选择［J］．经济学家，2021（6）：100-110.

［31］贺少军．中国贸易强国建设的理论逻辑、关键突破和实现路径［D］．中国社会科学院大学博士学位论文，2020.

［32］洪银兴，参与全球经济治理：攀升全球价值链中高端［J］．南京大学学报，2017（4）：13-24.

［33］黄子龙，和军．知识产权保护、技能溢价与中国制造业国际竞争力［J］．统计与决策，2024（15）：167-171.

［34］加快数字福建建设，全面赋能高质量发展［N］．人民日报，2023-04-26（09）.

［35］江涛等．双边数字贸易壁垒的出口抑制效应——基于 49 个经济体的经验证据［J］．中国流通经济，2022（7）：62-72.

［36］江小涓，孟丽君．服务贸易增速提质与加快构建新发展格局［J］．财贸经济，2022（11）：5-23.

［37］金泽虎，蒋婷婷．数字贸易助力制造业高质量发展的机理与实证研究——基于长三角样本的分析［J］．工业技术经济，2022（6）：44-51.

［38］李安，李士梅，尹逊之．技术创新、数字化投入与中国制造业国际竞争力［J］．北京工商大学学报，2023（9）：60-72.

［39］李稻葵，吴舒钰，陈大鹏．“十四五”期间中国外贸发展特征和战略应对［J］．国外社会科学，2021（4）：13-29.

［40］李钢，韩丁，李西林．贸易强国建设：评估、测度与实施路径［J］．国际贸易，2024（1）：5-16.

［41］李钢，张琦．对我国发展数字贸易的思考［J］．国际经济合作，2020（1）：56-66.

［42］李汉君，张霞．国际贸易学——理论与政策［M］．北京：清华大学出版社，2022：108-109.

［43］李小平．从贸易大国到贸易强国——影响因素及其效应研究［M］．北京：经济科学出版社，2021.

［44］李玉昊．RTAs框架下美式数字知识产权规则及其数字贸易效应研究［D］．对外经济贸易大学博士学位论文，2021.

［45］李忠民，周维颖，田仲他．数字贸易：发展态势、影响及对策［J］．国际经济评论，2014（6）：17-21.

［46］梁中，汪跃．从“双重错位锁定”到“双元解锁”——中国传统制造业绿色转型情景与政策路径［J］．社会科学研究，2022（1）：68-76.

［47］林瑞琪．未来5年，数字福建这样干．福州日报［N］．2021-12-03.

［48］刘斌，崔楠晨．数字贸易规则与中国制度型开放：未来向度和现实进路［J］．中国特色社会主义研究，2022（2）：31-41.

［49］刘荷．福建省服务贸易竞争力的测度分析与提升策略［J］．集美大学学报，2022（1）：43-53.

［50］刘洪愧，赵文霞，邓曲恒．数字贸易背景下全球产业链变革的理论分析［J］．云南社会科学，2022（4）：111-121.

［51］刘磊，关权．中日韩制造业国际竞争力比较——基于国内技术含量的视角［J］．现代日本经济，2019（5）：55-69.

［52］刘梦林，邓小乐．数字贸易对中国制造业全球价值链地位提升的研究［J］．对外经贸，2023（12）：10-14.

［53］陆菁，傅诺．全球数字贸易崛起：发展格局与影响因素分析［J］．社会科学战线，2018（11）：57-66.

［54］罗晶．新发展格局下数字贸易发展对产业结构升级的影响——基于长江经济带沿线省域数据的经验分析［J］．商业经济研究，2022（20）：185-188.

［55］马林静．我国外贸“十三五”发展回顾及“十四五”展望［J］．国际贸易，2021（10）：28-36.

［56］马述忠，房超，梁银锋．数字贸易及其时代价值与研究展望［J］．国际贸易问题，2018（10）：16-30.

［57］马述忠，刘健琦，贺歌．数字贸易强国：概念理解、指标构建与潜力研判［J］．国际商务研究，2022（1）：1-13.

［58］马述忠，沈雨婷．数字贸易与全球经贸规则重构［J］．国际经济评论，2023（3）：9-29.

［59］马永飞．全球价值链重构背景下中国对外贸易发展研究［J］．国际贸易，2021（2）：47-54.

［60］潘涛．贸易强国评述及未来展望［J］．社会科学家，2017（11）：74-79.

［61］邱爱莲，李占．我国数字贸易发展策略研究［J］．沈阳工业大学学报，2022（5）：390-400.

［62］人瑞人才，德勤中国．产业数字人才研究与发展报告（2023）［M］．北京：社会科学文献出版社，2023.

［63］沈洁．数字贸易壁垒的界定与评估：标准、结果和驱动因素［J］．学术研究，2022（4）：96-104.

［64］沈玉良，彭羽，高疆，陈历幸．是数字贸易规则，还是数字经济规则？——新一代贸易规则的中国取向［J］．管理世界，2022（8）：67-83.

［65］盛斌．建设国际经贸强国的经验与方略［J］．国际贸易，2015，（10）：4-14.

［66］盛斌，高疆．超越传统贸易：数字贸易的内涵、特征与影响［J］．

国外社会科学，2020（4）：18-32.

［67］史爱武．机器人产业大步迈向高质量发展［N］．中华读书报，2024-09-11（18）.

［68］史丹，聂新伟，齐飞．数字经济全球化：技术竞争、规则博弈与中国选择［J］．管理世界，2023（9）：1-13.

［69］跨境电商推动外贸新动能加速成长［EB/OL］．［2023-08-28］．https：//www.gov.cn/govweb/yaowen/shipin/202308/content_6900638.htm.

［70］孙禹，赵树宽．基于贸易附加值测算的我国制造业国际竞争力研究［J］．经济问题探索，2022（5）：161-168.

［71］王晶．发达国家数字贸易治理经验及启示［J］．开放导报，2016（2）：28-34.

［72］王岚．数字贸易壁垒的内涵、测度与国际治理［J］．国际经贸探索，2021（11）：85-100.

［73］王瑞荣．数字贸易推动浙江省制造业高质量发展的对策建议［J］．现代科学管理，2021（1）：114-120.

［74］王三兴，宋然．双循环格局下的外贸高质量发展：背景、内涵与路径［J］．求是学刊，2021（4）：1-7.

［75］王拓，徐然．数字服务贸易限制性措施与中国数字服务市场开放研究［J］．广西社会科学，2022（9）：136-144.

［76］王晓红，夏友仁．中国数字贸易发展：现状、挑战及思路［J］．全球化，2022（2）：32-45.

［77］王彦芳，蔡敏，戴越．数字贸易网络的拓扑结构、演化逻辑及影响因素［J］．财经问题研究，2022（9）：56-65.

［78］王媛媛，张华荣．全球智能制造业发展现状及中国对策［J］．东南学术，2016（6）：116-123.

［79］王政．“十三五”，我们这样走过：现代产业新体系加快构建［N/OL］．［2020-12-15］．https：//wap.xinmin.cn/content/31864381.html.

［80］魏磊，蔡春林．后危机时代我国外贸发展方式转变的方向与路径［J］．国际经贸探索，2011（2）：13-20.

［81］我国多层次工业互联网平台体系基本形成［EB/OL］．［2023-03-

29]. https://www.gov.cn/xinwen/2023-03/29/content_5749133.htm.

[82] 吴旻. 浙江数字贸易发展的人才瓶颈及对策研究 [J]. 中国商论, 2020 (3): 246-248.

[83] 吴婷婷, 赵洁, 胡晓娇, 徐敏敏. 中国与"一带一路"沿线国家数字贸易效率和潜力研究 [J]. 生产力研究, 2023 (12): 15-20.

[84] 吴希贤. 亚太区域数字贸易规则的最新进展与发展趋向 [J]. 国际商务研究, 2022 (4): 86-96.

[85] 夏杰长, 李銮淏. 数字化赋能国际贸易高质量发展: 作用机理、现实挑战和实施路径 [J]. 国际贸易, 2023 (1): 56-65.

[86] 谢富胜, 吴越, 王生升. 平台经济全球化的政治经济学分析 [J]. 中国社会科学, 2019 (12): 62-82.

[87] 谢希瑶, 潘洁. 我国与"一带一路"沿线国家货物贸易额十年年均增长8% [EB/OL]. 中国一带一路网 [2023-03-03]. https://www.yidaiyilu.gov.cn/p/309732.html.

[88] 熊鸿儒, 马源, 陈红娜, 田杰棠. 数字贸易规则: 关键议题、现实挑战与构建策略改革 [J]. 改革, 2021 (1): 65-73.

[89] 徐金海, 夏杰长. 全球价值链视角的数字贸易发展: 战略定位与中国路径 [J]. 改革, 2020 (5): 58-67.

[90] 许明. 新发展格局下推动我国数字经济国际合作路径研究 [J]. 齐鲁学刊, 2023 (1): 133-142.

[91] 杨慧瀛, 杨宏举. 数字贸易如何影响贸易高质量发展——基于贸易全要素生产率视角的经验证据 [J]. 技术经济, 2023 (3): 40-51.

[92] 杨继军, 范从来. 刘易斯拐点、比较优势蝶化与中国外贸发展方式的选择 [J]. 经济学家, 2012 (2): 22-29.

[93] 杨勇. 全球价值链要素收入与中国制造业竞争力研究 [J]. 统计研究, 2019 (12): 5-14.

[94] 余淼杰, 郭兰滨. 数字贸易推动中国贸易高质量发展 [J]. 华南师范大学学报, 2022 (1): 93-103.

[95] 余珮, 蔡正芳, 刘林青. 中国制造业国际竞争力脆弱性的新测度与解读——基于企业微观数据的深层次透视 [J]. 财经研究, 2020 (8):

124-139.

[96] 余智．“新新国际贸易理论”的最新发展［J］．经济学动态，2013（12）：112-117.

[97] 袁达松，常磊．RCEP 框架下数字经济争端解决机制的包容性构建［J］．广西社会科学，2022（11）：69-76.

[98] 张薇薇．美国对华“脱钩”：进程、影响与趋势［J］．当代美国评论，2021（2）：47-48.

[99] 张亚瑛，刘晓辉．数字贸易壁垒、区域贸易协定与服务出口增长——基于双边贸易的样本数据［J］．商业经济研究，2023（7）：137-140.

[100] 张宇，蒋殿春．数字经济下的国际贸易：理论反思与展望［J］．天津社会科学，2021（3）：84-92.

[101] 张正怡．数字贸易规制构建及中国的因应［J］．江淮论坛，2022（1）：131-139.

[102] 赵瑾．数字贸易壁垒与数字化转型的政策走势［J］．国际贸易，2021（2）：72-81.

[103] 赵晓斐．数字贸易壁垒与全球价值链分工［D］．对外经济贸易大学博士学位论文，2020.

[104] 制造业大规模流向美国引德法两国抗议［EB/OL］．光明网［2022-10-29］．https：//m. gmw. cn/baijia/2022-10/29/1303180732. html.

[105] 中国信息通信研究院互联网法律研究中心．数字贸易的国际规则［M］．北京：法律出版社，2019：71.

[106] 周念利，陈寰琦．数字贸易规则“欧式模板”的典型特征及发展趋向［J］．国际经贸探索，2018（3）：96-106.

[107] 周念利，陈寰琦，黄建伟，全球数字贸易规制体系构建的中美博弈分析［J］．亚太经济，2017（4）：37-45.

[108] 周文，许凌云．论新质生产力：内涵特征与重要着力点［J］．改革，2023（10）：1-13.

[109] 朱福林．中国贸易强国建设面临的重大挑战及关键路径［J］．现代经济探讨，2020（8）：9-17.

后　记

在撰写《新发展阶段数字贸易对我国外贸动能的拓展研究》这本专著的过程中，作者深入探讨了数字贸易在新发展阶段对我国外贸动能的拓展作用，从理论到实践层面均进行了全面而系统的分析。本专著旨在通过综合国内外相关研究成果，结合我国外贸发展的实际情况，为我国外贸高质量发展提供理论支持和实践指导。

从学术价值来看，本专著丰富和发展了国际贸易理论，特别是对新新国际贸易理论在数字贸易领域的适用性进行了深入探讨。通过对数字贸易比较优势的分析，揭示了数字贸易拓展外贸动能的内在机理，为国际贸易理论的发展提供了新的视角和思路。同时，本专著还结合中国实际，对数字贸易规则、数据要素、数字技术等进行了系统研究，为数字贸易领域的学术研究提供了丰富的素材和案例。从实践意义来看，本专著的研究成果对于指导我国外贸高质量发展具有重要的参考价值。通过对数字贸易发展现状、挑战和对策的深入分析，我们为政府和企业提供了有益的决策支持。特别是针对区域数字贸易发展提出的对策与建议，有助于地方政府和企业在推进数字贸易发展过程中抓住重点、突破难点，实现外贸动能的有效拓展。

本专著坚持问题导向和实证分析方法，紧密结合中国外贸发展的实际情况，提出了数字贸易拓展外贸动能的机理与现实需要。我们认为，数字贸易不仅是外贸发展的新引擎，也是提升我国在全球价值链中地位的重要途径。通过构建数字贸易比较优势、推动外贸数字化转型、加强区域合作与创新驱动等措施，我们可以有效拓展外贸动能，推动外贸高质量发展。

在成果展示方面，本专著不仅提出了系统的理论框架和分析模型，还结合了大量实证数据和案例进行了验证，希望通过这些成果，为学术界和实务界提供有价值的参考和借鉴。同时，作者也期待本专著能够激发更多学者和实务工作者对数字贸易和外贸高质量发展的关注和思考。

在撰写本专著的过程中，作者得到了许多专家、学者和实务工作者的支持和帮助。在此，作者衷心感谢所有为本专著提供过帮助和支持的人士。展望未来，随着数字技术的不断进步和应用场景的不断拓展，数字贸易的发展前景将更加广阔。期待更多的学者和实务工作者能够加入数字贸易和外贸高质量发展的研究中来，共同推动我国外贸事业的蓬勃发展。同时，作者也希望本专著的研究成果能够为我国外贸高质量发展贡献一份力量，为实现中华民族伟大复兴的中国梦作出应有的贡献。